JN432680

근현대 형성과정의
재인식 ❶

저자 소개

안종철 국가인권위원회 고위공무원(정치학 박사)

최정기 전남대학교 사회학과 교수(사회학 박사)

김 준 전남발전연구원 연구위원(사회학 박사)

정장우 광주광역시 광산구청 직소민원실장(사회학 석사)

근현대 형성과정의 재인식 (1)

초판 1쇄 발행 2010년 10월 15일
초판 2쇄 발행 2012년 5월 25일

지은이 안종철 외 지음
발행인 황 세 연
디자인 EG 디자인
인 쇄 예일정판
제 본 대명제책사
발행처 도서출판 **중원문화**
주 소 서울특별시 마포구 서강로 11-24
주문처 02-325-5534 FAX 02-324-6799

※ 잘못된 책은 구입하신 서점에서 바꾸어 드립니다.
(파손된 책은 반품되지 않습니다.)

근현대 형성과정의 재인식(1)

안종철 외 지음

도서출판 중원문화

이 책은 출판 저작권법 부칙 제4조에 의하여 법률적으로 보호를 받는
저작물이며 본사의 허락 없이는 무단으로 사용할 수 없습니다.

ⓒCopyright 2010 by Jungwonmunhwa Publishing Co.
Rprinted 2012 by Jungwonmunhwa Publishing Co.

◆ 책 머리에

국제화와 지방화, 광복 50년, 분단 50년과 같은 용어들이 오늘날 우리가 겪는 변화와 우리가 서 있는 시점을 집약적으로 표현해 주고 있다. 사회주의라는 거대한 인류사적 실험이 있었던 20세기가 끝나 가는 세기말이기도 하다. 한편으로 근대성에 관한 문제, 다른 한편으로 민족이나 민족주의에 관한 논의가 이론적인 재검토의 대상이 되고 있다. 이처럼 사회적 변화가 크고 급속한 것일수록 우리는 지난 과거를 돌아보고 정리해야 할 필요성을 더 많이 느끼게 된다.

주지하다시피 우리의 본격적인 근현대사는 외세의 침탈과 민족적 저항이라는 커다란 두 축 사이에서 과거의 유산을 타파하고 새로운 것을 만들어 가는 지난한 과정이었다. 호남에서의 본격적인 근대화 물결은 우리 민족사 전체가 그랬던 것처럼, 아니 그보다도 훨씬 더 비극적으로 다가왔다. 동학 농민군이 무참하게 짓밟히고, 목포와 군산이 공식적으로 개항되고, 뒤이어 수많은 의병들이 수없이 목숨을 빼앗긴 것으로부터 어느덧 약 1세기가 지난 오늘날, 이 지역 사회는 얼마나 엄청난 변화를 겪었는가.

1980년대 후반부터 진행된 전반적인 민주화 추세에 힘입어 근래에는 역사 연구에서도 사회사, 지방사, 생활사에 대한 관심, 그리고 방법론적으로 보면 구술사에 대한 관심이 점증하고 있다. 근현대의 형성과 전개 과정은 각 지역의 구체적 변동까지 포괄하는 것이며, 일반 민중들의 생활상의 변화도 포함하는 것이다. 그런 맥락에서 구체적인 지역적 현실을 분석하고 그 변화 과정을 추적해야 할 필요성이 커진다. 근현대의 형성을 보다 분석적으로 논의하기 위해서는 근대적 주체의 형성, 근대적 생활 방식의 형성, 근대적 제도의 형성, 그리고 근대적 구조의 형성으로 나누어 접근할 수 있을 것이다. 우리의 경우 이런 근현대성의 형성과 전개는 식민지성과 그것의 극복이라는 문제와 어우러져 있어 만만한 연구주제가 아니다.

이 책은 비록 한계가 많은 역사 연구의 방법이지만 인물들의 삶을 통하여 시대를 안다는 의미에서 인물사적 접근 방식을 취했다. 인물사 연구는 자칫 잘못하면 복고적 입장에 빠지거나 과거의 보수적 지배층, 더 심하면 반동적 친일파들을 단순히 '고관대작'이었다는 이유로 높이 평가하고, 특정 가문이나 집단의 이해관계와 관련되어 실제로 당시의 대다수 민중의 삶과 무관하거나 그들을 극도로 억압하는 데 앞장섰던 사람들을 '유명 인사'나 '명가'의 일원으로 호도하는 분위기가 있는 것이 엄연한 현실이다. 그런 까닭에 인물의 선정에 신중할 수밖에 없었다.

이 책에서 다루는 인물은 지역 사회에서의 근현대의 형성이라는 맥락에서 중요한 역할을 담당했던 사람들, 구체적으로 말하면 각 지역의 사회적 지배층으로 영향력이 컸던 인물, 사회문화적으로 현저한 활동을 했던 인사, 그리고 일제에 맞서서 민족해방을 위하여 끈질긴 투쟁을 벌였던 사회운동가들을 중심으로 했다. 이런 지역 엘리트로 표현할 수 있는 집단과 사회운동가로 표현되는 집단이 근현대를 형성하고 이끌어 간 두 축이라고 생각했기 때문이다. 그런 까닭에 대지주나 근대적 자본가뿐만 아니라 교육자, 사회사업가, 문화예술가, 종교적 지도자 등 사회적 엘리트를 한 책으로 엮고, 민족운동을 했던 인물들을 다른 한 책으로 엮었다. 현재 생존하고 있는 인물은 제외했고, 특별한 경우에는 외국인도 포함시켰다.

이 인물사 연구는 한국 현대사 사료연구소 연구원들의 공동작업의 결과다. 1980년대 후반에 지역 사회의 해방 3년사를 공동으로 정리하고 연구하여 신문에 연재했던 경험과, 1990년대 초에 지역 사회운동사를 출간했던 경험을 바탕으로 1993년 초에 작업을 시작했다. 연구 대상이 되는 인물들을 공동으로 선정하고 각 연구원들이 일을 분담해 기록을 찾고 유가족이나 친지를 찾아 인터뷰를 했으며, 작성된 원고를 다시 공동으로 검토, 수정하는 과정을 밟았다. 마침 무등일보사에서 우리 글을 1993년 6월부터 만 2년간 연재해 주었는데, 사실 이런 호의가 없었다면 이 책은 빛을 보기가 어려웠을 것이다. 여기에 실려 있는 일부 인물들은 기존의 부분적인 연구를 통해 활동 상황이 어느 정도 밝혀져 있지만, 상당수의 인물들은 처음으로 공식적으로 언급되고 연구된 사람들이다. 가급적 각각의 분야에서 비중 있는 인물로, 사회적 중요성에도 불구하고 별로 언급되지 않았던 사람들이다. 비록 본격적인 연구 성과는 아니더라도 특히 정치적, 이데올로기적인 이유로 처음 공개되는 인물들에 대해서는, 자료수집 과정에서나 지면으로 발표된 후에 실로 많은 분들이 '수십 년만에 햇빛을 본 기분'이라는 표현으로 작업을 격려해 주었다.

원고작성 과정에서 한 가지 아쉬웠던 점은 지면의 제약으로 인해 한 인물에 대한 보다 풍부한 내용을 담지 못했다는 것이다. 연재된 인물 중 일부는 내용상의 부실함으로 이 책에서 생략했고 대신 새로운 인물로 보충했다. 그렇지만 지역 근현대사의 맥락에서 꼭 다루어야 할 인물들 중 몇몇은 여전히 누락되어 있다. 한편으로 대표적인 식민지 관료나 악명 높았던 일제 경찰, 다른 한편으로 지역 문화와 예술의 근대적 기초를 놓은 선각자들이 빠져 있다. 예컨대 일제의 고위 관료였던 석진형이나 일제 경찰의 대명사였던 노주봉은 전자의 범주에, 화가 오지호나 허백련, 시인 조운 등의 경우는 후자의 범주에 들어갈 것이다. 이들 중 일부는 이미 다른 지면에서 언급되었기 때문에 생략했고, 또 일부는 자료 부족 등의 이유로 연구를 진행하지 못해 누락된 경우도 있다.

사실 이 글들을 작성하는 데는 필자들 이외에 많은 분들이 참여했다. 임유진 씨는 문화예술인들에 대해 직접 여러 편의 글을 썼고, 이밖에 박찬승 교수나 안진 박사, 신주백 씨, 이계표 씨 등도 원고 집필에 참여해 주었다. 특히 지금은 고인이 된 전주교육대학의 손형부 교수를 잊을 수 없다. 이 자리를 빌어 명복을 빈다.

끝으로 우리의 공동작업을 위한 공간을 제공하고 어려울 때 언제나 큰 도움을 주시는 송기숙 교수, 김길 의원, 어려운 상황에도 불구하고 흔쾌히 책의 발간에 동의해 준 (주) 새길에 필자들을 대표해 감사 드린다.

1995년 2월

한국 현대사 사료연구회에서 집필자 일동.

근현대의 형성과 지역 사회운동

차 례

송내호

항일운동의 불을 지피다

1895년 전남 완도 출생
1914년 서울중앙학교 졸업
1910~1920년대 수의위친계, 배달청년회, 소안노농대성회, 살자회, 일심단조직 주도
1927년 신간회 상무간사
1928년 사망

완도에서 남쪽으로 약 18km를 내려가면 이른바 '해방의 땅' 소안도가 망망한 바다 가운데 떠 있다. 6000여 명이 살고 있는 이 소안도의 허리에 민족정기를 곧추 세운 듯한 자태로 기념탑이 하나 서 있는데 이름하여 소안항일운동 기념탑이다. 이것은 1990년 소안이 배출한 걸출한 민족운동가 송내호와 정남국, 신준희, 강정태, 최평산 등 수십 명의 선열들의 정신을 기리기 위하여 그들의 제자와 자손, 그리고 면민들이 건립한 것이다. 다른 기념탑들과는 달리, 굵직굵직한 돌들이 서로를 부둥켜 안고 선 모습을 하고 있는데 바로 그 중심에 소안의 지도자 해도(解濤) 송내호가 있다.

송내호는 동학농민군이 패퇴한 이듬해인 1895년 완도군 소안도에서 송종중(宋鍾重)의 4남 2녀 중 둘째 아들로 태어났다. 송종중은 참봉으로 불렸으며 소안면의 면수(面首)로 있었다. 그러나 일제에 나라를 빼앗기자 그는 면수를 그만두고 비자리 항구에서 여관을 경영하며 생활했다. 당시 비자리 항구는 제주, 목포, 부산 및 일본을 연결하는 항로였기 때문에 그는 사회의 급격한 변화를 비교적 잘 알고 있었던 것이다.

어려서 한학을 공부했던 송내호는 개화된 아버지를 둔 덕분에 완도읍에 있는 공립보통학교를 거쳐 당시로서는 최고 명문이라고 할 수 있는 서울 중앙학교에 진학했다. 그는 중앙학교에서 근대적 신학문을 수학하고 민족의식을 고양하는 한편, 재경완도학우회를 결성하여 학생운동에 주력하기도 했다. 이러한 서울의 유학생활은 이후 그가 중앙과 지방에서 민족해방운동을 전개하는데 큰 도움을 주었다.

1914년 초 유학을 마치고 고향에 돌아 온 송내호는 사립중화학원(후일 사립소안학교로 발전)에서 교사로 있으면서 인재양성을 위한 학교 설립 및 교육계몽운동에 노력했다. 당시 완도에는 초등교육기관으로 1906년에 설립한 완도공립보통학교 하나만 있을 뿐이었다. 그는 이러한 현실에서 소안의 중화학원을 학교로 발전시키고 인근 노화, 신지, 금당뿐만 아니라 멀리 함평 등에까지 학교를 설립하기 위해 노력했다.

이와 같은 교육계몽활동과 함께 송내호는 민족해방을 위한 여러 가지 활동을 벌이게 된다. 이를 위해 먼저 전통적 위친계 조직을 이용해 1914년 정치적 비밀결사인 수의위친계를 조직했다.[1] 수의위친계는 소안에서 시작하여 이후 완도의 여러 지역과 광주, 담양, 구례, 영광, 무안, 영암, 나주, 장성, 목포 등 전남 지역은 물론, 나아가 전북 지역과 경상도 일원까지 확대되었다. 이것은 전남 지역에서 가장 먼저 나타났던 조직적 민족운동인데, 여기에는 후일 이 지역 민족운동의 중심이 되는 강석봉, 김정상, 장병준, 조극환, 이항발, 김시중 등의 많은 인물들이 가입해 있었다. 이 조직은 1920년대 중반기까지 지속되는데, 사상적 민족운동이 시작되기 전에 이루어진 초창기 민족운동의 요람이라는 의미를 지니는 것이 아니었나 생각된다.

1910년대는 한일합방의 치욕과 절망이 교차하던 암울한 시기였다. 마지막 구국의 봉화를 피워 올렸던 전남 의병이 일제의 야수적인 무력진압으로 토벌당하고 민족의 진로에는 오직 암운만이 가득찼던 시기였다. 이러한 시기에 망망한 남쪽 바다에 조그맣게 떠 있는 소안도가 민족운동의 선봉이 될 수 있었던 이유는 어디에 있었는가? 우리는 그 이유를 동학농민전쟁의 경험과 소안면민들의 공동체적인 사회경제적 조건에서 찾을 수 있다.

동학농민전쟁 때 소안도에는 동학의 접주 나성대가 외지에서 동학군을 이끌고 들어와 있었다. 이때 소안 출신 동학교도 이준화 등이 여기에 합류했다가 후에 관군에 체포되어 인근 청산면에서 2명이 총살당하고 2명이 피신한 적이 있었다. 또한 일제의 군대해산에 저항하던 군인들이 귀양을 오기도 했고, 일제의 의병토벌작전으로 해안 도서 지역에는 피신한 의병들의 유입이 끊이지 않고 있었다. 이러한 사회적 환경은 소안면민들의 항일의식을 고양시킨 중요한 계기가 되었던 것이다.

한편 소안도 토지는 원래 궁방전으로 일제의 침략과 더불어 면민들 공동의 사회경제적 이해가 작용하고 있었다. 이러한 상황에서 면민들은 1909년부터 수조권자인 이기용(사도세자의 5대손)을 상대로 토지소유권 반환청구투쟁을 전개하여, 무려 13년의 소송 끝에 승소했다. 이때의 경험은 이후 소안면민들의 단결을 위한 토대가 되었고, 조직적인 항일운동의 밑바탕이 되었다.

지금도 소안의 할머니, 할아버지 들은 1910년대 만주에서 불렸던 「독립군가」 「옥중가」 등의 노래를 기억하고 있다. 또 할머니, 할아버지 들은 놀랍게도 「메이데이가」를 거침없이 부를 수 있다. 한 사람이 감옥에 갇히면 그 사람을 생각해 겨울에도 이불을 덮지 않고 잠자는 것이 소안 사람들이었다. 1920년대 약 4000명의 주민들 중 800명의 사람들이 불령선인(不逞鮮人) 혐의를 받았던 곳이 소안도였다.

한편 1919년 3·1운동이 일어나자 송내호는 완도에서 여러 유지들과 함께 만세시위운동을 준비했다. 완도의 만세시위는 3월 15일에 일어났는데 그 준비 과정에는 송내호 등과 함께 완도의 천도교 및 기독교 조직이 참여했다. 또한 1920년 4월에는 소안도에서 비밀리에 배달청년회를 조직하여 회장을 맡고 손아래 동서이자 부회장인 정남국과 더불어 청년운동을 전개했다. 이 무렵 송내호는 대한독립단에 가담해 전라지단 결성의 책임자로 활동했다. 대한독립단은 1919년 3월 만주에서 여러 독립운동단체들이 모여 평북 의병대장 출신 박장호를 도총재로 하여 조직한 무장투쟁단체였다. 여기서 송내호는 전라지단 조직 책임을 맡고 있다가 검거되어 1년 반의 감옥생활을 했다.

이러한 조직이나 활동을 통해 송내호와 그의 동지들은 서로 정보를 교환하면서 노동운동, 소작운동 등 각 부문운동을 지도 또는 지원했으며 운동회, 문예회 등을 개최하여 독립의식을 일깨웠다. 또한 중앙의 서울청년회 등 20여 개 단체와 더불어 1923년 전국적인 전 조선청년단 대회를 주최하기도 하는 등 활발히 활동했다.

1923년 감옥에서 석방된 송내호는 그에 굴하지 않고 더욱 정열적으로 활동한다. 전국적으로는 서울청년회 등을 통해 청년운동에 전력하는 한편, 1924년 초 소안면에서 노농연합대성회를 조직했다. 배달청년회를 중심으로 결성된 노농연합대성회는 700여 명의 회원이 참여해 경찰배척, 악질지주 배격, 미신타파, 현 제도의 부인운동 등을 전개하여 소안도를 해방의 땅으로 만들어 갔다. 이 사건으로 투옥된 송내호는 또다시 1년 수개 월을 감옥에서 보내야 했다.

형기가 끝나 출옥한 후에도 그는 계속 서울과 지방을 오르내리며 활동했다. 1926~1927년경 그는 소안에서 민족해방과 신사회의 건설을 목적으로 하는 살자회나 일심단을 조직했다. 한편 송내호는 1926년 7월 최초의 좌우합작 조직인 조선민홍회 설립에 주도적으로 참여했다. 조선민홍회는 서울청년회계의 전진회(이경호 등)와 조선물산장려회(조만식, 명제세 등)의 결합으로 발의되었는데 그 발기모임에서 송내호는 사회를 맡아 회합을 이끌었다. 이 무렵 송내호는 서울에서 조직된 제3차 조선공산당에 가입하여 활동했다.[2)]

1927년 1월 신간회의 창립이 발기됨에 따라 조선민흥회는 신간회에 참여하기로 했는데, 송내호는 민흥회측 교섭위원으로서 신간회 발기인측 대표 권동진, 홍명희, 신석우 등과 회합해 두 단체를 결합시키는 데 기여했다. 그후 그는 신간회 규칙심사위원, 대회 준비위원회 의안작성부장(부원 신석우, 안재홍), 중앙 상무간사의 직책을 맡는 등 신간회에서 중추적인 역할을 했다.

1928년 12월 21일부터 23일까지 동아일보와 조선일보는 송내호의 죽음에 관해 다음과 같이 보도했다.[3)]

…… 원적을 전남 완도에 두고 신간회 본부의 간사로 다년간 조선 사회운동에 쉬지 않고 노력하던 송내호 씨는 얼마 전에 완도사건으로 철창생활을 하다가 폐병으로 보석되어 어제 아침에 영면했다 …….

여기서 완도사건이라고 칭하는 사건은 앞에서 언급한 바 있는 배달청년회 조직이 발각되어 1927년 10월경부터 소안도에 불어 닥친 검거선풍을 이르는 말이다. 이 사건의 발단은 배달청년회가 완도청년동맹 소안지부로 개편하는 과정에서 작성한 「선언」이라는 문서가 일경에 의해 압수되면서 시작되었다. 일경은 이를 계기로 소안면민 중 주동자 13명을 검거해 치안유지법과 보안법 위반 등의 혐의로 재판에 회부했던 것이다. 그 과정에서 체포되어 감옥에서 선고를 기다리던 송내호가 지병인 폐결핵으로 위독해져 총독부 병원으로 옮겼으나 1928년 12월 20일 끝내 사망하고 말았다. 신간회에서는 그의 장례식을 사회단체연합장으로 치르기로 결정했으나, 일경은 이를 허용하지 않았다.

송내호는 이처럼 일제의 폭압 아래 쓰러져 갔지만, 그의 가족과 동지, 제자 들을 통해 그가 지핀 독립운동의 불은 계속 타올랐다. 그의 평생의 동지이자 친동생인 송기호는 그보다 먼저 세상을 떠났지만, 그의 여동생 송금애는 오빠를 이어 항일활동하다가 해방 직후 조직된 부녀총동맹의 중앙위원으로 활약했다. 그리고 동서이자 민족해방운동의 동지였던 정남국은 수차에 걸친 투옥과 10년간의 감옥생활을 거치며 재일본조선노농총연맹 중앙위원장으로 활약하는 등 국내외에서 활동하다가 해방을 맞았다.

그 외에도 이들과 더불어 활동했던 수많은 동지들이 있었으니, 이들 역시 송내호가 처음 들어 올린 민족해방의 봉화불을 꺼지지 않도록 지켜 온 사람들이다.

이와 같이 송내호는 일제 지배가 시작되던 시기에 민족운동의 봉화를 지펴 올렸으며, 소안 항일운동 기념탑의 위용에서 볼 수 있듯이 일제 전반기 민족운동의 중심에 우뚝 서 있는 것이다.

1) 최근 연구에서(박찬승 : 1994) 수의위친계의 결성 시기를 1922년으로 주장하는 설이 있다. 이를 소안 항일운동의 유일한 증언자인 이월송의 기록노트(10여 년 전에 사망한 수의위친계원 최병우의 증언을 기록해 둔 것)를 통해 확인했으며, 그는 만약 1914년에 조직되었다면 송내호가 19세로 각지의 운동가를 포섭할 만한 위치에 있지 못했던 점, 그리고 지역 운동가들이 3·1운동을 거치면서 부각되는데 그전에 어떻게 그들에게 접근할 수 있었겠는가하는 의문점을 제기한다(이 글은 1992년에 작성되었다).

2) 이균영, 『신간회연구』, 1993, 86, 94, 102, 104쪽.

3) 조선일보 1928. 12. 22.

김기수

순천 소작쟁의 쌍두마차

1888년 전남 순천 출생
1922년 순천 소작투쟁 주도
1923년 남선농민연맹회 결성 주도
1926년 조선공산당 참여
1927년 만주로 도피
1945년 순천 인민위원장
1948년 월북

1920년대 남한 각지에서 불꽃처럼 타올랐던 소작쟁의운동은 민족운동과 계급운동의 차원에서 괄목할 만한 성과를 이루었다. 순천, 진주, 신안을 기점으로 시작된 소작쟁의운동은 다른 지역에 불을 지피는 계기가 되었으며 전국적인 상황으로 확산되는 데 큰 힘을 발휘했다. 순천의 소작쟁의투쟁의 선두에서 농민들과 함께 지주와 일제에 대항해 생사고락을 같이했던 인사들을 꼽는다면 단연 김기수(金基洙), 박병두, 이영민, 이창수를 들 수 있다. 이들 4인은 누런 곡식이 익어 가는 들판에서 처절한 싸움을 벌이면서 때로는 경찰에 투옥되면서 끝까지 농민들의 삶을 위해 평탄한 인생을 마감하지 못했던 민족지도자였다. 그 중에서도 가장 파란만장한 생을 걸었던 김기수는 해방 후까지도 활동을 벌이다 남한에서 버티지 못하고 월북하여 아직까지도 생사를 확인할 수 없는 인물이다.

김기수는 1888년 3월 28일 순천군 서면 지본리에서 김난(金爛)과 영일 정씨의 3형제 중 막내로 태어났다. 김난은 10여 두락의 소농이었기 때문에 다른 농민들과 다름없이 어려운 생활을 했다. 형인 기언(基彦), 기영(基泳)은 말할 것도 없이 김기수까지도 어린 시절 농사를 지으며 틈틈이 한학공부를 했으며, 나라를 잃어버린 서러움을 묵묵히 달래야만 했다. 평범한 가정에서 태어나 농사를 지으면서 살아가던 그에게 한일합방과 3·1운동은 큰 충격이었다.

순천의 3·1운동은 순천과 인근 지역에서 3월 3일부터 만세운동이 일어나기 시작해 5월까지 6회에 걸쳐 1500여 명이 참여한 활발한 투쟁이었다. 김기수가 직접 만세운동에 참여했는지는 아직 확인할 수 없지만, 만세운동이 그가 민족과 세상을 달리 바라보게 하는 계기가 된 것이다. 이러한 3·1운동이 1920년대 소작쟁의운동으로 이어지면서 운동은 전면화되고 더욱 치열해졌다.

한일합방 이전부터 농민들의 생활은 어려웠으나 합방으로 더욱 어려워졌다. 일제는 한일합방 이후 한반도를 지배하기 위해 1910년대 토지조사사업과 1920년대의 산미증식계획을 세워 수탈체계를 강화했다. 그것들은 그럴듯한 명분으로 치장되었지만 한국민의 생활상태는 걷잡을 수 없는 상황으로 빠져 들기 시작했다. 일제의 기만적인 식량기지화와 토지수탈로 자신의 농토를 잃어버리고 졸지에 소작농으로 전락한 농민들의 생활상은 말할 수 없을 만큼 피폐한 실정이었다.

합방 이전에는 수확배분이 지주 1, 소작인 2의 삼분병작이 보통이었으나 합방 이후부터 소작료가 점차 높아져 일반적으로 5~6할이었으나 곳에 따라서는 7할까지 내기도 했다. 특히 순천을 중심으로 한 지역은 김학모 등 조선인 지주뿐만 아니라 가네다 등 일본인 지주의 땅이 널리 분포되었던 지역이었기 때문에 순천 지방의 1930년대 소작농 비율은 66%를 상회하고 있었다. 이러한 상황과 더불어 소작률 또한 높았을 뿐만아니라 흉년이 들 때도 그것의 적용은 같았으며 지세, 수세까지도 소작농에게 부과함으로써 소작농들의 생활은 급전직하의 어려운 상황이었다. 이것은 농민운동이 일어날 수 있는 기반이 되기에 충분했다. 이러한 객관적 상황 이외에

김기수가 활동했던 서면 들판. 순천 지역은 소작관행이 매우 열악해 농민운동이 일어날 수 밖에 없는 여건을 갖추고 있었다.

김기수가 35세라는 중년의 나이에 뒤늦게 사회운동에 뛰어들게 된 정황은 아직 알 수 없다.

하여튼 1922년 12월 13일 순천군 서면의 소작농민 1600여 명이 일제와 지주들의 횡포에 대항하면서 지주들에 대한 농민들의 저항운동은 자연스럽게 터져 나오기 시작했다.[1] 당시 김기수, 박병두 등이 선봉이 되어 서면 사무소에 쳐들어가면서 투쟁이 시작된 것이다. 이에 군수, 지주, 경찰서장 등이 화급히 달려와 일단 급한 불은 끄지만, 더욱 힘을 얻은 농민들은 이듬해인 1923년 2월 11일 순천군 13개 면의 소작인조합 대표 66명이 참가한 가운데 순천군 농민대회연합회 창립 총회를 열었다.[2] 여기서도 서면봉기를 주도했던 김기수 등 4인이 발기인이었다. 농민대회연합회의 주장은 지주의 횡포근절, 소작료 인하 등으로 농민들의 요구사항이 거의 그대로 반영되었다. 이러한 사항들은 이미 조선노동공제회에서 결의했던 것으로 순천의 농민운동이 전국적인 연락선을 갖고 있음을 보여 준 것이다.

이처럼 순천의 단위 조직을 완료한 김기수 등의 지도자들은 1923년 2월 28일 남선농민연맹회를 결성했다.[3] 이것은 순천, 광양, 여수, 보성 등 4개 군 농민회 대표들이 모인 연합체였다. 순천농민회가 주축을 이룬 것이나 마찬가지였던 남선농민회에서 김기수는 선전부원으로 활약했다. 이와 더불어 김기수는 서면농민대회 의장으로 활약하면서 서면 인근의 주암, 쌍암, 순천, 외서, 보성, 광양 등으로 출장을 다니면서 강연회를 갖는 등 눈코 뜰 새 없는 분주한 활동을 전개했다.

1923년의 농민운동은 공동경작동맹과 소작료불납동맹투쟁 등이 주류를 이루었으며 지주회의 결의에 따라 일부 지주들의 자진양보를 받아 내는 등 약간의 성과를 얻어내기도 했다. 1923년까지의 소작쟁의를 중심으로 한 농민운동은 1924년에 접어들면서 소작쟁의에만 머무르지 않고 농민들의 지위향상을 위한 농민해방적 성격의 다각적이고 종합적인 차원으로 그 질을 고양시켜 갔다. 그것은 1924년 들어 눈에 띄게 성숙한 각종 사회운동의 흐름과 보조를 같이하는 것이었고, 한계가 있는 소작투쟁에서 광범위한 농민운동으로의 방향전환이기도 했다. 1924년 3월 광주에서는 전남도 내 40여 단체 100여 명의 대표가 참석한 가운데 전남노농연맹이 조직되었고, 전국적으로는 4월에 조선노농총동맹이 결성되었다. 조선노농총동맹에는 남선노농연맹, 조선노농총동맹, 삼남노농연맹, 전남노농연맹, 전남청년연합, 무산자동맹, 순천농민연합회, 각 면 농민대회, 소작인회 등 전국 174개의 노농 단체가 가입해 전국적인 통일 조직을 형성했다.

이것과 동일선상에서 순천에 무산자동맹회라는 사회주의연구 단체가 1924년 4월 발족되어 그 동안의 운동을 목적의식적 운동으로 전환시켜 갔다. 김기수, 이창수 등 농민연합회 간부들이 발기인으로 참여함으로써 전국적인 상황과 보조를 같이하는 것이었다. 이와 더불어 순천 인근의 송광면 농민대회에서는 지금까지 등장하지 않았던 농민들의 계급해방을 요구하는 구호와 더불어 소작농민의 완전무결한 사회의 실현을 갈망하는 결의를 했다. 이처럼 이들의 활발하고 조직적인 활동이 결국 일경의 정보망에 포착되자 조직 지도자들은 1924년 검속되고 만다. 그것의 직접적인 이유는 순천서면을 중심으로 농민들이 절초동맹을 결성해 공동체를 결성한 것이 계기였지만 한편으로는 당시 확산되고 있던 사회운동의 맥을 끊기 위한 것이었다. 절초동맹은 농사를 짓기 위해 필요한 퇴비를 농민들이 공동으로 마련하기 위한 순수한 결사체였으나 이를 빌미로 김기수를 검속한 것이다. 광주지법에서 공판이 열려 벌금 30엔을 물고 4개월 만에 석방되어 고향으로 돌아오게 된다. 이것도 농민들의 계속적인 탄원이 밑받침된 것이었다.

검속 후 끊임없는 감시에도 불구하고 그의 활동은 잠시도 그칠 줄 몰랐다. 그는 곧바로 농민대회연합회의 집행위원, 상무위원, 임시 의장으로 활동하면서 동분서주했다. 이러한 표면적인 활동을 하면서도 김기수는 서울에서 화요회계의 운동가들이 중심이 되어 비밀리에 창당된 조선공산당에 참여하게 된다.[4] 1926년 2차 조선공산당에 당시 순천 지방에서도 김기수, 이영민, 박병두, 이창수 등이 참여했고 그 중에서 김기수가 전남 책임비서로 활동한 내용이 조선총독부 경무국에서 작성한 「국외에서의 용의자 조선인명부」에 등장하고 있다.[5] 화요회 중심의 2차 조공에 전남 지방의 대부분 사회주의 인사들은 참여하지 않지만 신동호를 중심으로한 순천, 광양, 구례 지방의 운동가들이 참여하고 있었다. 그러나 이러한 조직이 일제에 발각되어 1927년 4월 김기수를 제외한 3인이 검거되고 말았다. 그것은 조직원들이 회합하는 장소를 일경이 급습하여 검거했는데 이 회합을 주재하고 있던 김기수는 서류를 불 속에 던지고 달려드는 경찰을 때려 눕히고 도피했다. 그는 곧바로 서면의 뒷산이었던 구룡산의 절터골에서 은거했으나 다시 발각되자 해외로 빠져 나가야만 무사하다는 판단하에 강원도를 거쳐 3개월 만에 두만강에 도착했다. 도강하여 만주의 용정으로 갈 생각이었으나 두만강을 건너는 일이 쉽지가 않았다. 낚시꾼으로 위장해 보름간이나 기회를 노리던 그는 비가 오는 날 도선의 사공을 총으로 위협해 강을 건너 간신히 만주로 갈 수 있었다. 천신만고 끝에 일제의 감시망을 벗어난 것이다. 만주에서 기거하다 다시 상해로 갔다. 상해에서 활동하고 있던 조경한을 만난 것도 이때였다. 조경한은 승주 주암 출신이며 1920~1930년대에 만주에서 활동하던 우익인사로 김구의 한독당에 관여하다 임시정부와 함께 귀국해 국내에서 활동한 인사였다.

이 당시 국내에서는 광주학생운동이 활발히 전개되고 있는 상황이었다. 후에 김기수의 맏며느리가 될 김귀선이라는 여학생이 광주고보의 소녀회에 가담하여 장매성 등과 함께 활동하고 있었다. 김귀선은 1934년 김기수가 만주로 피해 있는 상황에서 김기수의 며느리로 들어오면서 항일가족의 대열에 끼게 된다.

김기수는 만주에서 3년여 동안 머물다가 다시 봉천, 용강으로 들어가 한인 2세 교육에 몸담기도 하고 고향에서 배웠던 한의술로 이들에게 의술을 베풀다가 결국 1937년경에 순천에서 급파된 김도식이라는 한인 경찰에 잡히고 말았다. 이것도 고향에 독립자금을 요청하는 편지가 일경에게 발각되어 그의 은신처가 알려진 것이다. 해외로 도피하기 시작한 지 10년 6개월 만에 체포되어 광주로 압송되었다. 검사국에 송치되었으나 공소시효가 만료되어 형들의 서약서를 받는 수준에서 마무리되어 석방되었다. 그가 석방되어 고향에 돌아올 때 순천 시내에서 고향인 지본리까지 같이 활동했던 동지들과 동네 사람들이 길가에 서서 한 독립운동가의 귀향을 환영했다 한다. 그의 귀향을 위해서 암소를 두 마리나 잡는 성대한 환영식이 베풀어졌다.

그는 해방이 될 때까지 일경의 감시를 받고 있었고 당시의 상황으로 직접적인 활동이 어려운 상황이었기 때문에 농사를 지으면서 일상적인 삶을 살아갔다. 그렇지만 계속적으로 자신과 함께 활동하던 동지들과 끊임없이 교류하고 있었다.

일제의 패망으로 해방이 되자 그는 다시 활동을 재개하게 된다. 정충조, 한태선, 오만봉, 박만고 등과 일제하에서 파되되어 버린 조직을 복원해 활동하면서 김양수 등에 선점당했던 건준 조직과는 별도로 인민위원회를 결성한 뒤 순천 인민위원장에 선출되어 민족국가 건설에 매진했다. 그러나 미군정의 탄압이 죄어 오고 1948년 발생했던 여순사건으로 험악한 상황이 전개되자 그는 다시 고향을 떠날 수밖에 없어 북으로 발길을 돌렸다.

한국전쟁이 일어나자 다시 고향에 돌아온 그는 인민위원장을 지내다가 국군이 수복해 오자 고향의 절친한 친구였던 경도제대 출신 경제학자 윤행중과 북으로 다시 넘어간 후로 아직까지 그의 소식은 알 수 없다.

1920년대 소작쟁의운동, 항일운동의 선봉에서 수려한 풍채와 달변으로 농민들의 권익을 역설하던 김기수는 10년 이상을 만주로 도피해야 했으며 해방 후에 다시 활동을 재개하지만 또다시 남북분단으로 인해 고향을 떠나야만 했다. 자식들은 물론이고 며느리까지도 항일운동에 뛰어들게 한 김기수. 그는 해방 후 두 아들을 잃고 아직도 복권이 되지 않은 상태에서 그의 원혼마저 타향 땅을 배회하고 있는 것이다.

1) 동아일보, 1923. 1. 16.
2) 동아일보, 1923. 2. 26.
3) 동아일보, 1923. 3. 10.
4) 이기하, 『한국공산주의 운동사 1』, 444쪽.
5) 「국외에서의 용의자 조선인명부」.

강석봉

전남 사회주의운동의 맏형

1898년 전남 광주 수기옥정 출생
1919년 광주 지역 3·1운동 주도
1922년 일본 중앙대학 정치경제학과 입학
1945년 전남 건준 부위원장
1950년 광주시 인민위원장
1961년 사회당 전남도당 위원장
1966년 사망

요즘 들어 사회주의자라는 이유로 독립유공자 대열에서 탈락되었던 인사들의 재평가가 이루어져야 한다는 주장이 점차 힘을 더해 가고 있다. 그 동안 경직된 모습을 보이던 정부도 이를 긍정적으로 추진하고 있다는 소식까지 들려 온다.

여기에 포함될 전남 지역의 대표적인 인사가 강석봉(姜錫峰)이다. 강석봉, 강해석, 강영석, 강석원 형제들은 모두 항일운동에 투신했던 경험을 갖고 있다. 이 중 활동의 지속성과 범위, 강도 등에서 전남 지역을 대표할 만한 활동가는 큰형격인 강석봉이었다.

그러나 견실한 활동가였던 그와 해석은 사회주의자라는 이유로 유공자로 인정받지 못했으며 일제 말의 행적에 의혹을 받고 있는 영석과 석원은 독립유공자 대접을 받고 있는 것이 현실이다.

강석봉은 1898년 5월 21일 광주 수기옥정에서 소작농 강호일(姜浩一)의

10남매 중 차남으로 출생했다. 강호일은 광주에서 100여 두락의 농토를 소작하면서 10명이 넘는 가족을 부양하고 교육시켰을 뿐만 아니라 독립운동과 사회주의운동에 여념 없던 아들과 그 동료들에게 숙식과 용돈을 대주면서 이들의 옥바라지까지 한 아버지였다.

강석봉은 광주제일보통학교(현 서석국교)를 졸업한 후 광주농업학교를 다니다가 중퇴했다. 그가 처음 항일운동과 인연을 맺은 것은 17세 때인 1914년으로 항일운동을 목적으로 조직된 삼합양조장구락부에 가입하면서부터다. 그후 1910년대 후반에는 소안도의 송내호가 중심이 되어 조직했던 수의위친계에 가입해 광주 지방 조직원으로 활동하기도 했다.[1]

곧이어 일어난 3·1운동은 강석봉이 항일운동에 본격적으로 뛰어드는 계기가 되었다. 그는 3월 11일부터 13일까지 3일간 계속된 광주 지역의 만세시위에서 전단인쇄에 필요한 용지를 제공했을 뿐만 아니라 시위에 참여해 전단을 살포하는 등 중요한 역할을 담당했다. 결국 그는 경찰에 체포되어 광주지방법원과 대구복심법원에서 징역 1년을 선고받고 1921년에 만기 출옥하게 된다.

이후 그의 행적에 대해서는 상반된 자료가 공존하고 있다. 주위 인사들의 증언에 따르면 강석봉은 이때 일본으로 건너가 속성 중학 과정을 거쳐 중앙대학 정치경제학과에 입학했다고 한다.[2]

당시 그의 관심은 약소민족의 문제였고 이를 해결하기 위한 방편으로 사회주의사상의 학습에 힘썼다는 것이다. 그러나 다른 자료에 따르면 강석봉은 3·1운동 때 광주뿐만 아니라 목포 독립만세사건의 주모자였던 것으로 나타났다.

그로 인해 그는 궐석재판을 받아 징역 1년을 선고받았으며 1923년께에는 대구에서 체포당한 것으로 기록되어 있다. 당시의 신문기사는 "그가 대구부 명치정에서 체포되어 목포 경찰서로 인계되었다"고 보도했다.[3]

이와 같이 상반된 견해가 증언자들의 잘못인지 아니면 강석봉이라는 이름을 가진 다른 독립운동가가 있었는지 아직은 확인할 수 없다.

하여튼 1924년이 지나면서 그는 광주청년회에 가입했고 이후 청년회의

3·1운동 당시 광주 지역에서 중추적인 역할을 했던 활동가들. 강석봉(앞줄 오른쪽 첫번째)은 3·1운동 시위에 참여해 전단을 뿌리다 경찰에 체포되어 1년간 옥고를 치렀다.

운영을 책임지게 되었다. 그후 조선공산당이 창건되기 직전에 열렸던 1925년 4월 6일의 전 조선노동대회에서는 준비위원으로 선출되어 전국적인 활동가로 인정받기에 이르렀다.

그 결과 그는 1927년에 개편된 중앙청년총동맹의 중앙위원 42명 중 한 사람으로 선출되었으며 같은 해 11월 27일에는 기존의 청년연맹을 해체하고 광주청년동맹이 창립되었을 때 강석봉은 검사위원으로 선출되기도 했다.

더욱이 1927년 3월에는 조선공산당에도 참여해 전남도당을 조직하고 도당 책임비서, 중앙위원으로 활동했다. 그렇지만 그의 활동역정이 그렇게 순조롭게 진행된 것만은 아니었다. 1926년 1월 분파간의 갈등으로 광주청년회가 노동공제회관을 습격했던 사건이 벌어졌는데 이때 강석봉은 한길상, 김재명 등과 함께 깊숙이 관여해 13명이 체포되는 사건이 벌어지기도 했다.

이처럼 그는 1920년대 후반 광주에 기거하면서 조선공산당 조직의 확대에 전념하는 한편 학생, 청년, 농민, 노동, 부녀동맹 등의 조직을 지도하고 이를 이론적으로 뒷받침하는 역할을 헌신적으로 수행했다. 이 시기가 그가 가장 왕성한 활동력을 발휘했던 시기였다.

그러던 중인 1928년 3월 조선공산당에 대한 일제의 탄압이 가중되면서 그에게도 체포의 위험이 찾아오기 시작했다. 그런 상황에서 그는 당시 총독부의 출입 기자였던 국기열의 내밀한 연락으로 일본으로 피신했고 그에 따라 그의 활동도 일정 정도 휴식 상태에 들어갔다.

강석봉이 일본에 체재하는 동안 그의 생활과 활동에 결정적인 도움을 준 것은 사회주의사상을 갖고 있던 일본인 의사였다. 이름을 확인할 수 없는 그 의사는 강석봉의 활동을 도와 주기 위해 자신의 여동생인 고토(後藤)를 소개하여 그들은 결혼하게 된다.

고토는 당시 도쿄의 여자중학교 교사였는데 교수였던 남편과 사별하여 홀로 지내고 있었으며 강석봉 역시 조선에서 이미 결혼한 처지였다. 강석봉은 그녀와의 사이에 1남 2녀를 두었다. 이러한 일본 여성과의 생활은 한편으로 한국인 운동가들이 갖고 있던 강석봉에 대한 그 동안의 신뢰를 무너뜨렸고 강석봉의 활동을 못마땅해 하는 인사들에게는 그를 공격하는 주된 빌미를 제공해 준 것이었다.

하여튼 일본생활은 6년간이나 계속되었는데 그 사이 국내의 상황이 어느 정도 잠잠해지자 1934년 귀국했다. 귀국할 때도 일본인 부인과 가족들을 데리고 들어왔다. 그들은 목포에서 생활했는데 원래 영리하고 산술에 밝았기 때문에 쉽사리 탄탄한 기반을 잡을 수 있었다.

그는 목포와 용당 간의 출구가 되는 용당 선창을 건설해 목포시에 기부채납함으로써 목포시 당국으로부터 도선운영권을 불하받아 도선사업을 시작하는 한편 일본에 해산물 수출을 시작해 상당한 경제적 기반을 쌓을 수 있었다.

그는 주로 재산을 현금으로 보관했고 현금으로는 목포에서 제일가는 갑부라고 알려질 정도였다. 이 현금이 그후 사회운동 자금으로 활용되기도 한다.

1945년 해방이 되자 그는 곧바로 가족들과 함께 광주로 올라왔다. 해방은 그를 다시금 운동의 최전방으로 나서게 하기에 충분한 상황이었다. 광주는 당시 국기열이 중심이 되어 건준이 조직되고 있었는데 그는 최홍종과 함께 위원장단에 선출되었다.[4)]

이어서 건준의 연결 조직이었던 인민위원회에도 참여해 역시 부위원장직을 담당했다. 건준 초기에는 일부 우익인사들도 참여하여 상당한 재력을 가진 자들로부터 조직의 운영 자금을 융통할 수 었었으나, 인민위원회로 개편되면서부터는 이들 우익인사들이 빠져 나감에 따라 재정의 어려움이 컸다고 한다.

강석봉의 재산은 그러한 상황을 타개하는 데 상당한 역할을 했다고 알려져 있다. 이것은 결국 개인적으로는 재산이 줄어드는 것을 의미했고, 이에 따라 그의 가족들은 곤란한 생활을 했다고 한다. 그렇지만 그는 가족의 일보다는 민족의 장래를 염려하는 사람이었기 때문에 이에 개의치 않았다.

당시 그는 건준과 인민위원회 활동과 함께 조선공산당의 재건에도 참여했다. 그는 전남도당의 재건에 유혁과 더불어 중추적인 역할을 담당했는데, 이로 인해 그는 그후 미군정과 우익세력들로부터 공격을 받았다.

해방 이후 재개된 그의 활동은 미군의 진주로 인해 제약받게 된 것이다. 미군정기 동안 그는 미군정의 포고령 위반이라는 명분으로 2년간이나 투옥되는 등 여러 가지 어려움을 감내하고 있었다.

한국전쟁 시기에 각 지방에서는 좌익운동 경험이 있던 보도연맹원들에 대한 당국의 학살이 진행되었다. 당시 강석봉은 여동생이 아는 집에 피신해 있다가 이삿짐 속에 숨어 목포 경찰서장 관사로 피신했다.

당시 경찰서장의 동생이 강석봉과 친분이 있었기 때문에 그럴 수 있었다. 그후 한 달 정도 지난 1950년 7월 23일 북한 인민군이 광주로 입성하자 그는 광주 주요 인사들의 추대로 광주시 인민위원장에 선출되었다. 그러나 3일 만에 인민군에 의해서 다시 반동분자로 몰려 투옥되었다. 그것은 강석봉이 반(反)박헌영계열에서 활동했던 것이 빌미가 되었던 듯하다.

이와 더불어 그가 무고하게 체포된 인사들의 신원보증을 서 주고, 외과 의사였던 신현을 충장로 자택에 은신시켜 주는 등의 행동도 인민위원장에서 배척된 배경의 하나로 추정된다. 하여간 그는 이러한 연유로 인민군에게 배척당하고 수복 후에는 경찰에 의해 구속되는 등 양쪽으로부터 탄압받는 애매모호한 입장이 되었다.

한국전쟁 이후 칩거하던 그에게 다시 세상의 이목이 집중된 것은 1960년 4·19혁명이 계기가 되었다. 당시 혁신계의 복원운동이 활기를 띠면서 그 일환으로 1960년 5월 20일 사회대중당 전남도당이 조직되자 그도 여기에 참여한 것이다.

사회대중당은 그 동안 이승만의 반공 극우정책에 따라 운동을 중지하고 있던 여러 갈래의 활동가들이 4·19로 열려진 공간에서 조직한 대중정당이었다. 사회대중당은 곧 이어 벌어진 국회의원 총선에 후보까지 내는 등 합법공간을 이용한 활동을 전개했지만 아직 이들이 비집고 들어설 만한 공간은 쉽게 열리지 않았다.

결국 선거에서 참패함에 따라 사회대중당도 그 동안의 정세판단과 정책이 옳지 못함을 인정하고 사회당으로 통합되었다. 사회대중당이 해체되고 사회당으로 통합된 후 강석봉은 사회당 중앙위원·중앙상임위원·전남도당 위원장 겸 재정책임위원이 되었다. 이때도 전남도당의 모든 재정을 그의 사재를 털어 조달했다고 한다.[5)]

그러나 이러한 노력에도 불구하고 5·16군사정권의 등장과 함께 강석봉은 이틀 후인 5월 18일 북동 자택에서 체포되어 2년 반의 옥고를 치러야만 했다. 이때의 투옥생활로 고질병이었던 폐병이 악화되어 두문불출하다시피 했으며 충분한 간병도 받지 못하다가 1966년 12월 4일 69세로 세상을 떠나고 말았다. 장례식에 모인 오지호, 허백련 등은 땅을 치고 통곡하면서 그의 죽음을 애도했다 한다.

6척이 넘는 유달리 큰 키와 발이 커서 자신이 손수 구두모형을 가져가야만이 신을 맞출 수 있었던 강석봉은 큰 키만큼이나 열렬하게 민족에 대한 애착을 갖고 있었다. 조직운동을 위해서는 자신의 재산도 아깝지 않았던 그도 독재의 서슬이 시퍼렇던 시대에 자신이 생각했던 세상을 보지 못하고 세상을 떠나고 만 것이다.

1) 이균영, 「해방의 땅 소안도」, 소안항일운동사료집, 1990, 120쪽.
2) 이기홍, 「강태풍의 증언」.
3) 동아일보, 1923. 1. 29.
4) 안종철, 『광주・전남 지방 현대사연구』, 한울, 1991, 74쪽.
5) 김세원의 증언.

곽 재 술

진도 적색농조의 증인

1910년 전남 진도 출생
1933년 중동학교 비밀독서회 관련 퇴학
1933년 진도 적색농민조합 결성 주도, 야학 및 농민운동 주도
1945년 진도 건준 참여
1950년 월북

진도는 「진도아리랑」의 발원지이며, 남종문인화의 대가 소치(小痴)와 의재(毅齋), 그리고 글씨로 유명한 소전(素筌) 등을 배출한 문화와 예술의 고장으로 알려져 있다. 그러나 다른 한편으로 진도는 일제하에서 해방 정국을 거쳐 현재에 이르기까지 면면히 이어 내려온 농민항쟁의 전통도 있다. 그 속에는 조규선, 박종협 등 여러 인물이 있지만, 크게 보면 소진호를 중심으로 한 1920년대와 곽재술(郭在述), 곽재필을 중심으로 한 1930년대로 구분할 수 있다.

진도읍으로 들어서기 전 가파른 고개를 넘으면 오른쪽에 세등리라는 마을이 있다. 이곳은 곽재술이 태어난 곳으로 진도 적색농민조합의 중심이 되었던 마을이다. 현재는 70여 호에 불과하지만, 1930년대 초반만 해도 100여 호에 이르는 동족부락을 형성하고 있었다. 곽재술은 1910년 1월 1일 풍향 곽씨의 3형제 중 둘째로 태어났다. 아버지를 일찍 여윈 그는 마을에 있는 청운서당에서 한학을 배웠다.

진도 지역의 최초 운동 조직은 1919년에 서당생도들이 중심이 되어 결성한 보국단인데, 만세시위를 계획했던 것 외에는 구체적인 활동 상황이 나타나지 않고 있다. 그러나 1924년 조직된 소작인회는 꽤 활발한 활동을 벌였던 것으로 보인다. 이 조직은 1920년대 중반의 진도 소작쟁의를 주도했고, 이 사실이 1924년 광주에서 열린 해방운동자동맹 제1회 임시 총회에서 소진호에 의해 알려지면서 세인의 주목을 받기 시작했다. 당시 지주회가 당국에 제출한 「공과연기탄원서(公課延期歎願書)」에는 소작인회가 "내지(內地) 및 경성에 일시 유학한 청년 일부가 공산주의에 감염되어 귀향해 예수교신자와 만세소요의 주의 인물과 공모해 결성했다"고 기록되어 있다.[1]

그후 1925년 11월 30일 소진호의 주도로 진도에서는 필연단(必然團)이라는 사상 단체가 결성되었다. 당시는 광주의 18회, 목포의 전위동맹, 담양의 2월회, 영광의 토우회 등 각 지역에서 사상 단체가 우후죽순처럼 생겨나던 때였다.[2] 필연단도 그러한 움직임에 발 맞추어 조직되었는데, 그 명칭은 역사적 필연성의 진화법칙을 스스로의 강령으로 내세운 것에서 유래했다고 한다. 필연단은 1927년 소진호가 검거되면서 해체되고 만다. 또한 1930년 4월 광주학생운동에 참여한 박동인, 유학생 조규선, 그리고 박두재 등이 결합하여 현 자생의원 자리에서 진도청년동맹을 결성하기도 했다.

이 무렵 곽재술은 서울 중동학교에서 학업에 열중하는 한편 독서회나 노동조합 등을 통해 항일운동을 전개하고 있었다. 서울에서의 그의 활동은 적색농민조합과 관련된 재판기록에서 엿볼 수 있다. 재판기록에는 "중동학교 재학중인 1930년 8월부터 같은 학교 조규영 등과 사회과학연구를 시작하고, 1933년 초순에 경성세창고무공장 여공 김수부, 김유순을 조규영에게 소개해 비밀결사 독서회를 조직하고 동맹파업을 지도했다"고 적혀 있다. 곽재술은 당시 학생이라는 자신의 사회적 위치를 뛰어넘어 항일운동에 참여했던 것이다. 그 결과 그는 1933년 독서회사건이 발각되면서 중동학교에서 퇴학을 당하고 진도로 귀향하게 되었다.

그가 퇴학당한 1933년은 한국 사회운동이 1930년에 코민테른에서 발표

진도군 군내면 세등리 마을 전경. 지금은 70여 호 남짓하지만 진도 적색농민조합운동이 불붙었던 1930년대만 해도 100여 호에 이르는 동족마을이었다.

된 이른바 「9월테제」에 따라 '아래로부터의 당 조직' 방침을 정하고 활동가들이 공장, 농촌 등 현장으로 들어가던 때였다. 그의 귀향도 이러한 차원에서 이해할 수 있을 것이다. 이미 그는 귀향하기 1년 전인 1932년 겨울 일시 귀향했던 시기에 박종협, 조규선 그리고 같은 마을에 사는 곽재필 등과 만나 농민·청소년 지도기관의 필요성을 논의했던 적이 있었다. 그의 귀향과 함께 그러한 논의는 활기를 띠게 되어 1933년 1월 5일 사상 단체 준비회가 결성되었고, 1월 말에는 적색자각회가 조직되었다.

하지만 자각회의 활동이 진척되지 않고 답보 상태에 머무르자, 조규선은 광주에서 소진호의 소개로 강영석을 만나 대책을 논의했다. 여기에서 강영석의 해산권유를 받고 1933년 4월 21일 자각회의 해산을 결정했다. 그러나 곽재술 등은 자각회 해산이 잘못된 결정이라고 지적하면서 조직의 필요성을 강조하고 조직의 재건설을 목표로 활동을 전개했다.

그러한 활동의 일환으로 그는 1933년 12월 14일 조선중앙일보의 진도지국을 개설하고, 곽재필, 조규선, 박종식 등과 함께 기자진을 구성했다. 이들 기자들을 새로운 조직의 건설을 위한 토대로 삼은 것이다. 그후 여기에 박종협 등이 가세하면서 새로운 조직체가 결성되었는데, 그것이 1934년 4월 17일에 결성된 진도 적색농민조합이었다. 이 조직은 그전의 사상 단체와는 달리 「9월테제」를 반영하여 농민 대중을 조직의 근간으로 하고 있고 활동의 초점도 농민 대중에 맞추어져 있다. 곽재술이 작성한 창립선언문에는 "……사유재산제도의 부인을 전제로 지주계급을 타파하고, 농민생활을 안정하게 보장하기 위하여 진도에 진도 적색농민조합을 조직할 것을 선언한다……."라고 기록되어 있다. '사유재산제도 부인'과 '지주계급 타파'라는 내용으로 보아 이는 1924년의 소작쟁의와는 다른 성격을 띠고 있음을 알 수 있다.

적색농민조합에서 곽재술은 교양부장을 맡고, 조규선은 총책임을, 곽재필은 재정부장을 담당했다. 적색농민조합 활동의 주요 내역은 연극과 야학, 강연활동 등을 통해 식민지 농정의 본질을 폭로하고 대중운동을 고양시키는 것이었다. 곽재술은 주로 교육이나 연극 등 농민들의 의식을 깨우치는 일을 담당했다. 하지만 농민조합 활동은 자각회 수준을 넘지 못했고, 지역적으로도 곽재술의 고향인 군내면 세등리와 조규선의 고향인 고군면 오산리를 중심으로 이루어졌을 뿐이다. 곽재술은 오산리를 담당했으며, 고향인 세등리에서도 청운서당을 야학으로 개조해 농민 교육에 힘썼다. 토론을 벌였다. 당시 세등리 야학에서는 「노동독본」을 교재로 남학생 12명, 여학생 5명이 활동을 하고 있었다. 하지만 결성된 지 4개월도 안 된 1934년 8월 1일, 진도 적색농민조합은 진도지서에 발각되어 활동이 중단된다.

그러나 적색농민조합이 해산된 후에도 세등리 야학만은 곽재술의 지도로 계속되었다. 일제하에서의 농민 야학은 1925년 이후 급격하게 증가하다가 1930년을 정점으로 감소하는 추세였다. 이것은 1920대부터 시행되던 '1면 1교정책'이니 '1면 3교정책'이니 하는 일제의 초등교육정책에 따라 공립보통학교의 양적인 증가와 커다란 관련성이 있는 것으로 파악된다. 그러나 세등리의 경우 1930년대에 오히려 활발한 모습을 보이고 있는 것이다. 당시 대부분의 농민 야학은 조선어, 산술, 작문, 「노동독본」, 「농민독본」 등을 공부했으며,[3] 이외에도 세등리와 같이 학예회나 소인극 등을 통해 농민의식을 고취시키기도 했다.

곽재술 등이 주도했던 농민의식화 작업을 알 수 있는 일례로 당시 공연되었던 연극의 내용을 살펴보자. 곽재술이 직접 대본을 쓰고 농민들이 배우로 출연해 1934년 8월 23일, 24일 세등리와 둔전리에서 학예회 형식으로 공연되었던 「지도원의 강연」(원제 : 농촌행진곡)이라는 연극대본이 현재 남아 있다.[4] 그 대본에 따르면 농업공황이라는 당시의 상황에서 농촌의 궁핍상을 반영하면서 일제의 농촌진흥운동을 찬양하던 지도원의 강연에 서울에서 내려온 젊은 청년의 입을 통해 항의하는 내용이었다. 즉 일제가 추진하던 농촌진흥운동에 대한 비판이 그 주된 내용인 것이다. 이러한 연극 내용에서 짐작할 수 있는 곽재술 등의 항일활동은 일제 관헌들의 신경을 곤두서게 만들었으며, 일경이 그 주도자들의 체포에 수단과 방법을 가리지 않게 만드는 계기가 되었다.

이러던 중인 1934년 10월 하순 속칭 '진도사건(현지에서는 세등사건으로 불림)'이 발생했다. 그것은 곽재술의 개인적인 시비에서 비롯된 일이었지만, 그 사건을 빌미로 일경은 진도 지역의 핵심적인 활동가들을 모두 검거해 버린 것이다. 당시 26세로 해방 후 진도 건준 평의원을 지낸 이길성은 세등사건을 이렇게 전해 준다

……자력갱생운동의 일환으로 퇴비를 한 짐씩 바치게 되어 있는데 곽재술의 어머니가 이를 이행하지 못해 면장으로부터 폭행을 당했습니다. 마침 밖에서 돌아오다 이를 보고 면장을 폭행한 곽재술이 구속되고, 차례로 자각회와 농민조합 관련자들이 붙잡혀 적색농조도 발각되었던 것입니다.

그후 1936년 2월24일 곽재술을 비롯한 조규선, 곽재필, 박종협 등 4명은 대구복심법원에서 2년 6개월 형을 받았다.[5] 하지만 그가 언제 출옥했고 그

후 어떠한 활동을 했는지는 안타깝게 알 길이 없다. 기록상으로 그가 다시 진도 지역의 활동에 등장하는 것은 해방 후부터다.

다른 지역보다 해방 소식이 늦게 전해진 진도 지역은 8월 18일 건국준비위원회가 결성된다. 그날 저녁 500여 명의 군민이 참가한 가운데 해방환영군민대회가 개최되고 과거 관리를 지낸 김중현 씨가 건준위원장에 선출되었다. 일제시대에 소작쟁의를 비롯한 농민운동에 참여했던 곽재술, 그리고 곽재필, 곽병관, 조규선 등은 평위원으로 선출되었다. 이러한 사실과 함께 곽재술이 해방 후 며칠 동안 진도읍에 나오지 못했다는 것과 서울로 올라갈 것을 권유했다는 이길성의 증언 등을 종합해 보면, 당시 진도 지역의 분위기를 짐작할 수 있다. 해방 직후의 전남 지역 건준과 인민위원회를 연구한 안종철은 당시의 진도 상황을 좌우익이 연합한 형태로 분류하고 있으며, 커밍스나 사사키는 진도의 정치적 지표를 '보수적'이라고 밝히고 있다.[6] 전남 지역의 농민운동을 연구한 김점숙의 논문에 따르면 곽재술은 이 시기 전국농민조합총연맹 대의원과 인민위원회 진도군 대표를 역임했다고 적고 있다.[7]

인민위원회가 해산된 직후인 1946년 초 곽재술은 거처를 서울로 옮겼다. 남편에 대해 전혀 언급하기를 꺼려하는 부인은 어렵게 남편의 소식을 묻자 40세되던 해 죽었다는 이야기만 전하고 입을 다물어 버린다. 곽재술은 나이 40세가 되던 1950년에 월북했다. 그렇다면 남편의 월북이 부인에게는 죽음으로 다가온 것일까?

1) 사상범죄철, 「전남고등 300호」, 1935.
2) 김경일, 『일제하 노동운동사』, 창비, 1992, 177쪽.
3) 노영택, 『일제하 민중교육운동사』, 탐구당, 1979.
4) 사상범죄철, 앞의 글.
5) 『독립운동사 자료집』 14권, 265쪽.
1936. 3. 24. 전남 진도 농민조합운동에 대한 복심공판이 대구복심법원에서 열린 바 조구선, 곽재술, 박종협, 곽재필 등 4명에게 각각 2년 6개월 형이 언도되었다.
6) 안종철, 「해방 직후 건국준비위원회의 지방 조직과 지방 인민위원회에 관한 연구」, 1990, 52~53쪽.
7) 김점숙, 「1930년대 전남 지방 조선공산당 재건운동 연구」, 이화여대 석사학위논문.

김 상 혁

재일(在日) 사회주의운동가

1900년대 초반 전남 순천 출생
1927년 제3차 조선공산당 일본총국 서구부 제3야체이카
1931년 조선공산주의자협의회 전남 대표
1931년 전남노농협의회 조직
1945년 조선공산당 중앙위원 겸 인민공화국 노동부장 대리
1948년 월북

한국에 사회주의운동이 처음 들어온 것은 1917년 직후였지만, 본격적으로 사회주의운동이 시작된 것은 통상 3·1운동 후라고 한다. 그것은 그때부터 식민지와 사회적 불평등의 이중고에 시달리던 조선의 현실에서 그 대안으로 조직적인 사회주의운동이 시작되었기 때문이다. 이 무렵 조선의 사회주의운동은 일본이나 러시아, 중국 등 비교적 운동이 발달된 지역에서 수입되었다. 이 중 특히 일본은 수많은 조선 청년들이 유학생활을 하고 있었기 때문에 향후 조선의 사회주의운동을 고양시킨 사상적, 조직적 토대와 주도 인물들을 제공한 곳이다. 이들 중 전남 출신으로 핵심적인 인물은 김상혁(金相赫)이다.

그는 1900년대 초반 순천군 낙안면 하송리에서 김성운의 아들로 태어났다. 그의 아버지는 인근에서 제일가는 부호라고 소문난 천석지기 지주였는데, 인근에 있는 벌교의 융성을 계기로 보따리장사에서 시작해 자수성

가한 사람이었다. 이러한 아버지의 경제력 때문에 그는 당시 보통 사람으로는 상상하기조차 힘든 일본 유학을 갈 수 있었고, 그가 훗날 운동에 투신한 후에도 조직의 재정을 전담할 수 있었다. 그러나 그의 어린 시절이나 학력에 대해서는 의외로 알려진 바가 없으며, 그에 대해 잘 아는 사람조차도 만나기 어려운 실정이다. 다만 그가 후처 소생으로 어렸을 적에는 낙안보통학교를 다녔으며, 그후 1920년대 초반에 일본 유학을 떠났다는 정도만 알 수 있을 뿐이다.[1]

일제시대의 자료에 김상혁이 처음 나타나기 시작한 것은 1927년 무렵이다. 당시 그는 도쿄에 있는 일본인 집에서 하숙을 하며 공부했다. 그러던 중 그는 유학생활을 하다가 사회주의운동에 뛰어든 정익현, 김계림 등의 권유로 조선공산당에 입당한다. 1927년 4월 그는 제3차 조선공산당 일본총국 서구부 제3야체이카에 소속되었으며, 그와 함께 제3차 고려공산청년회 일본부에 속하게 되었다.[2]

일단 조선공산당에 가입한 후 그는 매우 열성적인 활동가였다. 그의 하숙집은 그가 속한 야체이카의 주요 회합장소였으며, 그의 풍부한 경제력은 조직의 활동비였다. 당시 이들은 자신들의 활동목적을 두 개의 슬로건으로 정식화했다. 그것은 "첫째, 세계 노동계급의 집중체를 조직할 것 둘째, 세계 부르주아의 지배를 배격하고, 한국 공산주의의 실현을 기함과 같이 독립을 수행한다"였다. 한편 그는 이 무렵 조선공산당 세포로 신간회 동경지회에 가입하여 활동하기도 했다.

그러나 이들 조직은 1928년 가을 일본 메이지절 행사 직전에 도쿄, 오사카, 교토 등지에서 적색 삐라를 살포하던 조선인이 체포되면서 경찰에 발각되고 만다. 이후 경찰청의 집요한 수사가 진행되어 이들 조직은 전모가 드러나게 되었고, 수많은 활동가들이 체포되는 지경에 이르렀다.

당시 김상혁은 이러한 검거선풍을 교묘하게 피했다. 당시 그와 함께 체포를 모면한 활동가는 권대형, 이우적 등이었는데, 이들은 이후 그의 평생동지로 함께 고락을 같이하는 동지가 되었다. 이들은 1929년에 재건된 제4차 조공 일본부에서 잠시 간부로 활동하다가, 조공을 재건할 목적으로 같은 해 7월 국내 잠입을 시도했다. 당시는 이들 외에도 중국과 러시아 등지에서 조공 재건운동이 한창이었으며, 그 결과 이들의 기도 자체도 분파들간의 갈등을 내포하는 것이었지만, 아무튼 이들은 ML계를 중심으로 당 조직을 재건하려고 했다.[3)]

국내로 잠입하는 데 성공한 김상혁과 일행은 우선 그의 고향 부근인 지리산을 중심으로 잠복하여 정세변화를 주시하면서 기회를 엿보고 있었다. 그러던 중 1930년 6월 서울 시내에서 국내 인사들과 회합을 갖고 해외 동지들의 활동을 기다릴 것 없이 당 재건운동을 전개하자고 결정했다. 당시 이들은 개인별로 활동영역을 정했는데, 이론이 출중한 이우적(본명 이응규)이 선전, 권대형은 경남 조직, 김상혁은 전남 조직을 담당했다.

즉시 활동을 개시한 김상혁은 우선 1931년 1월 강갑영과 함께 전남사회운동연구회를 조직하였으며, 같은 해 2월 11일에는 경기도 김포에서 해외에서 잠입한 밀사(?)와 함께 ML파를 중심으로 8인이 결집하여 조공재건설동맹(책임 : 권대형)을 조직했다. 이 조직은 그후 노동자에 대한 정치적 교양사업을 목표로 서울의 영등포 등지에서 활동을 전개하는 한편, 전국적인 조직 건설에 박차를 가했다.

그러나 활동가들이 개별적인 자유의사를 갖고 연합한 데 불과한 동맹은 조직원 중 일부가 임무를 방기하고 연락마저 끊는 등 여러가지 폐해가 나타나기 시작한다. 이에 권대형, 김상혁, 이우적, 서인식 등은 조직을 개편하기로 하고, 그 준비위원회를 개최했다. 여기서는 '조직을 중앙집권제로 개편하며, 각 지역 대표를 선정하고, 활동자금은 김상혁이 최고 3만 원을 출자한다'는 것 등이 결정되었다. 결국 이들은 1931년 7월 25일 조직의 중심지인 대구에서 각지 대표자를 소집하여 조선공산주의자협의회를 결성하고, 예하에 조직, 출판, 재정의 3개 부서를 두었다.

당시 김상혁은 전남 대표 및 중앙재정부 책임자를 겸직하면서 조직원에게 활동사항을 지시하는 등 조직의 중심 인물이었다. 이들의 주요 활동은 두 가지였는데, 그 중 하나는 기관지인 『코뮤니스트』와 신문인 『봉화』를 발행하여 선전활동을 전개한 것이며, 다른 하나는 각 지역에서 조직사업을 주도할 것이었다.

당시 협의회의 활동이 가장 성과를 거둔 곳이 김상혁이 조직 책임을 맡고 있던 전남이었다. 1931년 12월에 조직된 전남노농협의회는 사실상 이들의 작품이었다. 당시는 함흥, 대구, 부산 등 각 지역에서 협의회의 활동이 발각되어 조직원들이 대거 광주로 피신한 시기였다. 또한 전남에서도 광주학생운동의 주역들을 중심으로 지역별, 부문별 조직활동이 개별적으로 전개되던 시기였다. 대중 단체를 조직하던 중 이들의 존재를 알게된 김상혁 등은 이들 지역 내 활동가들을 전면에 내세워 기존 조직들의 통합을 시도하였다. 이렇게 하여 결성된 것이 '노농협(책임비서 : 김호선)'이었으며, 김상혁은 '김기선'이라는 가명으로 조사부와 노동부를 담당했다.

그러나 이들의 활동은 당시 각 지역에서 발생하는 사회주의운동을 주시하고 있던 경찰의 추적을 받게 된다. 결국 1932년 3월경 김상혁은 도피중에 승주군 주암면에서 이우적과 함께 검거되어, 같은 해 7월 11일에 송치되었다. 당시 그는 자신의 신변을 염려한 아버지의 도움으로 경찰의 손길을 피해 보려 했지만, 경찰의 집요한 추적과 집안의 몰락을 염려한 동생 때문에 결국 체포되고 말았다. 그는 1933년 4월 20일 대구지법에서 5년을 언도받았다.

1930년대 말 출옥한 김상혁은 전향의 회오리가 몰아치는 속에서도 활동을 재개했다. 그는 향리의 뽕밭 가운데에 집을 지어 놓고 칩거하면서 인근 청년들에게 사회주의사상을 교육한 것이다. 그러나 이것마저도 그의 동태에 촉각을 곤두세우고 있던 형사에게 발각되어 수많은 청년들이 끌려가고, 그 역시 또다시 감옥살이를 경험해야만 했다. 1940년을 전후한 시기에 출옥한 그는 함남 청진에 있는 공장(정어리로 기름을 짜는 공장)에서 일했다고 한다. 이것이 새로운 활동의 일환인지, 아니면 전향이나 전선이탈을 의미한 것인지, 아직 밝혀지지 않고 있다.

아무튼 그는 수년간을 청진에서 머무르다가 무슨 낌새를 알아차린 것인지 해방 직전에 서울에 나타났다. 그리고 해방과 동시에 조공의 재건과 새로운 국가수립을 위하여 활발하게 움직이기 시작했다. 최초 그는 이른바 '장안파공산당'에 가담했었다. 이것은 일부 공산주의자들이 해방된 바로 그날 저녁 서울 장안빌딩에서 조직한 공산당이었다. 그러나 이들 대부분이 일제 말에 전향했거나 전선을 이탈한 사람들인 데다가, 지방에 있거나 복역중인 대다수 활동가들이 아직 나타나지 않은 상황에서 당을 조직한 것은 원칙에 어긋난다는 비판까지 받게 되었다. 결국 이들은 자신들이 조직한 당을 스스로 해체하고, 박헌영을 중심으로 재건되는 당에 굴욕적으로 합류했다. 따라서 그는 해방 정국에서 첫발을 잘못 딛은 것이다. 아무튼 그는 이후 조공에서 활동을 계속했으며, 1946년 12월 조공이 남로당으로 개편된 후에도 중앙위원으로 참여하고 있었다.

조공 재건활동과 함께 당시 김상혁이 당면한 주요 과제는 새로운 국가 건설이었다. 그는 해방 직후 조직된 건국준비위원회가 그해 9월경 인민공화국으로 개편될 때 중앙인민위원으로 참여하고, 이어서 인공의 내각이 구성될 때에는 노동부장(현 노동부장관) 대리를 맡아 활약했다. 또한 1946년 1월 미소공동위원회를 개최하기 위하여 양국 대표단이 서울에 왔을 때에는 그가 인공을 대표하여 환영준비위원회에 포함되기도 했다. 그리고 미군정에 의해 인공이 부인되면서 1946년 2월 좌익통일전선으로 결성된 민전에도 중앙위원으로 참여했다.[4]

그러나 이 무렵부터 미군정은 좌익에 대한 대대적인 탄압을 시작했으며, 그에 발 맞추어 그 동안 숨죽이고 있던 우익진영의 반격도 만만치 않았다. 또한 좌익 내부에서도 박헌영을 중심으로 하는 경성 콤그룹 출신들과 ML계 출신들 사이에서 파벌싸움이 끊이지 않고 있었다. 당시 조공이나 남로당의 헤게모니는 박헌영계가 장악하고 있었기 때문에 ML계 출신들은 당에서 축출당하거나 권력의 중심에서 배제되기 일쑤였다. 이러한 사정은 ML계의 핵심 인사인 김상혁에게도 마찬가지였다. 결국 그는 이때부터 박헌영계를 견제할 수 있는 또 하나의 세력인 북로당과 연결되어 남로당과는 별도의 활동을 전개했다.

그러다가 1948년 무렵 월북하여 8월에 해주에서 열린 인민대표자회의에서는 최고인민회의 대의원으로 선출되었다. 그후 소식은 전해지지 않았지만, 그의 고향에서는 그가 노동당 부녀부장이었으며, 한국전쟁시에는 목포 인민위원장을 역임했다는 풍설이 나돌기도 했다.

당시 김상혁을 알고 지내던 사람들은 그와 그의 평생동지인 이우적을 비교하면서, 이우적이 이론가라면 김상혁은 명망가라는 말을 자주 한다. 부잣집 아들로 태어나 자신의 한계를 극복하고 사회주의사회를 건설하고자 했던 김상혁, 그는 전남이 배출한 전국적인 활동가였지만, 지금은 그의 고향에서조차 잊혀지고 있다.

1) 이상의 내용은 그의 향리에서 만난 노인들의 증언을 토대로 작성했다.
2) 대부분의 활동 내용은 이기하의 『한국공산주의운동사』를 토대로 작성했다.
3) 이종민, 「당 재건운동의 개시」, 한국역사연구회 1930년대 연구반, 『일제하 사회주의운동사』, 108~111쪽.
4) 해방 후의 약력 및 활동사항은 김남식의 『남로당연구』를 참조했다.

김시중

장성 사회운동의 후원자

1892년 전남 장성 출생
1920년 사립월평보통학교 설립
1929년 신간회 장성지회 활동으로 구속
1933년 장성협동조합 설립, 구속
1935년 무등양말 설립시 대주주
1945년 전남 건국준비위원회 부위원장
1946년 한민당 전남지부장

장성읍에서 영광 방면으로 5분 정도 걸어가면 월평국민학교가 있다. 이 학교의 교문을 들어서면 눈에 띄는 기념비가 하나 있다. 이 기념비는 학교 설립자를 기리기 위하여 학부형과 지역 유지의 이름으로 1920년 9월에 세워진 공적비이다. 비록 그 형상은 오랜 세월에 걸친 풍상으로 씻겨졌지만, 일제하의 암울한 시기에 민족 교육을 위하여 사재를 털었던 사람의 마음을 읽을 수가 있다. 이 학교를 설립하는 데 중요한 역할을 한 사람이 있었으니 그가 바로 김시중(金時中)이다. 김시중은 근현대 역사의 격동 속에서 치열하게 살며 우리 사회에 커다란 족적을 남겼다. 그러나 아직까지 김시중은 우리 사회에서 제대로 평가를 받지 못하고 있다. 퍽 안타까운 일이 아닐 수 없다.

김시중은 장성 지역 토착양반으로 불리는 운산 김씨로서, 하서(河西) 김인후(金麟厚)의 12대 후손이다. 김시중의 집안은 7대 선조인 김운서(金雲瑞)

부터 장성군 월평에서 터를 잡아 살기 시작했고, 이때에 많은 재산을 이루게 된다. 김시중은 부친인 김규익(金圭益)의 5남 중 장남으로 조선 봉건사회가 점차 해체되던 1892년 10월 18일에 장성군 황룡면 월평리에서 출생했다.

만석꾼이라던 김규익의 재산도 김시중이 물려받을 때는 천석꾼 정도였다고 한다. 그럼에도 불구하고 그의 집안이 부유하고 유복했는가를 나타내는 말이 지금도 장성 사람들의 입에 오르내리고 있다. 어느 여름날 김시중의 동생이 자신의 목에 파리가 앉자 "어머니 파리가 앉아서 목이 아파요"라고 말했다 한다. 이러한 가정환경 속에서 어린 시절을 보낸 김시중은 한때 장성의 덕울암에서 한학을 공부하는 등 양반사회가 지향하는 충, 효, 예 등을 중요시하며 성장했다. 그러나 한편으로는 일제의 침략이라는 역사적 풍랑을 가슴 아파하는 식민지 청년일 수밖에 없었다.

19세기 말 조선사회의 모든 곳은 엄청난 격동의 소용돌이에 휩싸여 있었다. 특히 김시중이 살고 있는 황룡면은 동학농민전쟁의 격전지였으며, 기삼연을 중심으로 의병들의 항일투쟁이 드셌던 지역이었다. 또한 일제가 주도했던 호남선 철도건설 과정에서 일본군에 대항하는 장성 주민들의 싸움이 치열했던 곳이기도 했다. 그럼에도 불구하고 장성 지역의 유지로 자처하던 김시중의 부친은 이러한 투쟁에 적극적이지 못했다. 오히려 자신의 넓은 집을 일본군의 주둔지로 제공하는 등 애매한 행동을 보여 주었다. 그러나 이러한 사건들은 김시중에게 '무엇을 해야 할 것인가'라는 질문을 던져 주었다.

김시중은 12세가 되면서 창평 영학숙(英學塾)이라는 곳에서 한학이 아닌 새로운 학문에 접하게 된다. 창평 영학숙은 담양군 창평면 삼천리에 자리잡고 있었다. 이곳은 지주들의 자제들을 모아서 공부하던 곳인데, 훗날 중요한 역사적 의의를 갖게 된다. 즉 한국 현대사에 큰 족적을 남긴 송진우, 김성수, 백관수 등이 창평 영학숙에서 공부를 했던 것이다. 특히 김성수는 집안의 조카이자 친구였다. 여기서 그는 새로운 학문을 익히고, 이들과 친구 관계도 맺었다. 창평 영학숙에서 집으로 돌아온 김시중은 3·1운동을

김시중을 기리기 위해 1920년 월평국민학교에 세워진 기념비.

겪게 되었다. 김시중이 이 시기에 무엇을 하였는지는 알수 없지만, 이후 그의 인생항로는 바뀌게 된다. 식민지 조선의 처지를 알게 된 것이다.

조선의 실상에 눈을 뜬 김시중이 제일 먼저 한 일은 학교 설립이었다. 학교 설립을 위하여 자신이 물려받았던 땅을 팔아서 4000원을 만들고, 김시중의 당숙인 김요중도 장성 진원에 있는 땅을 팔아서 2800원을 보탰다. 학교부지와 교사는 김시중의 행랑채를 개조하여 사용했다. 이렇게 해서 사립월평보통학교는 1920년 9월에 4년제로 문을 열게 된다.[1] 김요중은 교주(校主, 현 이사장)를 맡고 자신은 교장이 되어 학교를 운영했다. 학교를 설립했지만 이윤이 목적이 아니었기 때문에 월사금은 거의 받지 않다시피 했으며, 또한 수업의 주요 내용이 민족정신을 일깨워 주는 것이었다. 그러나 김시중이 벌인 최초의 사업은 실패하게 된다. 당시의 상황에서 민족

교육의 제도화는 불가능했던 것이다.

1922년 사립월평보통학교는 일제의 2차 교육령이 실시되면서 조선총독부의 탄압을 받기 시작했다. 탄압의 이유는 학교의 수업 내용이 반일사상을 포함하고 있을 뿐만 아니라, 졸업생들 중 많은 사람이 반일운동에 진출했기 때문이다. 이러한 이유들로 사립월평보통학교는 3회까지만 졸업생을 배출하고 곧바로 공립보통학교로 개편되었다. 이 학교가 현재 월평국민학교의 전신이다.

교육사업의 실패는 김시중의 삶에 커다란 변화를 가져왔다. 한동안 실의에 빠져 있던 그에게 서울에서 신간회가 결성되었다는 소식이 전해졌다. 신간회는 당시 조선의 독립을 위하여 좌우익이 합작해 만든 그야말로 민족운동의 중심체였다. 1927년 12월 23일 장성에서는 김시중 등이 주축이 되어 그의 사랑에서 신간회 결성을 시작했다.[2] 이렇게 결성된 신간회 장성지회는 김시중을 위원장으로 추대한다. 그가 추대된 이유를 당시 장성에서 거주했던 변돌기 씨는 다음과 같이 증언하고 있다.

김시중 씨가 천석꾼이라 돈도 많고 울산 김씨라는 양반이면서도 장성을 위해 학교도 세운 사람이라 모든 사람이 그를 추대했었지.

한편 신간회와는 별도로 당시 성장하고 있던 사회주의운동의 일환으로 장성농민조합이 결성되었다. 장성농민조합은 1928년 1월 17일 동아일보 장성지국에서 장성농민조합 창립준비위원회를 개최하고,[3] 2월 26일 장성농민조합 창립 총회를 갖게 된다. 이 조합 결성을 주도했던 인물들은 독서회사건으로 구속된 바 있던 나승규, 송종근과 김인수 등이었다.[4] 이때 김시중은 일생을 함께하는 동지이자 사상적 선배인 송종근을 만나게 된다. 농민조합활동을 위하여 장성군 서삼면에서 월평으로 이사를 온 송종근은 장성 지역 사회주의운동의 핵심 인물이었다. 이후 장성 지역의 사회운동은 한편에서는 신간회를 축으로 다른 한편에서는 농민조합을 축으로 전개되었던 것이다.

그러나 치열한 활동에 비례해서 장성 지역 활동가들에 대한 일제의 탄압도 가중되었다. 1929년 1월 4일 신간회 장성지회 부회장이자 농민회의 중요한 활동가였던 송종근은 내외정세에 관한 유인물을 작성, 배포했다는 이유로 구속되었다. 계속해서 2월 1일 신간회 장성지회의 정기 총회 도중 김시중 등 간부 5명이 구속되었다. 이 사건으로 광주지방법원에서 김시중 등은 각각 3년간의 집행유예를 그리고 송종근은 6개월의 금고형을 받았다.[5]

이와 같이 활발하게 움직이던 신간회 장성지회는 전국적으로 해체논의가 이루어지던 1931년 2월 26일 장성역 앞 갑자청년회관에서 제4회 정기대회를 열고 김시중의 사회로 신간회 해체문제를 논의했다.[6] 이날 회의에서 김시중 등은 서울에서의 해체 결정을 받아들일 수 없으며, 더 진보적인 조직이 출현할 때까지 신간회 조직을 유지하자고 주장했다. 그러나 결국은 대세에 밀려 해체를 결정하고 말았다.

자신이 열정을 쏟았던 신간회가 해체되어 실망이 컸기 때문인지 그후 김시중은 지금까지와는 다른 형태의 항일운동을 전개했다. 그것은 두 가지로 나타났다. 그 중 하나가 장성 지역의 협동조합이다. 1933년 김시중은 장성협동조합의 설립과 운영을 도와주다가 구속 기소되었다. 한편 1935년에는 광주 지역에 설립된 무등양말에 대주주로 참여하기도 했다. 무등양말은 양태승, 조상항, 송종근, 최현 등을 주주로 하여 독립자금을 조성할 목적으로 설립되었다.[7] 그러나 운영미숙과 자금난 등이 겹치면서 실패해 1937년 고광표에게 팔리고 만다.

이와 같이 지주라는 사회경제적 테두리를 뛰어넘어 항일운동에 뛰어든 김시중은 그 과정에서 천석지기라던 재산이 절반 수준으로 줄어들기조차 했다. 그러나 해방의 그날까지 자신의 길을 꿋꿋하게 걸었던 사람이었다.

해방이 되자 김시중은 자신의 항일 경력에 걸맞은 위치에 오르게 된다. 해방이 되면서 국민들의 적극적인 관심과 열망 속에서 전국적으로 건국준비위원회가 결성되었다. 전남 건준은 1945년 8월 17일 광주극장에서 결성되었는데, 여기서 김시중은 부위원장으로 선출되었다. 건준에서의 김시중의 활동은 두드러졌다. 그는 전남 건준에서 서울의 중앙건준에 신임장의 수령을 위하여 파견한 대표 5명 중 한 사람이었으며, 최초의 목적이 실패하고 서울 지역의 정세를 살피기 위하여 남은 2명 중 한 명이기도 했다. 이때 남은 다른 한 사람은 고광표였다.[8)]

서울에서 상주하던 이들은 김성수 등을 만나면서 서울의 정세를 듣고 한민당 결성을 알게 되었다. 이때부터 김시중은 김성수, 송진우 등과의 친분 때문인지 한민당에 관여하기 시작했다. 과거에 그가 걸어왔던 1920~1930년대와는 다른 모습으로 사회의 전면에 나서게 되었다. 즉 그는 민족주의 좌파에 속하는 사회운동에 가담했다가 흔히 우익으로 불리는 한민당 중앙위원을 거쳐 한민당 전남지부장을 맡게 된 것이다. 그는 한민당 전남지부장으로서 군지부 결성과 강연회 등을 하면서 적극적으로 가담한다.[9)] 그러나 당시 한민당 사무국장이었던 이병두 씨는 "김시중 씨가 한민당에 적극적으로 참여했지만 정치에 큰 관심을 갖고 있지는 않았고, 좌익과의 연계가 있었던 것 같았다"고 말한다.

그 뒤 3년여를 한민당에 있던 그는 송종근의 종용으로 인하여 한민당을 그만둔다. 김시중은 한민당에 있으면서도 공산당활동을 하고 있던 송종근에게 자금지원을 계속했던 것으로 알려져 있다. 한민당을 그만두고 얼마 뒤에 개인적인 일로 서울에 간 김시중은 그곳에서 6·25를 맞는다. 혹자는 이때 김시중이 이북에 갔다고 증언하나 그 진위는 알 수가 없다.

6·25가 발발하자 김시중은 피난민 행렬에 섞여 장성으로 돌아온다. 장성에서 그는 과거 자신이 살았던 동네에서 임시로 집을 빌려 살았다. 그의 절친한 친구인 송종근은 6·25가 발발하면서 장성군당 위원장을 맡는다. 그러나 김시중은 아무런 직책 없이 그냥 지내고 있었다고 한다.

1951년 9월 12일(음) 국군에 의해 장성은 수복되었다. 수복 후 김시중은 송종근과 같이 산으로 피신하지만, 며칠 후 장성읍 야은리 뒷산에서 두 사람 모두 국군에게 잡히게 된다. 이때 송종근은 현장에서 바로 총살되었다고 전해지며, 김시중은 광주로 넘어간 것까지 확인되었으나 그후는 어떻게 되었는지 확인되지 않고 있다.

장성에서 살고 있는 촌로들에게 김시중은 어떤 사람이었는가라고 물으면 대부분은 "아! 일제시대의 공산주의자"라고 답한다. 가족들에게 물으면 사회운동가라고 대답한다. 혹자는 양반 명문가 자제로서 지주였다고 대답하기도 한다. 여기서 드러나는 것처럼 김시중은 자신의 전 생애를 통해 극단적으로 다른 평가가 가능한 폭넓은 삶을 살다가 한 시대를 마감한 인물이다.

1) 동아일보, 1920. 9.
2) 독립운동사편찬위원회, 『독립운동사자료집』 14권, 1971.
3) 동아일보, 1928. 1. 21.
4) 동아일보, 1928. 2. 26.
5) 동아일보, 1933. 6. 22.
6) 독립운동사편찬위원회, 『독립운동사자료집』 14권, 1971.
7) 정근식, 『일제하 전남에서의 면업구조의 형성과 재편성』, 한국사회사연구회, 문학과 지성사.
8) 전남일보사, 『광복30년』 3권, 1975.
9) 심지연, 『한국현대정당론』, 창작과 비평사, 1984.

김 철, 김 석

3 · 1운동과 대한민국 임시정부

김철
1886년 전남 함평 출생
1919년 상해 임시정부 의정원 전남 대표
1923년 국민대표회의 시사책진회원 및 헌법기초위원
1924년 임시정부 국무위원 회계검사원 검사장
1925년 임시정부 국무원
1930년 임시정부 군무장
1931년 한중항일대동맹을 조직, 상무위원

영광과 군계를 이루는 함평군 신광면에는 지경재라는 곳이 있다. 여기에는 함평 출신으로서 일제하에서 독립운동에 헌신적으로 투신했던 김철(金澈)과 김석(金晳)의 행적을 기리기 위하여 세워 놓은 추모비가 있다. 김철은 상해 임시정부의 초창기 멤버로서 독립운동의 초석을 마련했고, 김석은 숙부가 되는 김철의 영향을 받고 상해 임시정부 시절부터 해방 공간에 이르기까지 사회운동에 몸담았던 인물이다.

김철은 아버지 김동진(金東鎭)과 어머니 전주 이씨 사이에서 3남으로 1886년 10월 15일에 태어났다. 퇴락해 가는 조선시대 말기의 시대상황은 그에게 조용한 삶을 허락하지 않았다. 이와 함께 을사보호조약으로 충격을 받은 김철은 신학문을 통해서만 극일할 수 있다고 생각했다. 그는 늦은 나이에 영광에 있는 광흥학교에서 중학 과정을 이수하고, 1909년 서울에서 법률전수학교를 졸업한다. 김철은 일본을 바로 알자는 취지에서 일본 유학길에 오른다. 그는 메이지대학 법과 유학을 마치고 1915년 귀향했다.

학교를 다니면서 새로운 문물과 사상을 접하게 된 김철은 형제들과 상의해 노속들에게 토지 일부를 떼어 주면서 집에서 내보냈다. 그후 그는 1917년도 상해로 건너가 다시 법률학을 공부했다. 자세한 학교 이름은 확인할 수 없다.

상해에서 생활을 시작한 김철은 대한청년당에 가입해 독립운동의 첫발을 내딛는다. 대한청년당은 독립운동을 도모하고자 1918년 11월 여운형, 김철, 김규식, 선우혁 등 50여 명에 의해 상해에서 조직되었다. 이들은 이 시기에 독립운동 방법으로 외교가 중요하다는 것을 깨닫고 김규식을 파리, 장덕수를 일본, 김철, 선우혁, 서병호를 조선, 여운형을 노령(露領)에 각각 파견해 종교계 및 각 사회의 지도자들과 만나 독립운동을 전개한다.[1] 이 모임은 후일 상해 임시정부의 발족으로 이어진다. 이와 같은 시기에 3·1 운동 준비가 진행되는데 대한청년당도 이에 적극 가담한다. 여기에서 김철의 역할은 자금모집이었다. 김철은 국내로 들어와 자신의 전답을 정리해 독립 자금을 마련하고, 또한 서울에서 손병희를 만나 3만 원의 군자금 지원을 언약받고 상해로 돌아갔다. 이와 함께 김철은 신한청년당 부주무로서 기관지 『신한청년』을 발간했다.

3·1운동의 실패 후 독립투사들의 일부는 임시정부의 수립이 절실함을 인식하게 되었다. 그 결과로 당시 각 지역에는 6개의 임시정부가 있었는데 이 중에서 노령의 대한민국 의회정부, 한성의 임시정부, 그리고 상해의 임시정부가 제법 규모를 갖추고 있었다. 이 단체들은 통합을 통한 효과적인 활동을 모색하던 바 우여곡절 끝에 1919년 상해에 본부를 두고 임시정부가 태동한다. 이와 함께 상해 임시정부 의정원은 1919년 4월에 제1회 임시의정원 회의가 개최되고, 여기서 김철은 나용균, 한남수, 장병준 등과 같이 전남 대표로 선출된다.[2] 또한 그는 초기 임정의 국내조사원으로 활동하기도 했다. 조사원의 역할은 국내상황을 임정에 보고하는 일이었다.

상해에서 김철의 생활은 지주 출신으로서 그리고 부인이 병원(지금의 조

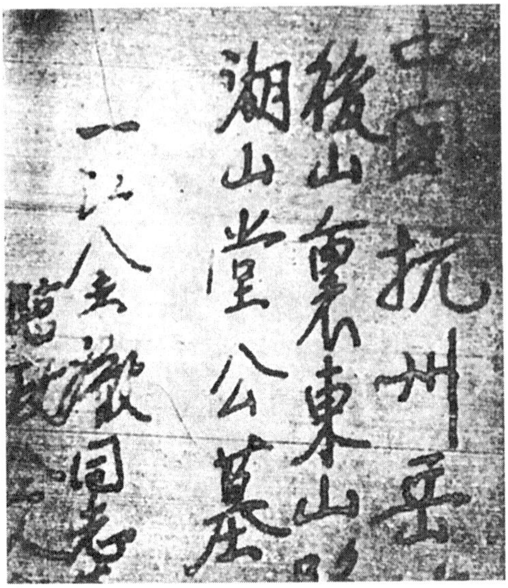

함평군 신광면 지경재에 세워진 김철 추모기념비.

산소)을 경영하고 있어 임정의 다른 사람들보다 경제적으로 부유하게 살았던 것으로 전해진다. 그는 초창기 임시정부 수립 때 1만 원이라는 거금을 제공해 임정의 재정 상태를 원활하게 했다. 또한 임정 직원들은 거의 매일 김철의 집에서 숙식을 했다고 한다. 매일 와서 먹는 밥이 쑥스러웠던지 김구는 "식사 때마다 자네 부인은 나를 흘겨본다"고 농담을 즐겨했다. 천석지기라던 그의 재산도 이때 거의 없어졌다고 한다.

1920년 1월 김철은 상해에서 김구, 손정도, 김순애 등과 같이 의용단을 발기, 독립운동에 박차를 가했다. 같은 해 3월 의용단 산하 선전위원회가 조직되자 그는 위원장 안창호를 도와 선전업무에 종사했다. 그는 국내와 해외동포에게 임시정부의 시책을 광범하게 선전하는 활동을 했다.

그러나 임시정부의 활동이 순탄한 것만은 아니었다. 당시 상해에서는 임시의정원과는 별도로 안창호 등이 국민대표회의 소집을 요구했다. 국민대표회의는 임정요인이 아니거나 그 전력이 있는 사람들이 모여서 이루어졌다. 이에 따라 양자간에는 갈등이 일어나는데 시사책진회가 만들어져 갈등을 조정한다. 이때 김철은 시사책진회 회원으로 활동했다. 결국 양자 간의 갈등이 조정되면서 국민대표회의는 열린다. 국민대표회의는 규정을 만들어 1923년 1월 17일에 통과되고 공포된다. 여기서 김철은 의정기초위원과 뒤이어 만들어진 헌법기초위원으로 신숙, 윤해, 이진산, 이민창, 유시언, 안창호 등과 같이 활동한다. 결국 이들의 노력으로 1923년 1월 31일에 국민대표회의 본회의가 열리게 되었다.[3] 그러나 국민대표회의의 진로를 놓고 개조파와 창조파 간의 갈등으로 비화되면서 해체된다.

이러한 활동과 함께 그는 임정각료로 활동한다. 김철은 1924년 5월부터 임시정부 국무위원 회계검사원 검사장에 임명되었다. 그 뒤 1925년 임정은 3차 개헌을 하고 국무령제의 김구 내각이 퇴진하면서, 1925년 4월 7일부터 임정은 김구를 비롯한 여러 인사들이 국무원이 되어 집단지도체제를 유지하는데 김철도 여기에 가담하고 있었다.

이러한 활동과 함께 그는 조카인 김석을 상해로 데리고 와서 독립운동에 투신케 한다. 김석은 김철의 형(영곤)의 장남으로서 1910년 3월 28일에 태어났다. 그는 조실부모하여 숙부인 김철의 슬하에서 성장했다. 김석은 1924년 영광에서 보통학교를 중퇴하고 임정에 있는 김철의 부름을 받고 상해로 갔다. 상해에서 김석은 영국 중학 퍼블릭스쿨을 졸업하고, 1928년 1월 김철의 권유로 일본으로 유학을 간다. 그러나 아직까지도 김석에게는 국가라는 개념이 자리 잡지 않았던 때였다. 일례로 그는 일본에서 와세다 대학에 입학했으나 유학 자금을 탕진하고 같은 해 4월 귀향한다. 귀향해서도 김석은 나주군 문평면사무소에 완구용 권총을 들고 들어가 강도행각을 벌이다가 체포되어 3년 6개월을 선고받았다. 1930년 4월 가출옥한 김석은 김철의 충고로 새롭게 변신하기 시작했다.

1930년에 김철은 군무장으로서 임정의 군사업무에 대한 전반적인 내용을 담당하고, 군무장 재직시 윤봉길, 이봉창 열사의 의거를 김구와 같이 주도했다. 이때 김석은 폭탄을 제조하는 등의 활동을 한다. 그후 그는 국무위원, 재무부장 등 임시정부 요직을 두루 역임했다. 그러나 일본의 계속된 탄압과 어려운 재정, 동지들의 이탈로 인해 임정은 거처를 정하지 못하고 계속 표류하는 등 어려운 때였다.

이러한 임정의 활동뿐만 아니라 그는 중국과 연합을 통한 독립운동에도 심혈을 기울인다. 1931년 3월에는 중국인과의 공동항일전선을 형성할 것을 결의하고, 한중항일대동맹을 조직해 항일투쟁을 전개했다. 김철은 여기서 조소앙과 중국인 오장천, 서천방 등과 함께 상무위원으로 활약했다. 이때 김석 역시 대항일전에 사용할 폭탄제조 의뢰를 받아 이를 준비하다가 프랑스 조계에서 홍구사건 협의자로 김철과 같이 일경에 체포되었다. 그가 홍구사건에 폭탄을 직접 제공했기 때문이다. 그러나 그들의 체포 절차가 문제되어 일경에 대한 프랑스 관헌의 항의로 석방되었다. 김철이 임정각료로서 내부에서 활동한 반면 김석은 주로 임정의 외곽 단체에서 일종의 행동대원으로 활동했다. 즉 한국독립당의 외곽 단체인 상해한인청년당을 조직하여 이사장으로서 활약한 것이다.

그러던 중 1934년 6월 29일 김철은 항주 소재 광자병원에서 망국의 한을 품은 채 사망했다. 지금도 그의 유해는 항주 땅에 쓸쓸히 묻혀 있다.

이제 김철의 항일독립정신은 김석이 이어받게 된다. 이미 김철이 사망하기 전인 1933년 11월 김석도 일경에 체포되어 국내로 압송된다. 이때 검거로 김석은 그 자신에게 독립운동의 길을 걷게 했던 숙부의 소식을 감옥에서 들어야 했다.

1941년 출감한 김석은 숙모되는 김철의 부인 집에서 기거했다. 김철의 부인은 남편이 사망하자 곧바로 광주로 내려와 조산소를 경영하고 있었다. 그후 김석은 1944년 12월 다시 체포되어 대화숙(大和塾)에 연금되어 있던 중 해방 직전인 8월 11일 대화숙을 탈출해 고향인 함평을 거쳐 불갑산으로 숨었다. 그후 그는 8월 15일 오후 해방 소식을 듣고 17일 광주에 도착했다.

그는 대구형무소 시절 의형제를 맺은 주봉식과 함께 광주청년단을 구성했다. 1945년 8월 18일에 결성된 광주청년단은 총단장에 김석, 부단장 주봉식, 동부대장 문인걸, 서부대장 정성태, 지도부장에 백학기 등이 지도부를 구성하고 있었다. 광주청년단의 주요 임무는 치안이 마비된 상황에서

질서를 회복하고 일인의 재산반출을 막는 것 등이었다. 이 무렵 전남 건준은 산하 조직으로 치안대 결성를 서두르고 있었다. 따라서 광주청년단과 조직이 겹치게 되자 김석은 건준 치안부장 이덕우를 만나 광주청년단의 조직 취지를 설명하고 치안부 양도를 요구해 건준 치안대장을 맡는다. 건준 산하의 치안대를 인수받은 김석은 치안대장을 겸임하고 부대장에 정성태, 김부득, 특무대장에 김이현을 각각 뽑았다. 1946년 초 청년단 중에서 김석 등 간부들이 상해 시절부터 알게 된 인연으로 임정을 지지하고 우익 쪽으로 편중된 태도와 행동을 시작한다. 이와 함께 청년단의 활동은 임시정부의 활동을 지향하는 세력으로 나아갔다. 이에 일부에서는 탈퇴성명을 내고 '민주주의민족전선'에 참여하면서 청년단의 활동은 위축된다.

광주청년단은 해방 공간에서 과거 친일 경찰을 붙잡아 이들에 대한 린치와 재판을 했고, 친일 경찰의 대표격인 노주봉을 암살하기도 했다. 그후 김석은 주봉식과 함께 미군정청 포고령 2호 위반혐의로 구속되었다. 그 뒤 석방된 김석은 1946년 서울로 올라가 무역업을 하면서 광복회 이사로 재직하다 1983년 사망했다.

이들의 활동은 1980년대에 이르러서야 추모와 조명작업이 이루어지고 있는데, 이들이 제대로 역사적 평가를 받지 못하고 있음을 후손들은 안타까워하고 있다.

1) 독립운동사편찬위원회, 『독립운동사자료집 7』, 1984.
2) 독립운동사편찬위원회, 『독립운동사자료집 7』, 1984.
3) 이현희, 『대한민국 임시정부사』, 집문당, 1982.

김홍배

전남사회운동협의회 책임자

1909년 전남 해남 출생
1931년 일본 와세다대학 입학
1932년 각종 사회운동 주도
1933년 전남사회운동협의회 결성 주도
1946년 조선공산당 전남도당 조직부장
1950년 사망

1920년대 사회운동이 소수 선진적 청년·학생 중심이었다면, 1930년대의 사회운동은 「12월테제」의 영향 아래 노동자·농민에 기반을 둔 조직이 중심이 되는 경향을 보인다. 1930년대 전남 지역의 대표적인 사회운동 조직은 1931년에 결성된 전남노농협의회와 1934년에 결성된 전남운동협의회를 들 수 있다. 그 중 전남노농협의회가 전남 지역에 분산적으로 존재하던 17개 단체의 연합체였다면, 전남운동협의회는 농어민층을 중심으로 대중 속에 기반을 두고 조직된 단체라고 할 수 있다. 이러한 전남운동협의회의 결성을 주도했던 이가 해남의 김홍배(金洪培)다.

김홍배는 1909년 전남 해남군 북평면 이진리 223번지에서 김행준의 둘째 아들로 태어났다. 그의 집안은 200석의 소작을 줄 정도로 넉넉한 땅을 가지고 있었으며 마을에서 유일한 자작농이었다. 그의 재판기록에는 그가 이진학원과 남창서원 그리고 목포영흥학교를 거쳐 1930년 3월 경성경신학교를 수료한 것으로 기록되어 있다. 한편 1934년 9월 7일자 조선일보에는 그가 경성중동학교를 다녔던 것으로 기록하고 있다. 아무튼 그는 서울에서 학교를 다니던 시절부터 학생운동에 참여했으며, 방학 동안에는 고향에서 야학을 통해 청년들을 지도하기도 했다. 그의 아버지는 아들이 주로 머슴이나 소작인과 어울리는 것을 매우 못마땅하게 생각했지만, 김홍배는 오히려 아버지에게 "앞으로 세상은 달라집니다. 남의 땅을 소작하는 시대는 망하고 농사를 짓는 농민들이 땅을 갖는 시대가 옵니다. 소작인들에게 땅을 나주어 주십시오"라고 이야기하곤 했다.

그후 1930년 일본으로 건너가 와세다대학 전문부 법과에 입학했다. 도쿄 유학 시절 황해도 봉산 출신 오병모의 지도를 받아 메이지대학 독서회의 회원이 되었으며, 황인철의 소개로 반제동맹에 가입하기도 했다. 또한 조직의 성격 등을 알 수는 없지만, 1932년에는 일본공산당 기관지 『적기』 독자반의 책임자로, 7월에는 신명반(神明班)을 결성하여 부책임자로 활동했다. 그후 그는 일본 전국노동조합협의회(전협)에 가입하면서 본격적인 운동 경험을 쌓기 시작했는데, 결국 메이데이 선전삐라를 배포한 혐의로 구류 처분을 받아 퇴학당하고 고향으로 돌아오게 되었다.[1] 그의 귀향은 당시 일본이나 서울에서 활동하던 사회운동가들이 코민테른의 「12월테제」를 실천하려고 농촌과 공장으로 들어갔던 것과 무관하지 않았다.

이 무렵 전남 지역은 조선공산당사건과 학생운동, 전남노농협의회사건의 여진으로 일제의 감시와 탄압이 극에 달해 있었다.[2] 김홍배도 일본에서 활동을 한 탓으로 남창주재소와 해남 경찰서의 순사들에게 심한 감시를 받고 있었다. 그런 속에서도 그는 같은 지역에 살던 오문현 등과 함께 공산청년동맹을 결성하려고 했다. 하지만 조직 기반이 열악한 상태에서 공산청년동맹을 결성한다는 것은 과거 운동의 오류를 되풀이할 우려가 있음을 판단하고 대중 단체의 결성에 주력하기로 했다. 이러한 결정에 따라 김홍배 등은 1932년 말과 1933년에 걸쳐 군외면 어업조합 반대운동, 고금면 용지포 간척지 소작쟁의, 북평면 이진리 소작쟁의, 군외면 대야리 교량수축 공사장 인부들의 임금인상투쟁 등을 통해 농어민과 밀착해 갔다.

지금은 이진리 마을회관이 된 이진학원. 일제시대 이곳은 일장기를 걸어 놓고 문맹퇴치와 계몽을 표방하는 사립학교 역할을 했지만 실제로는 마을 청년들이 민족의식을 키우던 곳이었다.

이러한 대중적 운동과 함께 김홍배는 1933년 1월 완도 황동윤과 함께 농민운동을 지도 통제할 조직에 대해 논의를 거듭해, 5월 북평면 동해리에서 농어민층뿐만 아니라 노동자층을 포괄하는 전위기관으로 전남운동협의회를 결성했다.[3] 여기에서 김홍배는 조직 책임과 사무부, 황동윤은 조사부, 오문현은 조직부, 이기홍은 구원부를 각각 맡았다. 같은 해 8월 김홍배는 '농민문제의 개요, 반(班) 조직, 농촌청소년에 관한 문제' 등 테제 초안을 작성했으며, 논의를 통해 운동전선을 농민층에 국한키로 결정하고, 그 명칭을 '적색농민조합 결성준비위원회'로 개칭했다. 그리고 김홍배와 오문현이 해남군을, 황동윤과 이기홍은 완도군을 담당했다. 김홍배 등이 운동전선을 농민층에 국한하기로 한 것은 당시 전남 농촌의 절박한 현실에 따른 결정이었다. 당시 전남 지역은 소작권의 이동이 매우 빈번했는데, 당시 동아일보에는 "농지령 실시를 앞두고 전남 지역의 소작권 이동이 격증했으며 총 1만 3603건으로, 이로 인하여 실업자가 된 자가 1만 2841명에 가족을 포함하면 5만여 명에 이른다"[4]고 적고 있다.

당시 이들이 조직한 적색농민조합은 각 마을을 단위로 2~5명씩 농민반, 청년반, 소년반을 결성하고, 농민반이 3개 이상 있는 면은 각 반을 면 단위로 통합해서 '군 적색농조의 면지부'로 하는 방식을 취했다. 특히 농민반을 중요시했는데, 반 조직은 마을을 단위로 하되 6인이 되는 경우에는 두 반으로 나누었고, 농민반의 역량이 강해지면 중앙 조직처럼 4개 부서(사무, 조사, 조직, 구원)를 두는 조직체계였다. 김홍배는 북평면과 현산면에서 반 결성을 추진했으며, 오문현은 북평면 오산리에서 청년반을 조직했고, 이기홍은 고금면 청룡리에서 농민반, 청년반 등을 조직해 완도 적색농민조합 고금지부 결성을 준비했다. 완도와 해남 이외에 강진에 윤가현, 장흥에 유재성, 영암에 최규문 등이 적색농민조합 준비위원회를 결성하거나 준비중에 있었다.

당시 전남 지역에 53개 반이 조직되고, 18개가 조직중에 있었으며, 야경단 등 표면 온건 단체를 가장한 26개 그룹과 야학 28개 소가 조직되었다.[5] 북평면의 책임을 맡은 김홍배는 이진학원(현 이진리 마을회관)을 중심으로 이진학원 교사인 차태희 등 청년들을 지도했다. 이진학원은 표면적으로는 일장기를 걸어 놓고 문명퇴치와 계몽 등을 담당하는 사립학교 역할을 하는 곳이지만, 실제로는 마을 청년들과 주민들을 의식화하는 곳이었다.

한편 적농 결성준비위원회에는 농촌진흥회 관계자, 면서기, 동장, 심지어는 순사까지도 관련되어 있었던 점에 주목할 필요가 있다. 예를 들어 1934년 9월 7일자 조선일보 호외는 "오홍택 순사는 해남농업실습학교 재학시 독서회를 조직했고, 강진서에 근무하면서도 해남군 산이면의 조직 책임을 맡았으며, 서내(署內)에서는 모범 경찰이었다"고 보도했다. 1930년대에 접어들면서 체제위기가 고조되자 일제는 지방 유지층을 동원한 통제 외에 농촌진흥회, 애국반, 관제청년단, 소방단, 자위단, 자경단 등 지방 통제를 목적으로 관변 조직을 양성했다.[6] 김홍배 등은 이러한 합법기관을 효율적으로 이용했던 것이다. 또한 조직의 보안이 철저해 이를 취조하는 경찰도 단서를 쉽게 발견하지 못해 애를 먹었다고 한다. 당시 전남운동협의회에서 구원부를 맡았던 이기홍은 "모든 문서에 명단을 만들지 말 것, 필요한 것 외에 묻지 말고 알려고도 하지 말 것, 하급 조직의 업무수행을 반드시 확인할 것, 문서는 보는 즉시 소각할 것" 등 일반 생활수칙을 철저히 지켰다고 증언한다.

당시 적농 결성준비위원회는 "영농회사의 토지겸병반대, 양반 기타 봉건사상과 지방열(地方熱)의 배격, 소작료의 감하 또는 면제 요구, 면화, 해태 등의 가격인상 요구, 호세(戶稅) 및 기타 공과세의 인하 요구, 간상(奸商)과 고리대금업자의 배격, 청년에게 공산주의 의식을 고조하여 제국주의 정치에 반대케 할 것, 소년에게는 교외산보, 음악회, 연극회 등을 개최하여 반종교, 반봉건정신을 고취하는 동시에 공산주의 정신을 주입할 것"등의 8대 슬로건을 내걸었다. 이에 근거해 적농 결성준비위원회는 연극과 강연, 야학활동 등과 함께 기관지 『농민투쟁』을 발행했는데, 김홍배는 황동윤과 함께 기관지의 편집 책임을 맡았다. 『농민투쟁』은 월간 잡지로 각 적농 결성준비위원회의 이름으로 발행되었는데, 창간호를 내고 사건이 발각되는 바람에 속간되지 못했다. 또한 각종 기념일에는 격문을 배포했으며, 여러 가지 자료를 만들어 농민조합원을 교육시키기도 했다.[7]

하지만 적농 결성준비위원회는 강진 지역의 조직 책임자인 윤가현이 검거된 이후, 1934년 2월부터 불어 닥친 대대적인 검거선풍으로 조직이 와해되고 말았다. 수사가 진행되는 6개월 동안 해남, 완도, 장흥, 강진, 영암, 목포, 보성, 진도, 순천, 여수 지역에서 김홍배를 중심으로 무려 558명의 관련자가 검거되었던 것이다. 당시 송국자는 도 경찰부에 5명, 영암서에 4명, 강진서에 9명, 완도서에 10명, 해남서에 10명, 강진서에 9명, 장흥서에 19명 등 기소자 57명(불구속 4명), 기소유예 182명이었다. 1936년 12월 28일 광주지방법원 목포지원에서 김홍배, 황동윤은 징역 3년, 오문현, 이기홍은 징역 2년 6개월을 각각 선고받았다. 그후 두 차례에 걸쳐 조직을 재건하려는 움직임이 있었지만, 모두 사전에 발각되고 말았다.[8]

그후 1937년 7월 목포형무소에서 출옥한 김홍배는 거주제한을 받아 목포에 머물러 있다가, 1937~1938년 무렵 사상범에 대한 일제의 대대적인 탄압과 전향 강요를 끝까지 거부해 미전향사상범들이 수용되었던 청주예방구금소에 구금되었다. 1945년 8월 해방이 되자 그는 윤가현과 함께 석방되었다. 그후 김홍배는 목포에서 활동하게 된다. 이미 목포에는 김백동, 김영재 등 박헌영계가 자리 잡고 있었다. 당시 그의 활동에 대해 보성 적색농조에서 활동했던 김 모씨는 "김홍배를 특정 분파로 보는 것은 곤란하며, 그는 전남도당의 조직을 주도한 핵심적인 인물이었다"고 증언한다.

해방 직후 1945년 9월에 열린 전남도당 임시결성대회에서는 위원장 유혁, 조직부장 윤가현, 선전부장 윤석원, 노동부장 이남래 등이 선출되었다. 당시 김홍배의 이름은 나타나지 않는데, 증언에 따르면 조직부장 윤가현은 주로 중앙과의 연락을 담당했고 실질적인 당 조직은 김홍배가 주도했다고 한다. 그후 같은 해 12월경 목포에서 1차 전남도당대회가 열렸는데, 그 전의 임시대회 결과를 추인하는 대회였다. 한편 1946년에 접어들면서 미군정의 노골적인 좌익탄압과 우익세력들의 백색테러로 조공의 활동이 점차 위축되어 갔다. 이 무렵 박현영계의 윤순달은 조직 개편을 안건으로 도당위원회의 소집을 요구했다. 그에 따라 1946년 6월 2일에 소집된 도당위원회에서 이정윤계의 윤석원이 제명 처분당한 가운데 윤가현이 위원장에 당선되었으며, 조직부장 김홍배, 노동부장 이남래, 농민부장 유혁, 여성부장 김종선, 재정부장 이익우 등이 선출되었다. 이후 조공의 활동은 모두 비합법상황에서 이루어졌으며, 따라서 당의 조직 분야에서 활동했던 그의 행적도 현재 거의 밝혀져 있지 않다. 다만 무슨 사건에 연루되었지는 알 수 없으나, 그는 경찰에 체포되었고 한국전쟁 때까지 광주형무소에 수감되어 있었다. 그리고 후퇴하던 군인들에 의해 1950년 7월 처형되었다고만 전해진다.

이진마을의 이순(耳順)을 넘긴 촌로들은 모두 김홍배를 기억하고 있다. 일제의 암울했던 시대, 대부분의 활동가들이 숨을 죽이거나 일제에 동조하지 않고는 살아 남기 힘들었던 시대에 변절하지 않고 꿋꿋하게 활동했던 김홍배. 그에 대한 평가를 언제까지나 침묵으로 대신할 수는 없을 것이다.

1) 조선일보, 1934. 9. 17, 동아일보 1934. 9. 10.

2) 조선공산당사건과 전남노동협의회사건은 김점숙, 「1930년대 조선공산당 재건운동연구」, 이화여대 석사학위논문.

3) 김점숙, 『1930년대 전남지방 혁명적 농민조합운동 연구』, 『전남사회운동사연구』, 한울, 1992, 47쪽.

전남운동협의회에 대한 내용은 조선일보 1932. 9. 7. 호외 「전남운동협의회사건 진상」, 1934. 9. 7., 1936. 12. 13., 1936. 12. 31.. 동아일보, 1934. 4. 19., 1935. 12. 27. 등과 김점숙의 글 47~56쪽을 참조했다.

4) 동아일보, 1934. 6. 10.

5) 아사히신문, 1934. 9. 10.

6) 지수걸, 『일제하농민조합운동연구』, 역사비평사, 1993, 78~84쪽.

7) 김점숙, 앞의 글.

8) 조선일보 1932. 9. 7. 호외 「전남운동협의회사건 진상」.

배 치 문

목포 사회주의운동의 3총사

1890년 전남 목포 출생
1919년 목포 지역 3 · 1운동 주도, 구속
1925년 목포청년동맹 가입
1926년 조선공산당 입당
1931년 신간회 목포지회장
1942년 사망

한편으로는 전남 최초의 근대적 도시이지만, 다른 한편으로는 일제의 수탈기지로 호남인의 한과 설움을 노래로 달래 온 목포. 1897년 개항 이래 이곳은 국내외 교역의 중심지로 성장했으며, 나주, 영산포, 남평, 함평, 광주 지역을 포괄하는 상권을 형성했다. 「목포부세일반(木浦府勢一班)」에는 1927년 말 목포 인구를 조선인 2만 1178명, 일본인 7809명으로 기록하고 있으며, 조선인 중 60%가 상업과 교통업에, 12%가 공업에 종사하고 있고, 농어업은 3%에 불과하다고 적고 있다.[1]

개항 이후 항만의 발달과 거기서 생계를 꾸려 나가는 부두노동자가 많았던 목포는 이러한 객관적 조건을 바탕으로 일찍부터 굵직굵직한 노동운동가들이 자리 잡고 있었다. 당시 조극환과 배치문, 서병인은 목포 사회주의 3총사라고 불리는 인물들로 목포를 중심으로 노동 · 농민운동을 주도했다. 이들 중 세인들에게는 잘 알려져 있지 않지만, 1920년대 목포 지역의 노동운동에서 빼놓을 수 없는 인물이 배치문이다.

배치문은 목포가 개항되기 7년 전인 1890년 창평동 3번지에서 배우성의 장남으로 태어났다. 그의 유년 시절과 학창 시절의 이야기는 현재 알려지지 않고 있는데, 다만 목포상업학교(2년제, 목포상고 전신)에 다녔다는 것만 전해지고 있다.

기록상으로 배치문의 활동은 1919년 3·1운동과 관련해 처음 등장한다.[2] 목포의 3·1운동은 서울 지역의 만세시위에 충격을 받은 동경 유학생 남궁혁과 서울 유학생 오도근, 김영주 그리고 목포의 박상오, 박상렬 등이 회합하면서 시작되었다. 이들은 그후 한 달 가까이 지난 4월 8일 만세시위를 주도했는데, 이때 배치문도 남궁혁, 박복영, 오도근 등과 함께 구속되어 실형을 선고받은 것이다. 그러나 3·1운동은 이후 목포 지역의 사회운동에 밑거름으로 작용하고 있다.

그러한 흐름은 주로 청년운동과 노동운동을 중심으로 형성되었다. 목포에 노동조합을 결성하려는 노력은 1919년부터 시작되었다. 황화선, 이해수 등이 중심이 된 노조 결성 움직임은 사회주의세력과 결합되어 있다는 객주들의 고발로 실패하고 말았다. 이듬해 서상렬 등이 전남도의 공식 허가를 받아 전남노동조합을 결성하지만, 이는 제우교(濟愚敎, 동학에 대한 속칭) 전도와 성, 경, 심(誠, 敬, 心) 수련에 목적을 둔 것으로 진정한 노동조합으로 평가하기는 어려운 조직이었다. 그후 목포에 근대적 의미의 노동조합이 결성된 것은 1924년 서울에서 내려온 차광필과 지봉서, 김재덕 등이 해륙노동조합을 결성하면서부터다. 항만·하역노동자들이 중심이 된 해륙노동조합은 노동자계몽과 생활개선에 중심을 두었으며, 날로 성장을 거듭해 1924년 9월에는 조합원이 1900명에 이르렀다.[3]

한편 목포 지역의 청년운동은 1920년경 김상섭, 김택현, 차남진, 문재철 등 지역 유지를 중심으로 한 목포청년회로부터 시작된다. 처음 친목 단체로 출발한 청년회는 별다른 변화 없이 수년간 지속되다가, 1925년 8월 이후 서병인, 조극환, 설준석, 오도근 등 사회주의자들이 참여하면서 문재철, 차남진 등 지역 유지들이 제외되고, 그 명칭도 목포청년동맹으로 바뀌었다.

또한 목포청년회와는 달리 일반 청년들의 가입이 허용되는 기독청년회가 있었다. 배치문은 여기에 참여해 1921년 3월에는 책임(智)을 맡았다. 이러한 활동 과정에서 사회운동에 눈을 뜨게 된 그는 이제 본격적인 사회운동을 전개하기 시작했다. 그는 1924년 사회주의자들의 조직체인 무산(無産)청년회에 참여해 주도적으로 활동했고, 그 과정에서 자은, 암태, 비금, 도초 등 5개 지역의 청년회를 규합해 무목청년연맹을 결성하기도 한다. 배치문의 주도로 결성된 무목청년연맹은 대중 본위인 신사회 건설과 무산 대중 해방운동의 선구가 되자는 것을 강령으로 내걸었다. 특히 무목청년연맹 사무소의 위치는 「2차 조공검거 보고철」에 나타난 배치문의 주소와 일치하는 것으로 보아 그와 연맹과의 깊은 관계를 짐작할 수 있다.[4)]

이러한 활동을 전개하면서 대중들에게 인정받기 시작한 배치문은 다른 활동가들과 함께 지역 사회운동의 지도 조직을 결성했다. 1920년대 중반은 전국적으로 사상 단체의 조직이 경쟁적으로 이루어지던 시기였다. 전위동맹 역시 그러한 추세에 발 맞추어 1925년 8월 30일 서병인, 조극환, 배치문, 설준석 등이 중심이 되어 결성된 조직이었다. 이들은 대체로 당시 유력한 공산주의 서클이었던 서울파의 영향을 받은 사람들로 이후 목포 지역의 직업별 노조와 연합 조직 결성을 주도하고 있다. 한편 전위동맹과는 별도로 박승억, 한진팔, 김영수 등을 중심으로 노동조합을 결성하려는 움직임이 있었다. 이들은 1925년 1월 목포를 중심으로 7개 면의 노농 조직을 규합하여 해협노동조합을 결성하려 했지만, 발기 총회만 한 채 창립까지 이어지지 않았다. 그후 이들은 곧바로 노동청년회를 결성해 직업별 노동조합을 결성하려는 움직임을 보였다.

반면에 전위동맹측은 1925년 9월 목포와 무안 지역의 각 노동·농민 단체를 결집하여 무목노농연맹을 조직했으며, 배치문은 여기에서 교호부장을 맡고 있었다. 또한 1925년 9월 29~30일 양일간에 걸쳐서 제유부와 면업부, 자유부, 정미부 노동조합을 차례로 결성했으며, 배치문은 면업노동조합의 이사로 참여했다. 이러한 노동조합의 결성을 바탕으로 1925년 10월 13일에는 목포노동총동맹이 결성되었으며, 배치문은 면업노조 대의원 자격으로 참가하여 서무부 상무위원을 맡기도 했다. 당시 노동총동맹의 강령은 '대중 본위의 신사회 건설을 목표로 노동계급의 현실적 경제적 이익을 적극적으로 옹호함'이었다. 1925년 11월 20일자 동아일보에는 당시 목포에 조직된 기업별 노조가 무려 12개나 된다고 보도하고 있다.

아무튼 전위동맹과 목포노동총동맹의 지도 아래 1925년 12월에는 자유노동조합이, 이듬해 1월에는 제유공노동조합이 동맹파업을 단행했다. 특히 제유공파업은 170여 명의 노동자들이 참여해 '노동자들의 인간적인 대우, 주야 모두 현재 12시간에서 10시간으로 할 것, 임금 1원 이상은 4할, 1원 이내는 5할을 증급할 것, 무단해고 반대' 등의 요구조건을 내걸고 네 달 동안 지속된 일제하 대표적인 노동운동으로 손꼽히고 있다.[5] 1926년 2월 5일자 동아일보에는 당시 제유공파업과 관련된 에피소드를 다음과 같이 기록하고 있다.

> 목포 지역 노동자들의 굳은 결속으로 신직공 모집을 전혀 할 수 없었던 회사측이 광주와 나주 방면에서 신직공 30여 명을 모집해 목포로 데리고 왔으나 이들은 파업 사실을 알고 공장을 빠져 나갔고 이 사실을 안 파업단은 목포역으로 나가 악수와 노동가로 이들을 전송했다.[6]

배치문은 제유공파업과 관련해 1926년 3월 전위동맹 동료들과 함께 3개월의 구류를 받게 된다. 한편 그는 그 직전인 1926년 2월 김철수의 보증으로 조선공산당에 입당했는데,[7] 이것이 발각되면서 체포되어 1년 6개월 형을 선고받고 1929년 3월 중순 서대문형무소에서 만기 출소했다. 그가 감옥에 있는 동안 목포에서는 신간회가 결성되었으며, 여기에 참여한 인사들은 모두 전위동맹의 핵심 간부였다. 한편 1929년 12월 28일자 조선일보의 '12월12일 새벽에 목포신간회원 배치문 검거'라는 기사로 보아 출옥 후 그도 신간회에 참여한 것으로 보인다.

그 몇 달 뒤인 1930년 2월 배치문은 조공 재건 준비위원회 책임비서인 김철수와 조직 재건의 논의를 한 후 목포로 돌아와 「12월테제」에 입각한

당 재건과 분열된 조직을 통일시키는 일에 몰두했다. 또한 「독립운동사자료집 14」에는 "1931년 7월 신간회 목포지회장 배치문이 청맹 간부와 노련 간부들과 함께 목포서에 검거되었다"고 기록하고 있다. 이 무렵은 그가 조직 재건과 노련 조직의 부흥을 위해 노력하고 있던 시기였다. 일제하 노동운동을 연구한 김경일(덕성여대 교수)은 목포 지역의 노동조합을 선진적 운동가들에 의한 목적의식적 조직이었다고 평가한다. 당시 배치문이 그 역할을 하고 있었던 것이다.

이후 배치문의 행적을 엿볼 수 있는 자료로는 1931년 김철진에 의해 창간된 잡지인 『호남평론』에 기고했던, 「부흥 독일의 청년」과 「서반아 외인부대(西班牙 外人部隊)」라는 두 편의 글이 있다.[8] 그 중 「부흥 독일의 청년」이라는 글에서 그는 "독일 전 인구의 5%밖에 안 되는 유태인을 독일 국민이 싫어하는 유력한 이유는 유태인이 노동정신을 갖지 않고 …… 독일 국민을 이자의 노예로부터 해방시키려면 당연히 유태인을 배척하지 않으면 ……"이라고 주장했다. 그러나 1년 뒤의 글에서는 그와 달리 스페인의 인민전선을 지지하는 내용을 적고 있다. 이 두 가지 입장의 애매함이 1930년대 후반 그의 행적을 보여 주고 있다면 지나친 비약일까? 아무튼 그는 당시 대두하고 있던 일제를 포함한 전체주의에 대해 확실한 입장을 견지하지 못했던 것으로 보인다. 그후 그의 행적은 보이지 않는다. 다만 그의 호적에만 1942년 5월 20일 목포부 죽교리에서 사망했다고 기록되어 있을 뿐이다.

1920~1930년대 목포 지방 파업일지(총 15건)

명 칭	일 시	기 간	인 원	결 과
목 산 인 쇄	1924. 9. 6.		20여 명	
조 선 면 화 직 물	1924. 12. 23.	3일	115명	타협
자 유 노 조	1925. 12. 7.		500여 명	타협
선 박 적 하	1925. 12. 8.			
하 차(荷車)노 동 자	1925. 12. 21.			
제 유 노 조	1925. 1. 15.	4개월	170명	패배
인 쇄	1926. 10. 3.		20여 명	
직 포 공 장	1926. 11. 10.		140여 명	
곡 물 운 반 인 부	1930. 12. 14.	1일	120여 명	타협
하 수 공 사 노 동 자	1931. 4. 4.		150여 명	
부 위 생 인 부	1932. 10. 4.	1일	50여 명	패배
장 문 로(長門組)인 부	1933. 3. 9.		20여 명	
동 아 고 무 공 장	1933. 8. 17.	4일	145명	관철
삼 화 고 무	1935. 8. 17.			타협
삼 화 고 무	1935. 11. 15.		94명	패배

자료 : 김경일, 『일제하노동운동사』, 창작과 비평사, 1992.

1) 「목포부세일반(木浦府勢一班)」.
2) 『전라남도지』 8권, 1993, 108쪽.
3) 일제하 목포 지역 노동운동에 대한 자세한 내용은 김경일의 『일제하노동운동사』(1992, 창비)를 참고.
4) 김준엽·김창순, 『한국공산주의운동사-자료집 2』, 고려대 아세아문제연구소, 1980, 131쪽. 여기에 경찰은 조선공산당사건 관계자 주소와 이름이 기록하고 있는데, 배치문의 본적과 주소는 목포부 호남정 7번지로 되어 있으며, 실제로 확인해 본 결과 그의 호적과 일치하고 있다. 또한 당시의 직업이 목포제유공조합원과 조선공산당원으로 기록되어 있다.
5) 김경일, 앞의 책, 207~209쪽.
6) 동아일보, 1926. 2. 5.
7) 김준엽·김창순, 『한국공산주의운동사』 2권, 375쪽.
8) 『호남평론』, 1936년 8월호와 1937년 4월호.

서정희

기독교 사회주의자

1877년 경기도 포천 출생
1919년 광주 지역 3·1운동 주도, 구속, 2년 형 언도
1921년 조선노동공제회 광주지회장
1923년 광주소작인연합회 집행위원장
1924년 전라도노농연맹 위원장
1924년 조선노농총동맹 집행위원장
1928년 신간회 중앙상무위원, 조직부장
1948년 제헌의원

일제하 광주 지역 사회운동의 형성과 성장에는 수많은 인물들의 헌신적인 노력과 희생이 배어 있다. 이들은 대부분 광주·전남이라는 지역적 연고를 배경으로 운동을 전개했다. 그런데 여느 활동가들과는 달리 광주에 전혀 지역적 연고가 없으면서도 선구적인 활동을 한 사람이 있으니 그가 바로 서정희(徐廷禧)다. 그는 3·1운동에서 시작해 노동공제회, 소작인조합, 노농총동맹에 이르기까지 광주 지역 사회운동의 기틀을 마련한 인물로 평가받고 있다.

서정희는 경기도 포천군 포천면 설운리에서 1877년 10월 10일에 태어났는데, 그의 가정환경은 별로 알려진 것이 없다. 그는 8세 때부터 한학을 배웠지만, 개항과 함께 밀려오는 새로운 문물에 관심을 갖고, 18세 때인 1894년 3월 관립영어학교에 입학했다. 당시의 상황으로 이러한 정도의 학력을 쌓을 수 있었던 것으로 보아 그는 비교적 부유한 집안의 자제였던 것으로 판단된다.

이 무렵 그는 근대화된 조선을 그렸던 것 같다. 1896년 6월 그가 독립협회에 가입했다는 데서 그러한 신념을 읽을 수 있다. 그러던 중 그는 1900년 8월 광주 우체사장으로 임명되어 이 지역과 첫 인연을 맺게 된다. 그러나 당시는 조선의 존망이 위태로운 시기였다. 특히 민영환의 자결은 그로서는 감당할 수 없는 충격이었다. 이러한 일련의 상황이 결국 그를 사회운동에 투신하게 만들었다.

그가 최초로 사회운동에 뛰어든 것은 1906년 1월 나철, 정인국, 김인식 등 33명과 함께 대한신민회라는 비밀 조직을 결성하면서부터다. 이 단체의 목적은 이완용을 비롯한 을사오적의 척살이었다. 결국 1907년 2월 나인영 등이 대로상에서 권중현을 암살하려 했으나 실패하고 만다. 이때 서정희를 비롯한 조직원들은 모두 검거되고 말았으며, 그는 전남 진도군에 5년의 유배형을 선고받았다. 그는 이 기간 동안 광주·전남 지역의 사회운동가들과 밀접한 관련을 맺은 것으로 보인다. 그래선지 그는 유배에서 풀려난 뒤에도 광주에 머물면서 1913년 10월에는 사립광주법학강습소 창립에 교수로서 참여했다.

이후 고향으로 돌아온 서정희는 독립운동을 결심하고 1915년 2월 가산을 정리해 만주로 떠났다. 그가 만주에서 어떤 활동을 했는지는 알려져 있지 않으나, 아무튼 그는 3년간의 만주생활 끝에 다시 광주로 돌아왔다. 이후 그는 광주 지역의 3·1운동에서 주도적인 역할을 담당했다. 당시 그는 1908년에 세워진 북문안교회(현 충장로 파출소 맞은편에 위치)에 다니고 있었는데, 이 교회와 정상호, 최한영 등의 삼합양조회가 광주 지역의 3·1운동을 주도했던 것이다. 이때 선언서 및 태극기 준비는 최한영, 기독교인 동원은 김강, 숭실중학교생 동원은 홍승애가 맡았으며, 서정희는 일반 시민의 동원을 담당하고 있었다. 이들의 적극적인 활동으로 장날인 3월 10일을 기해서 광주에서 3·1운동은 전개될 수 있었다. 이 일로 인해 검거된 서정희는 2년 형을 언도받고 복역중 1년이 감형되어 석방되었다.[1)]

1920년 10월에 출옥한 서정희는 다시 광주에 돌아와 사회운동에 참여했

1908년에 세워진 북문안교회. 서정희를 비롯한 이 교회 교인들이 광주의 3·1운동을 주도했다.

다. 당시는 사회운동의 기틀이 제대로 세워지지 않은 상황에서 주로 노동자·농민 조직에 초점이 맞춰져 있었다. 이러한 활동은 전국적으로 형성되기 시작한 노동공제회의 설립과 맥을 같이한다. 당시 조선노동공제 광주지회가 설립된 것은 중앙보다 4개월 가량 늦은 8월 26일이었다. 광주지회는 홍학관에 사무실을 마련하고 초대 회장에 최흥종 목사를 추대했으며, 서정희는 1921년 6월 10일 정기 총회에서 2대 지회장으로 선출되었다.

노동공제회 광주지회는 1921년 10월부터 노동야학을 개최했으며, 활발한 강연활동도 전개했다. 실례로 1921년 7월 19일에 최흥종이 '노동자의 행운', 그리고 서정희는 '노동문제'라는 제목으로 강연을 했다. 또한 광주지회는 1922년 3월에는 소비조합을, 1922년에는 노동자합숙소를 만들어 노동자들의 복지향상에도 관심을 가졌다. 당시 노동공제회 광주지회의 주도 인물은 최흥종, 서정희 등 대부분이 기독교 신자였으며, 따라서 '신의 뜻에 따라 노동문제의 해결'이라는 기독교 사회주의적인 성격을 지니고 있었다.

한편 노동공제회 광주지회는 당시 농민들의 요구에도 부응해 소작문제는 소작인의 철저한 자각과 공고한 단결에 의해서만 해결할 수 있다고 주창했다. 이에 따른 구체적인 활동으로 1923년 3월 4일 광주지회는 광주청년회와 함께 7개의 강연대를 조직해 선전활동을 전개했으며, 면 소작인회의 조직을 결성해 나갔다. 그 결과 1923년 4월 29일 광주군 15개 면 소작인회의 연합기관으로 광주소작인연합회가 결성되었으며, 간부는 서정희, 정남근 등 노동공제회 간부들과 각 면 소작인회의 대표로 구성되었다. 서정희는 초대와 1924년 5월 2회 정기 총회에서 집행위원장으로 선출되어 활동했다.[2)]

이러한 활동을 전개하던 노동공제회 광주지회는 사회주의사상 단체들이 적극적으로 개입하면서 새롭고, 강력한 운동 단체로 탈바꿈하기 시작했다. 여기에는 일본 도쿄에서 조직된 북성회의 국내 본부로 1924년 11월 25일에 결성된 북풍회의 영향력이 컸다. 당시 북풍회는 김약수, 김종범, 서정희 등 13명에 의해서 결성되었다. 이 단체는 1925년 3월 또 다른 공산주의자 서클인 화요회로 통합되어 이후 서울파와 대립하게 된다.[3)]

당시 북풍회는 활동가 중심의 중앙 중심주의를 탈피하기 위하여 지방활동을 전개하고 있었다. 이에 따라 1924년 1월 11일부터 광주, 진주 노동공제회 등 60여 개 단체가 참여한 가운데 '경남도 노농운동자간친회'가 진주에서 개최되었으며, 같은 해 3월 4일부터 3일간 광주에서 '전라도노농연맹'(위원장 : 서정희)이 결성되었고, 3월 8일부터 2일간 '남선노농동맹'이 대구에서 결성되었다. 이러한 일련의 대회를 주도한 인물은 북풍회와 화요회의 최원택, 박이규, 정운해, 서정희 등이었는데, 이들의 활동을 통하여 결국 1924년 4월에는 가입 단체 260여 개, 회원 5만 3000천여 명으로 '조선노농총동맹'이 창립되었다. 이때 서정희는 50명의 중앙집행위원 중 한 사람이었으며, 집행위원장으로서 활동했다. 이들은 다른 한편으로 조선노농총동맹에 포함되지 않은 다른 조직들을 끌어들이기 위하여 서정희 외 10명을 '조선노농단체연합회 기관기성교섭위원'으로 선출했다.[4)]

한편 이와는 별도로 다른 사회주의계열인 서울청년회에서도 운동 단체 결성을 준비하고 있었다. 장일환, 강택진, 이시완 등에 따르면 1923년 9월 16일 신생활사에서 '조선노동대회 준비회'를 발기했는데, 이것은 전술한 조선노동총동맹에 대항하려는 성격을 지니고 있었다. 이후 이들은 조선노농대회 주최 단체 총회를 개최하기도 하고, 1924년 1월 27일 서울노농대회 후원회를 조직하기도 했다.

그후 북풍회와 서울청년회는 분파적인 활동을 지양하고 통일적인 운동을 전개하려는 목적하에서 통합을 모색하던 중 1924년 4월 15일 82개 단체 대표 77명이 모인 가운데 전 조선노농대회를 열고 '조선노농총동맹'을 결성했다. 조선노농총동맹에서 서정희는 중앙위원 겸 상무위원으로 활동했다. 이러한 서정희의 사회운동은 사회주의운동이었으며, 그 연장선상에서 이루어졌다. 이것은 그가 1923년 꼬르뷔로 국내 부원이던 신철과 계속 접촉했던 점, 1925년 1월 광주에서 화요회계통의 18회 회원이었던 점에 비추어 확인할 수 있다. 이로 인해 그는 1925년 1차 조공사건에 연루되어 체포되었다가 석방되었으며, 또한 1926년 11월에는 『농인』이라는 잡지를 발간하다 체포되었으나 1927년 5월 무죄로 석방되었다.[5)]

석방 후 그는 1928년 3월부터 신간회에 가입해 활동했다. 그는 1930년 10월 25일 신간회 중앙상무위원이 되었으며, 그후 11월 9일에는 신임 중앙집행위원 40명에 포함되었다. 또한 11월 19일 중앙 집행위원회의에서 중앙상무부서를 결정했는데, 이때 서정희는 조직부장으로 활동했다.[6)]

그후 서정희는 1930년 11월 재만조난동포 위문사(在滿遭難同胞慰問使)로서 50일간 만주 방면에서 동포들의 위문활동을 전개했다. 이를 전환점으로 이후 그의 행적은 나타나지 않는다. 다만 해방 이후 그는 과거와는 전혀 다른 모습으로 등장했다. 과거 사회주의계열의 핵심 인물이었던 그가 우파와 밀접한 관계를 갖고 나타난 것이다. 따라서 그의 만주행 과정에서 상당수 우익인사들과 친분을 맺으면서 이들에 이끌리게 되었고, 또한 일제에 전향하지 않았을까 추측해 본다.

아무튼 일제 말기의 침묵을 깨고 1945년 8·15 이후 좌우익의 극심한 갈등구조 속에서 서정희는 우익진영의 일원으로 사회의 전면에 나서서 활동하기 시작했다. 1945년 9월 한국민주당이 발기될 때 그는 발기인 겸 중앙감찰위원으로서 활동했으며, 12월에는 한국민주당에서 주최한 신탁통치 반대 전국대회 집행위원장으로, 그리고 1946년 3월 한국민주당 중앙감찰위원장, 1947년 4월 반탁독립투쟁위원회 지도위원, 6월에는 대한독립촉성국민대회본부 중앙상무집행위원으로 선출되면서 점차 한민당의 핵심 간부 중의 한 사람으로 부상하고 있었다. 당시 그는 이미 70세를 눈앞에 둔 고령이었다.

단정수립의 반대에도 불구하고 1948년 5·10선거가 실시되었을 때 서정희는 한민당 공천을 받아 72세라는 고령으로 고향인 경기도 포천군에서 제헌국회의원에 당선되었다. 그는 제헌국회에서 1948년 6월 7일 선출된 국회법제정 기초위원장으로서 활동했다. 그리고 해방 후 친일분자들에 대한 처리문제가 제기되면서 반민족행위처벌법 기초위원 15명이 선출되었는데, 일제하 사회운동에 적극적이었던 서정희도 당연히 여기에 포함되어 활동했다. 반민특위는 9월 7일 제정되고 10월 1일부터 위원회를 구성해 활동에 들어갔으나, 곧이어 좌절되고 말았다.[7] 그후 1950년 한국전쟁이 발발하면서 서정희는 납북되었으며 이후 그의 행적은 확인할 길이 없다.

그가 가고 없는 현재 사상적 편력을 놓고 볼 때 그는 분명 기독교 사회주의적인 성격을 지녔다고 할 수 있다. 그리고 1920년대에는 그러한 이념적 기초 위에서 광주·전남 지역 사회운동의 토대를 닦기도 했다. 그러나 그는 일제 말의 강압을 이겨낼 수 없었고, 그 결과 1930년대 이후의 삶은 1920년대와는 대조적일 만큼 뚜렷한 차이를 보여 주고 있다.

1) 광주직할시청, 『광주시사』 2권, 1994.
2) 광주직할시청, 『광주시사』 2권, 1994.
3) 김준엽 외, 『한국공산주의운동사』 3권, 1990.
4) 김준엽 외, 같은 책.
5) 이기하, 『한국공산주의운동사』,
6) 김준엽 외, 같은 책.
7) 대한민국 국회, 『대한민국 국회의원 명람』, 1974.

왕재일

홍학관과 광주학생운동

1903년 전남 구례 출생
1926년 항일독서회 성진회 결성, 총무
1927년 강진청년동맹 위원장, 장흥청년동맹 조직
1929년 광주학생운동으로 구속
1933년 전남사회운동협의회 활동, 장흥농민조합결성 주도, 구속
1947년 동광신문사 편집차장

우리 사회에는 역사의 맥박이 거세어질 때, 그 심장부가 되었다가 지금은 흔적도 없이 사라져 버린 건물들이 있다. 광주 지역만 해도 3·1운동의 모태로 알려진 삼합양조장(충장로 4가 부래옥백화점 자리), 1920년대 각종 사회운동의 산실이었던 홍학관(구시청 부근), 1930년대 사회운동계의 논의처였던 정수태의 사랑방(북동유치원 부근), 해방 직후 건준을 탄생시킨 창평상회(대인시장과 금남로 4가 사이)가 있다. 이 중에서 홍학관은 광주 지역에 신문물을 보급한 진원지로서 각종 강연회나 야학 등이 개최되는 민중교육의 장소였으며, 또한 1920년대 광주 지역 사회운동의 모든 역량이 집결했던 곳이기도 했다. 현재 홍학관은 흔적도 없이 사라지고 명칭만 전해지고 있지만 아직까지도 그곳이 가졌던 역할은 우리의 기억 속에 생생하게 남아 있다.

이러한 홍학관이 배출한 대표적인 인물이 왕재일이다. 그는 홍학관에서 숙식을 해결하면서, 그곳에서 열리는 야학 등을 통해 신문물을 배우고, 사회의식에 눈을 떴으며, 그로 인해 1920년대의 광주학생운동과 1930년대의 전남사회운동협의회에 주도적으로 참여했던 인물이다.

그는 전남 구례군 광의면에서 왕경환과 봉성 장씨의 4형제 중 장남으로 태어났다. 그의 아버지는 한시(漢詩)를 잘 짓는 한학자였는데, 그 때문에 서당을 열고 아이들을 가르쳤던 훈장이기도 했다. 그러나 농토도 전혀 없으며, 농사일도 모르는 채 철 따라 열리는 서당 훈장만으로는 살림살이가 궁색할 수밖에 없었다. 그래서 왕재일의 어린 시절은 어려운 가정환경을 자신의 힘으로 헤쳐 나가야 하는 어려움의 연속이었다.

그는 향리에서 광의보통학교를 졸업하고 광주로 올라왔다. 당시 한학만을 전부로 알고 살았던 그의 아버지는 그가 시골에서 살기를 원했지만, 그는 보통학교에서 배웠던 것을 바탕으로 좀더 새로운 것을 알고자 했다. 이와 같은 배움에 대한 강한 열정이 아버지의 만류를 뿌리친 채, 사고무친인 광주로 발길을 향하게 한 것이다.

광주에서 왕재일의 생활은 매우 어려웠다. 그는 처음 기독교계통의 사립학교로 보통학교 과정을 가르치던 숭일학교에 입학했지만, 어려운 생활 속에서 학교에 다니는 것이 부담스러워 도중에 중퇴한 후 민중계몽의 일환으로 광주청년회의 주관하에 흥학관에 개설되었던 교육 과정에 참여하게 되었다. 광주청년회는 1920년 6월 12일 창립된 단체로서 광주에서 활동하고 있던 지역 유지들인 최종섭, 최영욱, 설병호, 최선진 등이 주축이 되어 만든 단체다. 광주청년회는 훗날 주도세력이 바뀌면서, 사회주의적 대중운동 단체의 성격을 띠는 광주청년동맹으로 전환했지만, 이때까지도 부유층 자제들이 친목을 도모하면서, 시대의 조류를 반영하여 계몽운동을 주도한 단체였다.

아무튼 광주청년회는 흥학관에 광주청년학원이라는 간판을 걸고 진학하지 못한 청소년들에게 신학문을 가르쳤다. 이를 위해 광주청년회는 조선총독부로부터 정식으로 강습소 허가를 받아 교육활동을 했는데, 보통과에서는 국민학교 과정을, 고등과에서는 중등 과정을 가르쳤으며, 수업연한은

1~2년이었다고 한다. 왕재일은 홍학관에서 숙식을 해결하는 한편, 신문배달을 하면서 생활비를 마련하는 등 눈물겨운 생활을 이겨 내면서 고등과를 다녔다. 당시 그는 쌀로 밥을 해 먹는 것이 아니라 그걸 아끼느라고 가루로 만들어서 끼니 때마다 먹고 지냈다고 한다. 그러면서도 그는 홍학관에서 열리는 각종 강연회에도 참석해 자신의 안목을 높여 가고 있었다. 이와 같은 홍학관에서의 생활 속에서 왕재일은 변모하기 시작했다. 그는 사회에 대한, 그리고 민족에 대한 눈을 뜨기 시작한 것이다.

1923년 홍학관의 고등과를 마친 왕재일은 마침내 당시 이 지역의 유일한 공립중등학교였던 광주고보에 입학했다. 당시는 일제의 식민지 교육에 항거하는 학생들이 점차 조직적이고 의식적인 운동으로 모아지던 시절이었다. 그 결과 동맹휴학 등 직접적인 저항이 시작되던 때였으며, 사회과학을 연구하는 독서모임도 비밀리에 여러 개가 조직되던 시절이었다.

이미 홍학관에서 민족의 현실에 눈을 뜬 그가 이러한 상황에 조용히 지낼 리 없었다. 그 역시 뜻이 맞는 친구들과 함께 독서모임을 결성했다. 즉 광주학생운동의 주역인 장재성과 함께 성진회라는 독서모임을 만든 것이다. 성진회는 장재성, 왕재일 등 16명이 1926년 11월 3일에 결성한 항일독서회였다. 동급생들보다 나이가 많을 뿐만 아니라 홍학관생활까지 거친 그가 성진회를 주도한 것은 어쩌면 당연한 일이었다. 그는 성진회에서 총무를 맡았는데, 그 외에 서기는 박인생, 회계는 장재성이었다.[1)]

성진회는 회원들의 월 회비 10전으로 운영되었고, 매월 첫째 주와 셋째 주 토요일에 모여 사회과학 서적을 탐독하고 연구하는 한편 민족 현실에 대해 토론을 벌였다. 이러한 모임은 일제의 감시가 매우 심하고, 만일 탄로날 경우에는 감옥으로 끌려가야 했기 때문에 그 자체가 일제에 대한 저항이었다. 그런데 1927년에 접어들면서 성진회의 비밀이 누설되고, 창립멤버인 그와 장재성, 박인생 등이 광주고보를 졸업하면서 조직을 전환시킬 필요가 생겨났다. 결국 성진회는 1927년 3월 회원인 정남균의 집에 모여 성진회를 해체했다. 그러나 성진회의 해체는 형식적이었으며, 실제로는 활동을 계속했다.[2)]

1927년 3월 광주고보를 졸업한 왕재일은 농촌계몽에 뜻을 두고 1927년 10월에 강진으로 내려가 동아일보사 강진지국을 개설했다. 그가 강진으로 가게 된 경위는 현재 알 수 없지만, 아무튼 그는 이 시기에 장흥과 강진을 오가면서 청년동맹활동으로 분주한 나날을 보내고 있었다. 아마도 1927년 당시 이미 조선청년동맹 전남지부에 가입했던 그가 청년동맹의 조직 확대를 위해 강진에 파견된 것으로 보인다. 하여간 그는 1927년 11월 23일 강진청년동맹을 조직하고, 스스로 위원장 겸, 연락부를 맡아서 핵심적인 역할을 하고 있다. 또한 강진과 인접 지역인 장흥에서도 장흥청년동맹을 조직했다.[3)]

그러나 이러한 활동은 광주학생운동이 일어나면서 끝나고 말았다. 1929년 11월 3일 광주학생 독립시위가 대대적으로 일어나면서 그는 성진회와 청년동맹활동을 이유로 체포된 것이다. 재판에 회부된 왕재일은 1930년 광주지방법원에서 치안유지법 위반으로 징역 4년 형을 받았으며, 1931년 6월 항소심인 대구복심법원에서 징역 1년 6개월 형이 확정되어 옥고를 치렀다.

1932년 2월에 출옥한 왕재일은 다시 장흥으로 내려가서 농민운동에 투신했다. 1930년대 초반 전남 지역의 사회운동은 1920년대와는 달리 전반적으로 침체기에 접어들고 있었다. 1930년대 초반 공산당재건사건으로 활로를 모색했지만, 곧바로 활동가들이 검거되면서 이 역시 끝나고 말았다. 이후 전남사회운동협의회가 그 뒤를 이어 새로운 활로를 열어 가고 있었다. 전남사회운동협의회는 신간회 해체 이후 침체된 운동을 활성화시킬 목적으로 강진, 해남, 완도, 장흥 등 9개 지역에 결성된 단체인데, 광주학생운동에 관여했던 김홍배, 황동윤, 이기홍 등이 중심 인물이었다. 협의회의 운동 방식은 각 군에 적색농민조합을 조직하면서, 다른 한편 농촌진흥회, 야경단, 계, 야학 등 합법적인 조직을 이용해 대중 조직을 건설한다는 것이었다. 즉 하부 조직부터 결성해 점차로 상부 조직의 결성을 도모하는 방법을 사용함으로써 기존의 운동 방식과는 달리 대중성을 획득하는 데 주력했다.

그러면 왕재일은 전남사회운동협의회에서 어떠한 활동을 하고 참여했는가를 알아 보자. 왕재일은 청년동맹활동과 관련해 알고 지내던 장흥 지역의 유재성, 김두환, 길인주 등과 함께 사회과학 서적을 탐독하면서 운동을 모색하고 있었다. 왕재일은 1933년 8월 중순경부터 유재성 등과 함께 기숙하면서 기존의 운동이 분산적이고 연락, 통제가 불가능했던 점을 지적하고, 장흥에서도 효과적인 농민운동을 위해서 지도기관을 결성하기로 했다. 1932년 2월 중순경 그는 장흥군 장흥면 건산리에서 위종관과 만나 이에 대한 준비작업에 착수했다. 그는 또한 조직의 기밀유지를 위해서도 노력했다. 즉 1932년 3월 상순경 정종배의 태도가 애매하자 장흥군 관산면에서 그의 활동을 지도하기도 했다.[4)]

그러나 협의회는 일경에게 조직이 노출되면서 총 558명이 검거되고 57명이 구속되었는데, 이때 왕재일도 구속되었다. 협의회 자체가 워낙 철저하게 비밀을 유지하고 있어서 활동이 드러나지 않았던 왕재일은 처음에는 목포지원에서 무죄를 선고받았다. 그러나 후에 변절자가 생겨 왕재일이 장흥 지역에서 농민조합 결성을 지도했던 배후 인물로 밝혀짐에 따라 대구복심법원에서 2년 형을 선고받았다.[5)]

1938년에 출옥한 왕재일은 그해 4월에 36세라는 나이로 결혼했다. 이때부터 그는 사회운동에서 모습을 감추게 된다. 전쟁과 함께 일제의 탄압, 그리고 운동의 침체에 따라 그는 사회운동에 참여하지 않았다. 그럼에도 여전히 생활고에 시달리던 왕재일은 캘린더 장사, 출판사 등을 하면서 삶을 이어 가고 있었다.

해방 직후 과거의 활동에 비추어 볼때 왕재일의 활동은 기대되었지만 그는 별다른 활동을 보여 주지 못했다. 즉 격심한 혼란의 와중에서도 여전히 현실에 대하여 침묵으로 일관했다. 그는 해방 직전 출판사를 해본 경험을 바탕으로 1947년 12월~1950년 6월까지 동광신문사에서 편집차장을 맡은 것 외에는 별다른 공직도 맡지 않았다. 결국 그는 1960년 2월 14일 생을 마감했다. 학생운동의 상징처럼 되어 있는 그의 장례식은 광주서중·일고 동창회와 광주학생독립운동 희생자동지회의 주최로 광주일고 안에 있는 광주학생독립운동 기념탑 앞에서 치러졌다. 정부에서는 그의 공훈을 기리어 1963년에 대통령표창을 추서했다.

왕재일은 어려운 삶 속에서도 장년이 될 때까지 꿋꿋하게 자신의 길을 걸었던 사람이다. 그러는 가운데 항일운동의 노정에 커다란 족적을 남기기도 했다. 그러나 그후 그는 자신에게 모아진 주위의 기대에 부응치 못하고 일상생활에 묻혀 버렸다. 그가 감당하기에는 역사의 굴절이 너무 심했던 것일까?

1) 광주학생독립운동 동지회, 『광주학생독립운동사』, 1974.
2) 광주학생독립운동동지회, 같은 책.
3) 선우기성, 『한국청년운동사』.
4) 전남사회운동협의회 사건 판결문.
5) 조선일보, 1934. 9. 7.

이영민

순천 소작쟁의 지도자

1881년 전남 순천 출생
1923년 남선농민연맹회 결성 주도
1925년 전조선민중운동자대회 준비위원
1925년 조선공산당 참여
1928년 체포
1946년 순천 민주주의민족전선 위원장

죽장망혜(竹杖芒鞋) 단표자(單瓢子)로 호남순천(湖南順天)을 구경가자
장대(長臺)에 봄이 오니 양유천만사(楊柳千萬絲)요
죽도봉(竹島峯)에 구름이 지어 만성명월(滿星明月)이 삼오야(三五夜)라
동천(東川)을 건너 환선정(喚仙亭)을 당도하니
지당(池塘)에 백련화(白蓮花)는 맑은 향기 넘쳐 있고
유지(柳枝)에 화화조(火火鳥)한 꾀꼬리는 벗 부르는 소리로다.

이상은 순천 시장실에 병풍으로 보관되어 있는 벽소(碧笑) 이영민(李榮珉)이 지은 「순천가(順天歌)」의 앞 부분이다. 일제하 소작쟁의를 통한 항일운동가에서 해방 후에는 서예가, 시인으로 활동을 하다 일생을 마친 이영민의 멋들어진 노래지만 자신의 속마음까지 전달하기에는 아쉬운 점이 많은 노래다.

순천 매곡리가 고향인 이영민은 1881년 1월 22일 이세근(李世根)과 경주 정씨 사이에서 첫째로 태어났다. 그의 원래 이름은 희수(熙守)였으나 언제 영민으로 개명했는지는 아직 알려지지 않고 있다. 그가 태어난 구한말은 조선의 운명이 풍전등화와 같은 암울한 시기였기 때문에 체계적인 교육을 받을 만한 상황이 아니었다. 고향 서당에서 한학을 배우던 그는 15세가 되던 해에 서예를 체계적으로 배우기 위하여 이삼만(李三晩) 선생을 사숙했던 김광열(金光烈) 선생의 문하생으로 들어가 서도에 대한 수련을 쌓기 시작했다. 이때부터 82세로 세상을 떠나기 전까지 항일운동을 했던 1920년대를 제외하고는 줄곧 서예로 일관해 왔다.

몇 년간의 서예 공부를 한 후 이영민은 신학문을 접하기 위해 한성사범학교에 진학했다. 그리고 사범학교를 졸업한 후에는 곧바로 순천으로 내려와 순천남국민학교에 부임한다. 순천남교와 순천국민학교 등에서 10여 년 동안 교편을 잡으면서도 그의 서재에는 항상 지필묵이 준비되어 있었고 학교 출근 전과 후에는 반드시 붓을 들고 글씨 공부에 전념했다. 서예에 어느 정도 명성을 날리고 있었기 때문에 그에게 글씨를 배우려고 하는 문하생들이 줄을 이었다. 청당 김명제 같은 동양화의 대가를 길러 냈던 것도 이때였다.

이처럼 2세 교육과 서예에 열중하고 있던 이영민은 교육계가 일제의 침략정책에 휩싸이던 1910년대에 그 자리를 그만두게 된다. 이때부터 일제에 대한 끊임없는 저항의 불꽃을 지펴 올리기 시작했다. 교사 자리를 그만둔 그는 서울사범을 나온 당시로서는 최고의 인텔리였기 때문에 동아일보가 창간되자 곧바로 동아일보 순천 주재 기자로 자리를 잡고 맹활약했다.

일제는 한일합방 이후 한반도를 지배하기 위해 1910년대 토지조사사업과 1920년대의 산미증식계획을 세워 실시했다. 이것들은 그럴듯한 명분으로 치장되어 있었지만 한국민의 생활상태는 걷잡을 수 없는 상황으로 빠져 들기 시작했다. 일제의 기만적인 식량기지화와 토지수탈로 자신의 농토를 잃어버리고 졸지에 소작농으로 전락한 농민들의 생활은 말할 수 없을 만큼 피폐한 실정이었다. 이에 따라 1910년대에는 30%를 전후하던 순

1950년대 이후 모든 사회활동을 삼간 벽소 이영민은 생활터전을 광주로 옮겨 1962년 사망할 때까지 서예에만 전념했다.

소작농이 1930년대 말에는 56%를 상회하게 되었고 결국 자소작농이 전 농민의 80%를 육박하고 있는 상태였다. 이상과 같은 극악한 상황에서 지주들에 대한 농민들의 저항운동은 자연스러운 것이었다. 특히 일본인이 진출하기 쉬웠던 순천에서 그러한 저항운동이 일어난 것은 역사의 순리였다. 이 속에서 이영민도 단순히 서예가와 기자라는 모습만으로 자신의 일생을 마칠 수는 없었다.

1922년 12월 23일 순천군 서면의 소작농 1600여 명이 일제와 지주들의 횡포에 대항하면서 저항의 물꼬를 트고 나왔다. 당시 이영민, 이창수, 김기수, 박병두, 박중임, 이건 등이 선봉이 되어 서면사무소에 쳐들어가면서 투쟁이 시작된 것이다.

이에 군수, 지주, 경찰서장 등이 화급히 달려와 일단 급한 불은 끄지만, 더욱 힘을 얻은 농민들은 이듬해인 1923년 2월 11일 순천군 13개 면의 소작인조합 대표 66명이 참가한 가운데 순천군 농민대회연합회 창립 총회를 열었다.[1] 여기서도 서면 봉기를 주도했던 이영민, 김기수, 이창수, 박병두 등이 발기인이었다. 그들은 소작료는 총수확의 4할 이내로 할 것, 지세, 공과금은 지주가 부담할 것, 두량은 공평을 기하기 위해 사각두를 사용하지 말 것, 소작권을 부당하게 이동하지 말 것, 마름은 공평한 사람을 쓸 것, 소작료 운반은 10리를 넘지 않도록 할 것, 천재지변으로 인한 피해는 지주가 책임질 것 등을 제시했다. 이러한 사항들은 이미 조선노동공제회에서 결의한 것들로 순천의 농민운동이 전국적인 연락선을 갖고 있음을 보여 준 것이다.

이처럼 순천 단위의 조직을 완료한 이영민 등의 지도자들은 1923년 2월 28일 남선농민연맹회를 결성했다. 이것은 순천, 광양, 여수, 보성 4개 군 농민회 대표들이 모인 연합체였다. 순천농민회가 주축을 이룬 것이나 마찬가지였던 남선농민회 임시 의장에는 이영민이 선출되었다. 전남 동부지역 4개 군 연합체가 조직됨으로써 순천농민운동은 튼튼한 배경 앞에 더욱 굳건한 응집력과 힘찬 추진력을 얻게 된 것이다.

이들은 “소작료를 4할 이내로 낮춘다, 지난 해까지 소급시켜 지세, 공과금을 지주에게 부담시킨다, 군 당국에서 해결에 늑장부리면 도 당국에 따져서 낙찰을 받아 낸다”는 3개 항을 결의했다.

1923년의 농민운동은 공동경작동맹과 소작료불납동맹투쟁으로 요약되며 지주회의 결의에 따른 일부 지주들의 자진양보 등 약간의 성과를 얻어냈다. 연이은 1924년의 운동은 소작쟁의에만 머무르지 않고 농민들의 지위 향상을 위한 다각적이고 종합적인 차원으로 그 질을 고양시켜 갔다. 그것은 1924년 들어 눈에 띄게 성숙한 각종 사회운동의 흐름과 보조를 같이하는 것이었고, 한계성 있는 소작투쟁에서 광범위한 농민운동으로의 방향 전환이기도 했다. 1924년 3월 광주에서는 전남도내 40여 단체 100여 명의 대표가 참석한 가운데 전남노농연맹이 조직되었고, 전국적으로는 4월에 조선노농총동맹이 결성되었다. 조선노농총동맹에는 남선노농연맹, 조선노농총동맹, 삼남노농연맹, 전남노농연맹, 전남청년연합, 무산자동맹, 순천농민연합회, 각 면 농민대회, 소작인회 등 전국 174개의 노농 단체가 가입하여 전국적인 통일 조직을 형성했다.

이처럼 농민운동의 도화선이 타오르고 있을 때 이영민은 활동의 범위를 순천과 전남 지방에만 국한시키지 않고 중앙 조직과 연결하면서 활동의 폭을 넓히기 시작했다. 박헌영을 중심으로 한 화요회계가 중심이 되어 1925년 2월 16일 조직한 전 조선민중운동자대회에 이영민은 순천의 박병두와 함께 준비위원으로 참여했다. 마침내 1925년 4월 17일 서울의 황금정 아서원에서 화요회계의 운동가들이 중심이 되어 신문기자대회라는 이름을 내걸고 비밀리에 조선공산당을 창립했다. 당시 순천 지방에서도 이영민, 박병두, 이창수 3인이 조선공산당에 참여하게 된다.[2] 당시의 조공 조직은 인텔리들이 중심이었고 신문 기자들이 다수 참여하고 있었기 때문에 동아일보 순천 주재 기자였던 이영민도 과거의 운동 경력을 인정받아 자연스럽게 참여하게 된 것으로 보인다. 그렇지만 조선공산당은 1925~1928년까지 네 차례에 걸쳐 대대적인 탄압을 받게 되었고 이영민도 1928년 체포되어 1년 6개월의 형을 선고받았다.[3]

한편 이영민은 이처럼 조직운동의 최전선에서 치열한 운동을 전개하면서도 국제서도전에 참석해 세 번이나 당당하게 입선하는 영광을 안았다. 국제서도전은 중국, 만주, 일본의 일류 묵객(墨客)들이 실력을 겨루는 전시회였다. 이로 인해 이영민은 중국과 만주의 묵객들과 교우를 맺고 서신왕래를 계속했으며 한때 만주와 중국을 순방해 자신의 실력을 유감 없이 발휘하기도 했다.

이영민의 사회운동은 1920년대를 끝으로 기록에는 더 이상 등장하지 않고 있다. 어떤 상황 변화가 그러한 결과를 나타나게 했는지 아니면 개인상의 문제로 그렇게 되었는지는 아직 알 수 없다. 1930년대에 숱하게 일어났던 광주, 순천, 광양 지방의 조직사건들에 이영민이라는 이름이 거론되지 않고 있는 것이다. 아마 이때 이영민은 중국 만주 등을 순방하면서 서도로 세월을 보내지 않았나 하는 생각이 든다. 이영민은 글씨를 쓰면서도 일본의 식민지로 압박을 받아 온 한민족의 슬픔을 글로써 표현해 중국 사람들을 감동시켰다 한다. 이영민이 붓 한 자루를 가지고 만주나 중국을 방문할 때 안내역이라는 이름으로 끈덕지게 그를 감시했던 일제의 헌병장교가 그의 인품과 실력에 탄복하기도 하고 한학에 조예가 깊은 일본인 관리들은 그를 친절하게 대해 주었다.

그는 커다란 키에 언변이 좋고 엄한 성격을 갖고 있었기 때문에 주위 사람들도 쉽게 접하기가 어려웠다. 그는 항상 "아무리 글씨를 잘 써도 그 사람됨이 못되었으면 그 글은 죽어 있는 것"이라고 말해 글씨의 형식이 아니라 글의 내용을 중요하게 생각했다.

1920년대 이영민 밑에서 조직의 일을 배우던 정충조, 박해암, 박만고, 이석모, 이창수 같은 후배들은 해방의 와중에서 건준이나 인민위원회, 조선공산당 등의 조직운동에 뛰어들지만 65세가 넘는 고령 때문이었는지는 몰라도 그가 참여한 흔적을 발견할 수 없다. 그렇지만 해방의 격동기에 위의 인사들이 자주 방문하여 조언을 듣고는 했다 한다. 이것을 입증하듯이 1946년 2월 중앙에서 그리고 3월 전남에서 좌익운동 단체의 통일전선체였던 민주주의민족전선이 조직되었을 때, 순천 민주주의민족전선의 위원장을 이영민이 맡은 것으로 미군정 정보보고서(G-2)의 1946년 12월 30일자 보고서에는 기록되어 있다.[4] 이 내용을 잠깐 살펴보기로 하자.

민주주의민족전선의 회장 이영민과 남한부녀동맹 회장 오경심(吳敬心), 이정호가 순천 경찰서에 자수해서 우익정당에의 협력을 맹세했다. 그들이 이런 행동을 하게 된 것은 좌익정당이 한국을 위해 옳은 일을 하고 있지 않다는 자각에 도달했기 때문이다.

이 내용이 얼마나 정확한 것인지는 확인할 수는 없지만 하여튼 해방 후에도 좌익운동가들 사이에 원로로서 대접을 받고 있었던 것 같다.

여순사건에서 그리고 한국전쟁의 소용돌이에서 그는 아무런 역할도 담당하지 않고 깊은 산골이었던 곡성의 죽곡 친우 집에 칩거했다. 그 뒤 큰 아들이 병으로 사망하자 생활의 터전을 광주로 옮겨 와 1962년 사망할 때까지 여생을 보냈다. 이 시기 그는 광주의 서예가들과 함께 지내면서 서도회 회장을 역임하기도 했다. 그는 근대 한국 4대 명필의 한 사람이었던 이삼만의 필치를 발전시켰으며, 그것을 자신의 독특한 글씨체로 형상화해 벽소체(碧笑體)라는 고유한 글씨체를 후대에 남겼다. 이 글씨체는 일본과 중국에까지 널리 알려져 중국의 장개석도 벽소와 편지교류를 자주했다고 한다. 지금도 순천의 웬만한 사람들의 집에는 벽소의 글씨를 표구해 걸어두고 보면서 항상 그를 기억하고 있다.

1) 동아일보, 1923. 2. 26.
2) 이기하, 『한국공산주의 운동사』 1, 449쪽.
3) 이기하, 『한국공산주의 운동사』 1, 473쪽.
4) 「주한미군정정보보고서」 8권, 344쪽.

이정윤

박헌영과 맞선 사회주의자

1894년 전북 순창 출생
1926년 서울청년회 신파활동
1932년 전남노농협의회 사건으로 투옥
1944년 검거
1950년 행방불명

일제침략기와 해방 직후를 통해 사회주의적 민족운동을 이끌었던 전국적 지도자이면서도 정치투쟁에서 패배하여 별로 주목을 받지 못했던 인물 중에 청우 이정윤이 있다. 1920년대 초부터 해방이 될 때까지 흔들리지 않고 일제에 투쟁했으며, 해방 직후에는 사회주의운동의 주도권을 놓고 박헌영계에 도전했던 강력한 인물이었다.

이정윤은 1894년(재판기록에는 1897년) 전북 순창군 유등면 외이리에서 중농이었던 이건재의 장남으로 태어났다. 그의 나이 15세 때 옥과의 조씨와 결혼했으며 고향에서 보통학교를 마쳤다. 그는 신학문을 배우기 위하여 상경하여 경성사립오성학교를 졸업하고, 1919년 도쿄 정칙영어학교를 거쳐 1920년 3월 교토 동지사대학 예과에 들어가 1년간 수학했다. 이정윤은 이동제, 김송은, 전민철 등과 함께 1921년 11월 5일 도쿄의 조선기독교청년회관에서 열린 학우회 총회를 기회로 제2차 조선독립을 선포하고 문서를 배포하다가 출판법 위반이라는 죄목으로 9개월의 금고형을 받았다. 출옥한 후 그는 1922년 와세다대학 전문부 정치경제과에 입학했다. 1923년 초, 당시 동경 유학생 조직인 북성회의 김약수는 서울청년회를 국내 지부 조직으로 만들기 위하여 장일환과 이정윤을 서울에 파견했고, 이정윤은 국내에 들어와 메이데이 행사를 준비했다. 이런 일련의 작업은 성공하지 못했지만 이를 계기로 북성회는 내분을 겪게 되었고 북성회와 서울청년회도 대립하기 시작했다. 장일환과 이정윤, 박형병 등이 북성회로부터 이탈해 서울청년회에 가담했다.

이정윤은 1924년 2월 대학을 중퇴한 후 귀국하여 서울청년회에서 주도했던 사회주의자동맹에 참여하면서 본격적인 조직활동에 가담했다. 서울청년회는 민족주의를 표방하면서 1921년 1월 이득년, 김명식, 장덕수, 김사국, 이영 등이 결성했는데, 1922년 간부간의 분쟁이 발생하면서 김사국, 김한 등에 의해 사회주의적 경향이 강화되었다. 이들은 조직 기반을 청년단체에 두기로 하고 활동을 했는데, 그 결과 1924년 3월 이영, 최창익 등이 중심이 되어 조선청년동맹을 조직했다. 그러나 일제는 이들의 집회를 금지시킴으로써 활동을 제대로 할 수 없었다. 이런 상황을 타개하고 다른 한편으로 1924년 11월 결성된 화요회와 대항한다는 맥락에서 그해 12월 사회주의자동맹을 조직했던 것이다. 이정윤은 21명의 집행위원 중 한 사람이었다. 사회주의자동맹의 결성 전후로 서울청년회계에서는 전위 조직으로 김사국을 책임비서로 하는 서울계 조선공산당, 일명 고려공산동맹(또는 서울당)을 결성했는데 여기에서 이정윤은 청년부책이었고, 공청 책임비서로 활동했다. 1925년 결성된 제1차 조선공산당에서 공청 책임비서가 박헌영이었다는 점을 감안하면, 이정윤의 위치나 박헌영과의 관계를 짐작할 만하다. 이후 그는 1925년 4월의 조선해방동맹에 참여했고, 1926년 2월 조선사상단체총연맹 준비위원으로 활동하고 있었다.

1926년 초에 이르면 사회주의운동자간의 파쟁을 해소하려는 움직임이 구체화되기 시작했다. 서울당 안의 개혁주의자들은 1926년 3월 합법 단체뿐 아니라 전위 조직에서도 고질적 파쟁을 해소하고 전선통일을 희망해 화요회가 주축인 조선공산당 제2차 당, 즉 강달영 당과의 제휴를 모색하기 시작했다. 이들은 양명, 이정윤, 김월성 등이었다. 1926년 11월 민족단일당 건설로의 방향 전환이 필요하다는 정우회 선언이 발표되자 서울청년회는 이에 반대하는 구파와 이에 찬성하는 신파로 분열되었다. 구파는 이영, 박형병 등이었고 신파는 차재정, 이정윤 등이었다.

1925년의 제1차, 제2차 당이 주로 화요회 중심으로 조직되었다가 검거되었다면, 1926년에 결성된 제3차 당은 세칭 ML파가 주도했다. 이정윤은 제3차 당에 참여했다. 여기에 망라된 사람은 안광천, 하필원, 이우적 등 일월회계통, 김강, 한빈 등 만주 공청계통, 그리고 서울청년회 신파로 여기에는 김병일, 김철, 이인수, 김재명, 한명찬 등이 속했다. 이 무렵 이정윤은 모스크바에 가서 공부를 했는데, 여기에서 조선일보 특파원이던 김준연을 만나 제3차 당 조직을 협의했다고 한다. 공식 재판기록에는 하바로프스크에서 1926년 7월경부터 학교 교사로 근무한 것으로 나타나 있다. 그후 이정윤은 1928년 1월 상해에 있는 코민테른기관으로부터 조선공산당에 대한 결정서를 받아 가지고 서울로 왔다. 이 결정서는 7항에 걸쳐 조선공산당을 비판하고 새로운 방침을 제시한 것이었는데, 이 결정서에 대한 토론과 보고서를 작성하기 위하여 조선공산당에서는 3차 당대회를 준비하기 시작했다. 이 모임의 준비위원은 이정윤을 비롯하여 김영식, 하필원, 안광천 등이었다(조선공산당의 제1차 대회는 1925년 4월의 창당대회이고, 제2차 대회는 1926년 12월 안광천을 책임비서로 하는 이른바 ML당을 출범시킨 대회였다). 제3차 대회를 준비하는 과정에서 일제는 이런 움직임을 파악하고 2월 2일부터 주요 인사들을 대대적으로 검거하기 시작했다. 3차 공산당이 실질적으로 와해되는 시점이었다. 검거를 모면한 이정윤 등은 위험을 무릅쓰고, 2월 27~28일까지 대회를 강행했다. 이정윤은 전 간부의 대표 자격으로 참여했는데 여기에서 그는 이경호, 정백 등과 함께 당 중앙위원을 전형할 위원으로 선출되었다. 이정윤은 이 모임을 주도하면서 「조선지광」을 새로운 당 기관지로 할 것을 동의하고 가결시켰다. 이 모임이 끝나자마자 2월 28일 정백과 이정윤이 검거되었다. 이들은 감방 안에서 후계 간부를 선정하여 밖으로 통지했는데 이에 의해 성립한 것이 바로 차금봉을 책임비서로 하는 제4차 공산당이다. 하여튼 이 검거로 이정윤은 1930년 8월 경성지방법원에서 치안유지법 위반으로 징역 2년에 처해졌다.

1931년 1월 출옥한 이정윤은 같이 출옥한 김창수, 정백, 김응수 등과 함께 경성에 체류하면서 공산당 재건문제에 관해 토론했으며, 그 결과 각자 고향으로 돌아가 적색노동조합과 농민조합을 조직하고 이를 기초로 당을 재건할 것을 결정했다. 이 모임은 1931년 6월 구성된 공산주의자협의회로 발전했는데, 앞의 김창수, 정백 외에, 김봉길, 이판옥 등이 중심이 되어 참여했다. 이들은 전남북을 중심으로 지방 조직화에 주력했다. 이 시기는 코민테른 지시에 의해 조선공산당의 재건이 모색되던 시기였고, 그 일환으로 모스크바공산대학 졸업생들이 귀국하고 있었다. 1931년 8월 제2차 조공 공작위원회가 결성되었다. 이정윤 등의 공산주의자협의회는 2차 조공 공작위원회 서울시당부의 중심 인물이었던 서중석과 박제영 등과 합작해 공산당 재건준비회를 발족했다.

이정윤은 이때 처가가 있는 옥과로 내려와 농사를 지으면서 옥과노동회를 활성화시켜 갔다. 옥과노동회에는 정동화, 한덕명 등이 1930년 9월 가입해 간부로 활동중이었고, 김재룡도 출옥 후 여기에 가담해 이들 4인이 옥과노동회를 활성화시켜 회원을 1900명까지 확대했다. 이 조직은 1932년 1월 이정윤의 집에서 비밀 결사로 발전했으며 정동화와 김재룡이 선전교양부 책임과 보조를 맡고, 한덕명이 조직 책임을 맡았다. 이들은 월 2회씩 정례회합을 하기로 했다. 곧이어 김호선의 권유로 전남노농협의회에 합류했다.

전남노농협의회는 공산주의자협의회가 지도하는 전남의 전위적 지도부로 김호선이 책임비서였다. 여기에는 전남 지역의 17개 운동 단체가 참여했다. 그러나 이 해를 넘기지 못하고 일경에 발각되어 27명이 검거되었다. 이때 이정윤에 대한 수사는 친일 경찰로 이름이 높은 노주봉이 담당했다. 재판은 2년을 넘게 끌었는데, 결국 1934년 11월 광주지법의 재판에서 김호선이 징역 4년을 받는 등 모두 실형을 선고받았다. 이정윤은 징역 2년이었다.

광주형무소에서 출옥한 후 그는 경기도 소사로 이주했다. 소사의 가옥은 담양의 국기현이 마련해 주었다고 한다. 1930년대 후반에는 가족들까지 이주시켰다. 그의 아들은 소사읍사무소에 취직했다. 그는 이 시기에 매우 신중한 방식으로 노동자들의 조직화를 시도하고 있었다. 당시 소사, 부평 등지에는 군수공장을 비롯해 공장들이 산재하고 있었다. 이들은 수원, 평택, 광주 등 경기도 일원의 활동가들로 처음에는 독서회로 연결되어 있었다. 1944년 종로에서 회합하여 '적기단'을 발족했는데, 당 재건문제, 무장투쟁 방안 등을 논의했다. 무장투쟁 방안은 개마고원을 무대로 하는 것이었는데 김일수, 서중석 등이 책임을 맡도록 했다. 이들의 조직은 서울 용산·마포지구, 부산 경남 일대, 목포, 함경도 등의 활동가와 연락을 하고 있었고, 오류동에도 근거가 있었다. 이정윤은 조선산광사 사장이었던 장일환의 계동 집에 기거하기도 했다. 친일파로 지목된 서춘이 전향을 권유하는 편지를 자주 했기 때문에 그를 멀리 했다고 한다. 결국 1944년 말에 이정윤과 서중석, 윤희보 등 그의 동료들은 체포되었다. 이정윤은 부천 경찰서에 체포되어 경기도 경찰부로 넘겨졌다.

해방된 후 많은 사회운동가들이 감옥이나 경찰서에서 석방되었는데 서울에서는 3500명의 운동가들이 자유의 몸이 되었다. 이정윤도 경기도 경찰부에서 나왔다. 그는 해방이 되자마자 결성된 장안파공산당에 대해 비판적 입장을 취했으며 그에 따라 이승엽, 안기성과 함께 재건파와의 합작을 위한 위원으로 활동했다. 9월 8일 서울의 계동에서는 공산주의열성자대회가 열렸는데, 이 대회에서 강력한 발언권을 가졌던 세력은 박헌영 중심의 콤그룹과 이정윤계였다. 이정윤계는 박용선, 이우적, 강병도, 신용우, 윤석원 등이 핵심 구성원이었다. 당 재건에 관한 합의와 함께 당 기구의 구성은 박헌영에게 위임되었다. 그러나 박헌영은 이정윤과 상의하지 않고 당 중앙기구를 구성했다. 열성자대회 자체가 전체 운동가들을 포괄하지 못했고, 더구나 분파간 협의가 이루어지지 않은 상태에서 당 기구를 구성한 과정은 남한공산주의의 분파주의적 요소를 확대시키는 계기가 되었다.

해방 직후 공개적이고 합법적인 활동으로 이정윤은 인공 보건부장 대리, 중앙인민위원, 그리고 민전 중앙상무위원 등을 역임했으나 실제로 당 운영에 얼마나 깊숙이 개입되어 있었는지는 알기 어렵다. 분파간 갈등, 정확하게 말하면 당 운영에서 박헌영계의 독주에 대한 불만과 비판은 1946년 2월 서울, 전남북, 경남 등지에서 제기되기 시작했다. 전남의 경우 이정윤계로 분류되는 윤석원 등이 이 문제를 제기하여 제명되는 등 우여곡절이 있었다. 이런 움직임은 1946년 8월 초 남한의 좌익정당의 합당문제가 제기되면서 표면화되었다. 3당 합동, 즉 조선공산당, 조선인민당, 남조선신민당의 합당 움직임은 북한의 북조선공산당과 조선신민당의 합당으로 북조선노동당이 결성되자 이와 때를 같이해 형성된 것이다. 3당 합동의 방식을 둘러싸고 조선공산당의 주도권을 장악하고 있던 박헌영계열에서는 기존의 헤게모니를 유지하면서 기타세력을 흡수하려는 방침이었던 데 비하여, 반박헌영계에서는 이 문제는 워낙 중대한 사안이므로 당 대회를 열어 토론하고 당 지도부를 재구성해야 한다는 입장을 견지했다. 서중석, 김철수, 강진 등은 청년해방일보의 호외를 통해 이주하, 김삼룡, 이현상을 분파주의자로 규정하고 "민주진영의 근본적 재검토"를 공개적으로 요구했다. 이에 대해 박헌영파는 당 중앙위원회를 열어 이정윤을 제명하고 김철수, 강진, 서중석, 김근, 문갑송을 무기 정권시켰다. 9월에 이르러 이 6명은 조선공산당의 분파주의를 배격하고 청당운동을 하자는 공동성명서를 발표했다. 이런 움직임은 영등포를 비롯한 경인 지역, 전북, 경남, 부산 등 지방 당에서 호응을 받았다.

조선공산당 내에서 당 대회를 소집하자는 회의가 열렸을 때 이 회의에 참석한 사람은 29명이었고 이 청당운동을 대회파라고 불렀다. 고준석의 회고록인 『해방 정국의 증언』에는 이 시기 이정윤의 노력에 대해 자세히 기록되어 있다. 10월 대회파는 자파들만의 모임을 갖고 3당 합동의 준비를 진행하고 있었다. 그러나 이때 북로당 중앙위원회에서 반란 간부에 대해 분열주의자라는 비난성명이 발표되었다. 이렇게 되자 대회파는 주도권을 점차 상실해 갔고 주요 세력 기반이었던 영등포지구의 노동자들도 이탈해 갔다. 당 대회 소집파는 북로당의 성명에 대하여 이를 수용하는 입장과 이에 반발하는 입장으로 다시 분화되었는데, 이 후자의 입장을 가진 사람들이 11월 초 사회노동당을 결성했다. 이정윤은 사로당 중앙위원 95명의 명단에 들어가 있는데, 실제로 그가 사로당활동을 하지는 않았던 것으로 보인다. 그는 이때 북한을 방문해 사로당에 반대하는 북로당의 입장을 전달받은 것으로 생각되기 때문이다. 결국 1946년 11월 23일 3당 합동이 성립되었고 남조선노동당이 결성되었다. 그후 1947년 5월, 장안파계와 인민당계의 여운형, 신민당의 백남운 등이 주축을 이룬 근로인민당에도 이정윤은 참여하지 않았다.

한편 북로당은 1947년 2월경부터 남로당을 견제하기 위하여 정치적 낭인집단을 포섭하여 여러 갈래의 '권위 있는 선'을 형성했다. 정치적 낭인들은 김일성노선과 박헌영노선의 차이에 대해 의견이 분분했다. '권위 있는 선'으로 널리 알려져 있던 것은 성시백 선이었는데, 고준석의 증언에 따르면 이정윤도 이런 한 갈래의 선을 형성했다고 한다. 당시 남로당 지도부는 암암리에 북로당에 대한 견제를 하고 있었고, 따라서 이 '권위 있는 선'에 연결되어 활동하던 사람들을 냉대했다. 이런 일련의 파쟁은 크게 보면 남한공산주의자들과 북한공산주의자들과의 경쟁, 그리고 남한 내의 파벌간 경쟁의 산물이었다.

1948년 후반기에 북한에 다녀온 그는 1949년경 다시 중부 경찰서에 체포되어 한국전쟁이 터졌을 때는 서대문형무소에 수감되어 있었다. 이때 한 번 죽을 고비를 넘긴 그는 결국 후퇴하는 인민군들 틈에 끼여 북행길로 접어들었는데 그 이후의 행적은 알려진 바 없다.

이항발

서울파 공산당의 거두

1891년 전남 영산포 출생
1913년 연희전문학교 중퇴
1922년 서울청년회 가입
1931년 나주노동조합 조직
1948년 제헌의원
1957년 사망

일제하 나주 지방에서 배출한 가장 걸출한 민족운동가를 꼽는다면 그는 당연히 이항발(李恒發)이다. 그는 주된 활동무대를 서울에 두고 있었지만 나주 지역의 운동가들의 대부로서 나주 지역 민족운동을 사실상 지도했던 인물이었다. 따라서 일제하 나주 지역의 역사를 말할 때 이항발을 빼고 말하기는 어렵다.

이항발은 경주 이씨로서 1891년 영산포 갱갱굴(현 부덕동)에서 부친 이종기(李鍾基)와 밀양 박씨의 아들로 태어났다. 그의 가정은 비교적 유복한 편이었는데, 부친을 일찍 여읜 그는 1908년경 의병 나던 해 영산포 대기리로 이사했다. 이곳에서 그는 모친과 함께 살면서 이웃에 사는 형 석우의 보살핌을 받으며 나주보통학교에 다녔다고 한다.

나주보통학교를 나온 그는 만 20세 때인 1911년 4월 서울로 가서 경성고등보통학교에 입학했다. 그러나 그의 학창 시절은 순탄치 않았다. 그는

2년 뒤인 1913년 3월 학교를 중퇴했고, 4월에 사립연희전문학교에 입학했으며, 25세 때인 1916년 3월에 또다시 학교를 중퇴했다. 그의 학창생활이 이처럼 순탄치 않았던 자세한 이유는 알 수 없다. 그리고 학업을 중단한 뒤 그는 고향인 영산포에 내려와 있었다고 한다. 그런데 그는 이 시절부터 이미 민족운동에 관심을 갖고 동료 학생들과 잦은 접촉을 갖고 수의위친계라는 비밀 결사를 조직했다. 이 수의위친계는 소안도 출신으로 중앙학교를 다닌 송내호가 주동이 되어 전라남북도 지방만이 아니라 경상남북도 등 다른 지역 출신들도 함께 조직한 것이었다.

3·1운동 당시 그의 행적은 분명치 않다. 그러나 그는 1921년 2월 경성지방법원에서 강도예비죄로 징역 1년 형을 선고받았다. 이는 1920년 여름 경성의 부호들을 상대로 독립군의 군자금 모금을 위해 무기를 준비하던 중 발각된 사건이었다.

그는 1922년 봄 출옥해 곧 서울청년회에 참여하여 활동했던 것으로 보인다. 서울청년회는 1921년 2월 결성된 청년운동 단체로서 처음에는 단순한 청년 단체였으나, 1922년 개량주의적인 장덕수 등을 배척하면서 1922년 이후 점차 사회주의운동 단체로 변모해 1920년대 중반 화요회, 북풍회와 함께 국내 사회주의운동을 이끈 중요한 분파 중 하나였다.

한편 이항발은 1923년 1월에는 경성지방법원에서 '신생활지 필화사건'으로 징역 2년 6개월을 선고받았다. 신생활지 필화사건이란 1922년 11월 발간된 『신생활』지에 실린 「러시아혁명기념」「민족운동과 무산계급의 전술」「자유노동조합결성의 취지」 등이 문제가 되어 '대정(大正) 8년 제령(制令)7호 위반'과 '출판법 위반' 등의 혐의로 신생활지 사장 박희도, 기자 김명식, 신일용, 유진희, 노동 대회 상무간사 이항발, 김사민 등이 구속되어 재판에 회부된 한국 초유의 사회주의재판이었다. 이때 이항발은 「자유노동조합 결성 취지문」의 인쇄가 문제되어 구속되었다.

당시 이항발은 김사민(김사국의 동생), 김종범 등과 함께 1922년 10월 29일 자유노동조합을 결성했는데, 이때 상무위원을 맡았다. 자유노동조합은 김사민, 이항발 등 서울청년회 핵심 멤버들이 당시 노병희가 이끌던 조선

1927년 9월 25일 신간회 나주지회 창립 대회에서 이항발은 내빈으로 참가해 축사를 했다. 사진 앞줄 오른쪽에서 다섯번째가 이항발이다.

노동대회를 이용하여 조선노동대회가 개최한 지게꾼들을 위한 자유노동자 대회를 계기로 이들을 자유노동조합으로 조직한 것이었다. 그리고 이때 그들은 자본주의사회 조직을 배척하고, 자유 평등에 기초한 새로운 경제 조직, 사회 조직을 수립한다는 취지문을 채택했다. 그리고 그들은 이러한 내용의 취지문과 '자산계급의 정복을 위해 필요한 지식의 습득' 등을 내건 강령을 인쇄하여 노동자들에게 배포하려 했는데, 배포 전에 『신생활』에 게재해 관헌의 반응을 떠보려 했던 것이다.

이항발이 나주 지방의 사회운동과 직접 관련을 맺은 것은 '자유노동조합사건'으로 형을 마치고 고향으로 내려온 1925년 초의 일이었다. 1925년 2월 8일 이항발은 나주에서 최남구, 박공근, 김형호 등과 함께 효종단이라는 사상 단체를 만들었는데, 물론 이는 서울청년회계의 사회주의사상 단체였으며, 회장은 이항발이었다.

효종단원들은 효종단 창립과 거의 같은 시기에 나주노농공영회(1924년경 창립)에 들어가 그 조직을 개편하고 임원을 새로 선출한 후 이항발, 박공근, 최남구 등이 이를 장악하게 된다. 이 개편을 위한 임시 총회에는 역시 서울청년회계의 인물로서 전남 지방의 사회운동을 주도하고 있던 전도(全濤), 유용의(柳龍義) 등이 참석해 축사를 했다. 효종단원들은 또 나주청년회에 들어가 그 동안 개량주의적인 운동을 벌여 오던 청년회를 사실상 장악하고 그 성격을 변모시켜 나갔으며, 1926년에는 조직을 완전히 장악하게 된다. 이제 나주 지방의 사회운동은 완전히 이항발의 영향권하에 들어가게 되었다. 그리고 이항발은 노농운동과 청년운동 가운데 특히 노농운동에 관심을 갖고 직접 나주노농공영회에 중앙집행위원으로 참여했다. 그는 1925년 10월 24일 궁삼면 농민들이 동양척식주식회사에 대한 토지회수투쟁을 위해 농민대회를 열었을 때 이에 참석해 격려했다. 1926년에는 나주노농공영회가 나주농민연맹과 나주노동연맹으로 발전적 해체를 했는데, 이항발은 이때 두 연맹의 위원으로 참여하고 있었다.

1925~1926년경 이항발은 이처럼 나주 지방의 사회운동에 적극 참여하고 있었으나, 그것은 실질적인 운동의 지도라기보다는 사상적, 이념적인 지도였다고 볼 수 있다. 그는 당시 자신의 활동의 주된 무대를 서울에 두고 있었고, 나주에는 가끔씩 내려와서 운동의 노선에 대한 지도를 하고 있었던 것이다. 그럼에도 불구하고 그의 나주 지방 사회운동에 대한 영향력은 거의 절대적인 것이었다.

이항발은 당시 서울에서 서울청년회의 주축 멤버로서 활동하고 있었다. 당시 서울청년회는 김사국, 이영, 이병의, 김영만, 이항발 등에 의해 지도되고 있었으며, 전남 지방 서울청년회계 조직은 유용의가 지도하고 있었다. 서울청년회는 1925년 제1차 조선공산당이 화요회계에 의해 결성될 때 완전히 소외되었는데, 따라서 이항발도 조선공산당 조직에는 참여하지 않았으며, 그의 영향력하에 있는 나주 지방 사회운동가들도 조선공산당 조직에는 참여하지 않았던 것이다.

한편 1927년 2월에는 민족주의자들과 사회주의자들의 민족협동전선인 신간회가 창립되었는데, 이항발이 속했던 서울청년회 구파에서는 이에 소극적이었던 관계로 이항발도 신간회의 창립 과정에는 참여하지 않았다. 오히려 당시 서울청년회는 신간회라는 민족운동을 지도하는 단체 외에 조선사회단체중앙협의회라는 조직을 따로 구성해서 사회운동을 지도하도록 해야 한다고 주장하고 그 창립 대회를 1927년 5월 개최했는데, 이항발은 여기서 임시 집행부의 회장으로 활약했다. 이 창립 대회에서는 화요회계의 최익한이 창립 반대를 주장하고 나와 양파간에 격론이 벌어졌는데, 이항발은 이때 서울청년회의 입장을 대변해 최익한의 반대 주장을 하나하나 논박했다. 양파간의 논전은 현실에 기초한 운동론의 대립이라기보다는 각 파벌간의 세력다툼의 성격으로 전개되어 결국 수적으로 우세했던 화요회계의 승리로 끝나, 사회단체중앙협의회는 그 창립이 좌절되고 말았다.

이후 서울청년회계는 전체적인 대세의 흐름에 따라 신간회에 참여했고, 이항발도 역시 신간회에 동참하게 된다. 그리고 나주에서도 1927년 9월 25일 신간회 나주지회가 창립되었다. 이날 나주지회의 창립 대회에는 안재홍과 이항발이 내빈으로 참석해 축사를 했다. 창립 당시의 신간회 나주지회의 회장은 김병두, 부회장은 김창용이었다. 김병두는 곧 사임하고 이후 나주지회를 이끌어 간 것은 김창용이었는데, 남평 쪽의 산포면 출신인 김창용이 나주읍으로 들어와 신간회 지회를 이끌어 가게 된 데에는 이항발의 김창용에 대한 깊은 신뢰가 작용했기 때문인 것으로 보인다. 김창용은 한말 호남학회에도 참여할 정도로 비교적 일찍 개화한 이로서 일제초기 면장을 지내면서도 사사건건 일본인들과 싸워 남평뿐만 아니라 나주 읍내까지 신망이 높았던 것이다.

이항발은 이즈음 『노동운동』이라는 잡지사의 상무이사로서 활동하면서 노동운동 쪽에 특히 많은 관심을 가졌던 것으로 보인다. 또 이항발은 1929년경부터 신간회운동에 적극 참여해 6월 복대표대회에서 중앙검사위원(상무위원)으로 선출되었다. 그리고 1930년 11월에는 중앙집행위원으로 선출되었으며, 집행위원장 김병로체제에서 조사부장을 맡았다. 이처럼 이항발은 실무진으로 신간회운동에 본격 참여했으나, 당시 신간회는 김병로체제가 점차 온건 합법운동의 방향으로 기울어지고 이에 대한 각 지회의 반발이 일어나면서 이른바 신간회 해소론이 대두되는 등 혼란에 빠져 들고 있었다. 이러한 상황 속에서 이항발은 자신의 운동방향을 새롭게 모색하기 시작했고, 이때 그에게 큰 영향을 미친 것은 1930년 전후 사회주의자들의 운동노선의 전환이었다. 이 시기 사회주의자들의 운동노선의 전환이란 1928년 코민테른 「12월테제」와 1930년 프로핀테른의 「9월 테제」에 의해 민족협동전선보다 혁명적 노동, 농민운동에 치중하자는 것을 뜻한다. 1931년경 이항발도 다른 사회주의자들과 마찬가지로 운동방향의 전환을 모색했고, 이로써 빚어진 사건이 바로 나주노동조합사건이었다.

나주노동조합사건이란 이항발이 나주 출신으로 자신의 영향을 받고 러시아에 가서 사회주의사상을 공부하고 돌아온 박세공과, 역시 나주 출신으로 광주고등보통학교 재학중 맹휴사건 관련으로 퇴학당한 손동출 등과 함께 1931년 4월 나주노동조합을 조직, 이를 점차 혁명적 노동조합으로 변화시키기 위해 노동자들을 의식화하다가 1932년 11월 일경에 검거된 사건을 말한다. 이 사건으로 이항발과 박세공은 광주지방법원에서 징역 2년, 손동출은 징역 1년 6개월을 선고받았다.

이항발은 이 사건 이전에도 1929년 광주학생운동이 서울로까지 파급되었을 때 조선청년총동맹이 이에 개입, 전국적인 항일운동으로 파급시키기 위해 격문을 만들어 배포했던 사건으로 차재정 등이 검거되었을 때 함께 검속되어 약 10개월 동안 옥고를 치렀으며, 또 그에게 자금을 제공했다는 혐의로 신간회 나주지회 집행위원장 김창용까지도 서울로 압송되어 한동안 신고를 겪고 나왔다.

1932년 나주노동조합사건으로 2년간 옥고를 치르고 나온 이항발은 이후 서울에서 거주하면서 특별한 움직임을 보이지 않았다. 그리고 당시 상당수의 사회주의자들이 1937년 중일전쟁 발발 이후 전향해 친일파로 전락했지만, 이항발은 그러한 친일대열에 서지 않았다. 해방의 그날까지 그는 은둔하면서 지조를 지켰던 것이다.

해방 이후 그는 특별한 정치활동을 보이지 않다가 1948년 실시된 제헌의원 선거 때 나주 갑구에서 무소속으로 출마해 당선되었다. 이는 아마도 일제하에서 그가 전개한 비타협적인 민족운동에 대한 나주 군민들의 보답이었을 것이다. 그러나 그는 2대 선거에 출마해 낙선한 뒤 야인으로 일생을 마쳤다. 1957년 2월 19일 세상을 떠나니 이때 그의 나이 66세였다.

이항발은 깡마른 체격의 소유자로, 주위에서는 "약하게만 보이는 그가 어떻게 세 번씩이나 옥고를 치르는 등 일본 제국주의와 그처럼 철저히 투쟁할 수 있었을까" 하고 감탄하는 이도 있었다. 일제하 이항발의 민족운동은 사회주의운동을 중심으로 전개되었다. 그러나 그는 급진적인 사회주의자는 아니었다. 그는 일본 제국주의, 일본 자본주의에 대항해 그것을 타도하고 조선 민족을 해방시키는 유일한 방법은 반제 반봉건의 사회주의운동박에 없다고 생각했던 것이다. 즉 사회주의는 그의 민족해방운동에서 하나의 방법적 이념이었을 뿐이었다. 이는 그가 해방 이후 보여 준 정치행적을 보면 잘 드러난다. 그는 일제하에서도 조선공산당에 당원으로는 가담하지 않았던 것과 마찬가지로 해방 이후에도 조선공산당에 가담하지 않았다. 이렇게 본다면 그의 사상은 진보적 민족주의, 민중적 민족주의에 가깝다고 할 수 있을 것이다.

장석천

광주학생운동을 전국으로 확산한 청년운동가

1903년 전남 완도 출생
1924년 도쿄상과대학 예과 중퇴
1927년~1929년 전라청년연맹, 신간회활동
1929년 광주학생독립운동 지도 및 전국화
1930년 치안유지법, 보안법, 출판법 위반, 투옥
1932년 공산주의운동과 항일투쟁 전개, 투옥
1935년 옥사
1982년 건국훈장 애국장 추서

1929년 광주에서 발생한 조선인 고등보통학교 생도와 일본인 중학생 간의 충돌사건은 한 알의 불씨가 광야를 사르듯 전국적인 항일운동으로 발전했다. 따라서 광주학생운동은 그 명칭과는 달리 전국적인 운동이었으며, 일제하 학생운동의 최고봉으로 3·1운동 이후 최고의 전 민족적 항쟁이었다. 당시 나주 지역 통학생들 사이의 단순한 충돌사건을 전국적인 민족적, 민중적 운동으로 끌어올리는 데 주도적인 역할을 담당했던 인물이 사회주의 청년운동가 장석천이다.

그는 1903년 2월 25일 전남 완도군 신지면 송곡리에서 장인오와 황화엽의 3남 중 셋째로 태어났다. 그의 집안은 1년에 2000~3000석을 수확하는 비교적 넉넉한 집안이었다. 그가 태어난 완도 지역의 섬들은 소안도의 경우에서 볼 수 있듯이 일찍부터 항일운동이 활발했던 지역이었다. 그 영향이었는지 그는 어려서부터 민족 현실에 눈을 떠 적극적으로 개입하는 모습을 보였다. 그래서 그는 토착지주인 큰형과는 소작 관계로 그리고 일제의 토목기사로 일하는 작은형과는 조국의 독립문제로 뜻이 맞지 않아 자주 다투었다고 한다.

결국 그는 새로운 문물을 접하고 뜻을 펼치기 위하여 섬을 떠나 상경하여 경성중앙고등보통학교를 다녔다. 중앙고보 2학년 재학중 그는 일본인 체조 선생을 폭행해 결국 학교를 그만두고, 보성고보를 찾아가 교장에게 편입을 허락해 달라고 간청하여 이 학교를 졸업했다. 그후 그는 다시 수원고등농림학교에 입학했다. 농림학교 시절에도 토산애용 같은 항일운동에 열렬히 가담했는데, 1925년 11월 10일에 그는 '조선학생회' 집행위원으로 참여하기도 했다.[1]

농림학교에서도 또 한 번 일본인 교사를 폭행해 2년 수료만 한 후, 공산주의연구를 목적으로 1926년 3월 일본으로 건너가 도쿄상과대학 예과를 다니다가 암울한 조국의 운명 앞에 4개월 만에 중퇴하고 같은 해 7월에 귀향했다. 당시 그가 사회주의사상에 몰두했던 것은 그것이 3·1운동이 좌절된 이후 청년인텔리층 안에서 새로운 대안으로 부상하는 분위기 때문이었다. 장석천 역시 이런 시대적 흐름을 비켜 갈 수는 없었던 것이다.

그후 그의 활동은 크게 전남청년연맹 및 광주청년동맹에서의 청년운동과 신간회 광주지회활동, 조선공산당 조직의 야체이카활동 등으로 나눌 수 있다. 당시 조선공산당은 당세 확장을 위하여 학생운동에 주력한다는 방침을 정하고 각 학교에 세포를 침투시키고 있었다. 조선공산당 전남도당에서도 강석봉과 김재명이 광주청년회를 조직해 광주 지역 청년운동을 지도하고 있었다.[2] 서울청년회계열과 선이 연결된 장석천 역시 광주청년회에서 활동했다. 이런 가운데 그는 왕재일, 정남균, 국순엽, 장재성 등을 지도해 1926년 11월 3일 학생비밀결사단체[3]인 성진회(醒進會)를 결성하고 이를 지도했다. 그들의 목적은 조선에서 사유재산제도를 부인하고 공산제도를 실현해, 조선 민족이 일본 제국으로부터 독립하는 것이었다.

그는 1927년 3월 회원들의 졸업을 기하여 성진회원 전부를 광주 읍내 남문통 중국요리점에 초대하고 연회를 베풀었다. 그는 이 자리에서 회원

모두에게 항일의식을 고취하면서 특히 졸업생들에게는 사회에 진출해 공산주의를 실현하기 위한 사회운동에 종사하고 러시아와 같은 공산제사회 실현에 노력할 것을 당부했다.

또한 그는 1928년 3월 광주 각 학교의 졸업 시기에 임종근(林鍾根) 외 4명을 광주 읍내 서문통의 중국요리점 연빈루에 초대하고 항일운동의 방안에 관해 협의하기도 했다. 그리하여 7월에는 「공산당선언」 및 기타 문서를 다수 출판해 지방 청년들에게 배부하고 선전했다. 그리고 같은 해 5월에는 최규창, 나승규, 김상환, 김보섭 등과 함께 독서회원의 재정활동을 지원하기 위한 소비조합 조직을 준비해 1929년 9월에 광주지방법원(현 광주은행 본점 자리) 앞에다가 문방구점을 개설하기도 했다. 이들은 1927년과 1928년 동맹휴학투쟁을 벌이면서 항일운동의 지도자 훈련을 쌓았으며, 1929년 광주학생운동이 일어나자 곧바로 투쟁지도부를 구성하기도 했다.

한편 그는 1927년 4월에 전라청년연맹 상무위원으로 활동했으며 광주청년동맹에서 집행위원으로 활동했다. 광주청년동맹은 1927년 11월 26일 광주청년회가 개편된 조직으로 광주의 청년운동 전체를 포괄하는 공개적인 대중 조직이었다.[4] 또한 1928년 6월 전라청년연맹 정기 총회에서는 집행위원으로 선출되어 활동했다. 이와 같은 청년 조직활동을 기반으로 신간회에도 참여했다. 그는 1927년 10월에 신간회 광주지회에 가입, 1928년 12월에 신간회 광주지회의 조사연구부 총간사로 임명되는 등 핵심적으로 활동하고 있다. 그리고 1929년 1~6월까지는 조선일보 광주지국장을 지내다가 7월경부터는 전라청년연맹 위원장으로 활동했다.

당시 그는 공산주의운동을 곧 항일투쟁의 강화로 인식했다. 1929년 1월 광주고등보통학교생 여도현(呂道鉉)에게 강조했다는 "우리들 공산주의자는 종래의 노동쟁의, 소작쟁의 등의 경제적 계급투쟁에서 방향 전환해 혁명운동의 일반 정치투쟁에 힘쓰지 아니하면 안 된다"는 말은 그의 사상의 편린을 보여 준다.

이렇게 광주 지역 항일청년운동의 지도자로 성장하던 중 1929년 11월 3일에 광주학생운동이 일어나자 그는 서울 신간회에 그 사실을 알려 신간회가 학생운동에 조직적으로 참여하도록 했다. 그리고 그는 11월 4, 5일경 장재성, 박오봉, 강석원, 국채진 등과 함께 일제의 편파적인 처사에 대항하기 위해 더욱더 강력하고 조직적인 투쟁을 전개할 것을 결의했다. 그들은 '학생투쟁지도본부'를 설치해 학생시위를 지원하는 한편 11월 12일에 재차 만세시위에 돌입할 것을 결정했다. 특히 이 날짜는 장석천이 일반 민중의 호응을 얻기 위하여 광주장날인 12일을 택했다 한다.

투쟁지도본부는 광주학생운동을 전국적으로 확대·발전시키기 위한 계획을 세우고 각 업무를 분담[5]했는데, 그는 광주 및 전국 학생의 행동지도를 맡았다. 이 결정에 따라 행동방침이 정해지고 준비에 들어갔다. 제2차 시위운동은 각 학교의 임시 휴교가 끝나고 다시 등교하는 10일부터 본격적으로 준비되었다. 11일 밤 약 2000매의 격문이 살포되었고, 다음 날에는 대규모 시위가 일어났다.

광주에서 일어난 시위운동은 일제의 치밀한 언론통제로 인해 단 한 차례 신문에 보도되었을 뿐이다. 그러나 광주학생의 용감하고 희생적인 시위투쟁은 구전을 통하거나 혹은 당시 신간회를 비롯한 사회운동 단체의 조직적인 선전활동으로 인하여 차차 전국 각지로 전파되었다. 또한 당시 청년운동 단체의 총연합체인 조선청년동맹이나 조선학생과학연구회 그리고 학생전위동맹 등의 활약도 두드러졌다.

광주에서 2차 시위를 준비하고 있던 중 그는 1929년 11월 7일에 광주학생독립운동의 진상을 조사하고자 학생전위동맹[6]에서 파견한 권유근과 만나 운동전개에 대한 대책을 협의했다. 그는 검거된 학생의 석방과 나가서는 조선 독립이라는 궁극의 목표를 이루기 위하여 우선 서울 시내 각 중등학교를 움직여 시위운동을 전개하고 그 여파를 전국적으로 확대할 것을 협의했다. 학생전위동맹 이 밖에도 광주의 실상을 조사하기 위하여 11월 초 조선청년동맹에서 부건이, 조선학생과학연구회에서 박일이 파견되었으며, 신간회 본부에서도 11월 10일 허헌, 황상규, 김병노가 파견되었다.

11월 12일에 광주에서 제2차 시위운동이 있은 후 장석천은 경찰에 쫓기게 되었다. 그러나 그는 그냥 도망친 것이 아니라 그 과정에서 운동의 전국적인 확산을 도모했다. 즉 그는 서울로 잠입해 청진동 화홍여관에서 조선청년총동맹의 중앙집행위원인 차재정, 정종근, 곽양훈 등을 만나 서울 학생의 거사계획을 추진한 것이다. 그리하여 11월 중순부터 하순에 걸쳐 차재정 등이 출연한 70원으로 격문 8000매를 인쇄한 후 12월 2일 야음을 이용해 중동학교, 경성여상, 동덕여학교, 중앙고보 등 여러 학교에 살포했다.

또한 이와는 별도로 광주에서 장석천을 만나 사정을 파악하고 온 학생전위동맹의 곽유근 등이 인쇄한 격문 1800매도 경신학교와 중동학교에 살포되었다. 이때 서울 시내에 살포된 격문은 광주학생운동의 전국화를 위한 학생과 일반 대중의 총궐기를 촉구하고 있는 내용이다. 이 격문 살포는 서울 시내 학생들에게 커다란 자극이 되었고, 그 결과 광주의 항일학생운동은 그 무대가 서울로 옮겨져 더욱 격렬하고 폭넓게 전개되었다. 이 파장은 1930년 초까지 전국적으로 확대되었다.

이와 같이 광주학생운동은 배후조종이나 단순한 민족감정의 폭발이 아닌 사회주의 청년운동의 지도력이 학생들의 주체적인 투쟁역량과 결합하여 일어난 조직적인 운동이었다. 서울의 12월 투쟁은 조선학생전위동맹의 학생운동계열과 조선청년동맹으로 이어지는 청년운동계열의 지도하에 광주에서 올라온 장석천 등과 함께 협조체제를 유지하면서 투쟁이 이루어졌다.

이에 놀란 일경은 종로서에 총수사본부를 설치하고 '학생전위동맹사건'이라 하여 장석천과 차재정의 검거에 혈안이 되었다. 결국 일경에 발각된 그는 1929년 12월 5일 체포되었다. 장석천은 취조를 받던 중 왼쪽 양복바지 정강이에 단도를 숨기고 있다가 발각되어 더욱 심한 조사를 받았다.[7)]

그후 1930년 10월 광주지방법원에서 치안유지법, 보안법, 출판법 위반 등으로 징역 3년 6개월 형을 언도받았으나, 항소하여 1931년 6월 13일 대구복심원에서 징역 1년 6개월 형이 확정되어 옥고를 치렀다. 재판중에 그는 재판공개 금지를 결정한 재판장에 대하여 "공개 금지는 신경과민이 아닌가?"라고 부르짖으면서 재판공개를 주장하기도 했다. 그는 왕재일, 임종근과 함께 1931년 12월 14일 광주형무소에서 출감해 많은 동지들의 환영을 받았다.

출옥 후에도 계속 공산주의운동과 항일투쟁을 전개해 경성방직공장 종업원들에게 공산주의사상과 항일의식을 고취시켰으며, 소요 배후조종자로 일경에 체포되어 다시 2년 형을 언도받기도 했다. 그러나 혹독한 고문 때문에 열혈청년 장석천은 식민지 조국의 햇빛마저 등진 채 1935년 10월 18일 옥사했다. 죽음이 눈앞에 다가오자 그는 "유일한 혈육인 아들 옥선을 잘 길러 달라"고 면회 온 친지에게 부탁했다. 그러나 집안에서 아들의 양육을 거부해 그 뜻마저 이룰 수 없었다. 그 아들은 아버지의 높은 기개를 잃지 않고 살아가는지? 지금에 와서 그 혈육의 행방은 찾을 길 없어 한 서린 눈물 금할 길 없다.

그의 공훈을 기리기 위하여 정부는 1982년에 건국훈장 애국장을 추서했다. 특히 그의 고향 신지도에서는 그의 드높은 기상과 굽힐 줄 모르는 항일정신을 기리고자 항일운동 기념탑을 건립하려고 섬 주민 모두가 참여해 '한 끼 굶기운동'을 벌이면서 기념탑 건립 모금을 하고 있다. 기념탑이 건립되면 그의 민족해방정신은 다시 살아나 남쪽 끝 수평선 너머의 일본을 응시할 것이다.

그는 사회주의 청년운동가로서 조국의 독립과 식민지사회의 모순을 극복하고자 독서회 등을 결성하고 각종 소작쟁의, 노동쟁의를 지도하면서 굵고도 짧은 생애를 산 열혈청년이었다. 그의 지향은 항상 식민지 조국을 해방하고 새로운 민중권력의 창출하기 위해서 경제투쟁보다는 끊임없는 정치투쟁을 강조했다.

1) 동아일보, 1925. 11. 10. 장석천은 고등농업학교의 대표로서 황승홍, 김태훈 등과 함께 집행위원으로 선임되었다. 조선학생회에서는 일본 북해도 소준고등상업학교의 군사교안에 조선인과 무정부주의자를 가상의 적으로 했다는 사실에 대해 성토했다.

2) 김성보, 『광주학생운동과 사회주의 청년학생조직』 121쪽.

3) 광주학생독립운동 당시 광주 지역에는 성진회 이외에도 광주학생맹휴중앙본부(정동화), 광주여고보 소녀회(장매성), 광주학생독서회 중앙본부(장재성), 광주고보 독서회(김상환), 광주농업 독서회(조길룡), 광주사범 독서회(송동식)과 같은 비밀결사단체가 있었다.

4) 이는 1926년 당시 사회주의운동계에 큰 반향을 불러일으켰던 「정우회선언」, 즉 종래의 부분적 경제투쟁에서 대중적 정치투쟁으로 운동방향을 전환해야 한다는 내용의 선언을 조선청년동맹이 수용하고 이 운동방침을 변경함에 따라 청년회 성격의 변화가 있었다. 김성보, 같은 책, 124쪽.

5) 업무담당자는 다음과 같다.

담당업무	담당자	담당업무	담당자
광주 및 전국 학생 행동지도	장석천	직공 및 노동 단체 지도	박오봉
광주 한국인 학생 행동지도	장재성	외래 동지와의 연락	강석원
전남도내 지방 학생 행동지도	국채진	운동 자금 조달	나승규
전남도내 공립보통학교 교사와의 연락		임종근	

6) 이 조직에 실체에 대해서는 두 가지의 입장이 있다. 일본 경찰의 파악대로 이 단체는 제4차 공산당사건의 피의자로 도주중인 정관진, 김태래의 지도로 결성된 비밀 결사로서 서울의 17개 학교에 조직을 가지고 있는 방대한 조직이라는 것이다. 이 조직은 광주에서 시작된 항일학생시위를 12월 서울시위로 확산하는 데 이를 통일적으로 지도했다는 것이다. 강재언 편, 『광주항일학생사건자료』, 조선총독부 경무국, 360쪽. 이에 대하여 김성보는 검거자 자신의 진술을 토대로 작성한 「학생혁명당 예심서」를 근거로 1927년 봄 서울 숭인동 고학당 학생 이학종, 정관진, 김태래 3명이 모여 만든 학생혁명당의 후신으로 보고 있다. 이 단체는 단순한 학생운동의 차원을 넘어서 항일운동 및 노동운동의 지도자를 육성하고자 한 비밀 결사로 1929년 3월 말에 전위동맹으로 명칭을 변경했다는 것이다. 그리고 고학당 이외의 학교에도 세포 단체로 독서회를 둘 것을 결의했지만 중앙고보, 중동학교에만 독서회를 조직한 소규모 조직이라는 것이다. 김성보, 같은 책, 128~129쪽.

7) 동아일보, 1930. 1. 1.

장재성

광주학생운동을 민족운동으로 승화

1908년 전남 광주 출생
1926년 성진회 회계담당
1927년 일본 유학, 신흥과학연구회활동
1929년 독서회 중앙부 책임비서
1929년 광주학생운동사건으로 구속
1945년 청년동맹 전남총연맹 창립, 의장
1946년 전국민주주의민족전선 전남 대표

광주일고 교정을 들어서면 일제에 대항하여 독립운동에 몸 바쳤던 학생들을 추모하는 기념탑이 있다. 기념탑에 새겨진 동판화를 보고 있노라면 그날의 함성이 곧 이어질 것 같은 기분을 느낄 수가 있다. 일제하 광주학생운동은 분명히 어느 개인에 의하여 비롯된 것은 아니지만 한 선진 학생의 활동으로 조직적이고 장기적인 민족운동으로 성장할 수 있었다. 그 선진 학생이 바로 장재성(張載性)이다.

장재성은 1908년 광주군 광주면 금계리(현 금동 구시청 부근)에서 아버지 장원용과 어머니 최예언 사이에서 1남 1녀 중 첫째로 태어났다. 당시 그의 아버지는 광주면의 회계공무원으로 유복하지 않았으나 어렵지 않게 살았다. 이런 가정환경으로 광주서석국민학교를 졸업한 장재성은 광주고보에 진학한다. 여동생 장매성(張梅性)은 "오빠는 매사에 정열적이고 어떤 일이든지 한 번 뛰어들면 물불을 안 가리는 성격"이었다고 말한다. 이러한 그의 성격이 뒷날 학생운동을 이끌어 갈 수 있지 않았는가 짐작해 본다.

그렇다면 장재성 주도했다는 광주학생운동은 어떻게 전개되고 어떤 특징을 가지고 있는가? 일제하 광주학생운동을 평가하는 데 쟁점이 되는 부분은 '민족감정에 의한 순수한 학생운동인가, 아니면 사회주의 청년운동과 결합된 운동인가'이다. 이러한 쟁점은 당시 학생운동의 지도부를 이끌고 있었던 장재성의 재판자료와 시위의 전개 과정을 통해 규명해 볼 수 있을 것이다.

광주학생운동이 활발하게 진전되기 전부터 학생층 내부에서는 조직적인 준비가 있어 왔다. 그 하나가 1926년 11월 3일에 결성된 성진회다. 성진회는 광주고보에 재학중이던 장재성, 왕재일 등이 중심이 되어 조직했는데, 이것의 상층부로서 3차 조선공산당이 결성될 무렵 조공 전남지부 위원장인 강석봉과 청년학생부 책임위원인 지용수의 역할이 작용하면서 조직되었다. 이것을 뒷받침이라도 하듯 재판기록에는 조직의 목적이 "궁극적으로 조선 민족의 독립과 공산주의사회의 실현을 위해 우선 공산주의 이론을 연구하는 것"이라고 되어 있다. 성진회는 총무에 왕재일, 서기에 박인생, 회계에 장재성으로 결정하고 매월 두 차례씩 만나 사회과학 이론을 연구했다. 그후 모임의 비밀이 새 나가자 1927년 3월경 형식상 이 모임을 해체했다. 그러나 내적으로 모임은 계속되었으며, 졸업 후에는 다음 학년에 인계해 사회에 진출하면서도 계속 연결을 갖고 있었다.[1]

1927년 3월 광주고보를 졸업한 장재성은 도쿄 중앙대학 예과에 입학한다. 유학 시절에도 그는 조선에서와 같이 사회과학에 대한 관심을 갖고 계속 활동하고 있었다. 동경에서 그는 조선인 유학생의 연구 모임 중 하나인 '신흥과학연구회'에 가입해 활동했다.[2] 신흥과학연구회는 1926년 11월 결성되어 기관지 『신흥과학』을 발행하고 있었으며, 1928~1929 9년 당시 학생운동에 관한 이론에서 가장 높은 수준을 보여 주고 있었다.

또한 장재성은 유학중에도 성진회원들과 연계를 갖고 있어서 방학 때면 반드시 광주에 돌아와 일본에서 입수한 사회과학 서적들을 후배들에게 나

1937년 일본 유학생들과 도쿄YMCA에서 자리를 함께 했다. 앞줄 왼쪽 두번째가 장재성. 맨 오른쪽 흰코트 차림이 박옥희.

누어 주며 읽혔다고 한다. 그러던 중 1928년 이른바 '이경채사건'이 발생했고 동맹휴학 등의 방법으로 광주 지역에서 학생운동이 활발하게 전개되었다. 또한 이 시기에 4차 조공이 파괴되자 전남청년동맹 위원장인 장석천을 중심으로 재건작업에 착수했다.

1929년 광주학생운동이 확산되면서 학생운동의 통일적인 지도가 요구되고 있을 때, 일본에서 장재성은 6월 중순 귀국한다. 그는 성진회부터 이어져 온 독서회원들과 만나서 '독서회 중앙부'라는 비밀 결사를 조직했다. 독서회는 부서를 책임비서, 조사선전부, 조직교양부, 출판부, 재정부로 나누었으며 장재성은 책임비서로서 단체를 통솔했다.[3] 독서회 중앙부는 중앙 부원의 손으로 각 학교별로 독서회를 조직하고, 중앙부에 연락을 도모할 것과 학교별 결사원에게는 중앙부의 존재를 절대로 비밀로 할 것을 결의했다.

이에 따라 6월 하순 광주고보 학생 약 20명은 독서회를 조직하고 김상환이 대표를 맡는다. 또한 6월 하순 농업학교, 9월 중순 광주공립사범학교, 그리고 광주여고보에서도 장재성의 누이동생인 장매성이 중심이 되어 11월 '소녀회'라는 독서회가 조직되었다. 독서회가 조직되면서 이들은 독서회원의 친목과 단결을 도모하고 독서회 재정을 위해 소비조합을 결성했다. 이에 따라 기금을 모집해 9월 초순경 장재성의 이웃집에 빵집을 개점했으며, 이곳을 독서회원들의 집합장소로 이용했다.[4)]

그해 11월 3일 조선인 학생들과 일본인 학생이 충돌하는 사건이 발생하면서 1차 시위가 일어났다. 이 시위로 조선인 학생 수십 명이 체포되었는데 장재성은 이에 대한 조직적 대응을 모색한다. 장재성은 당시 청년동맹 간부 장석천, 강석원, 박오봉, 나승규 등과 수차에 모임을 갖고 이를 계기로 광주만이 아닌 전국적 차원에서 항일운동을 일으키기로 의견을 모았다. 이에 따라 시위를 결정하고 장재성은 광주고보 오쾌일 등 3명, 사범학교의 이신형 등 2명, 농업학교의 조길룡 등 2명과 연락을 취하며 시위를 지시했다.

드디어 11월 12일 수업종을 신호로 학생들은 일제히 교문을 뛰쳐나가 '식민지적 노예교육제도를 철폐하라' '일본 제국주의를 타도하자' '피압박민족만세' 등의 구호를 외치며 거리로 쏟아져 나왔다. 이에 따라 각 학교에 결성되어 있던 독서회원들은 수백 장의 유인물을 뿌리며 시위를 주도해 나갔다. 이 과정을 총지휘한 것은 물론 독서회 중앙부의 장재성이다. 결국 교육개선의 요구와 맹휴 등으로 전개되던 학생운동을 조직적인 항일시위로 발전시킬 수 있었다. 그후 광주학생운동은 여기서 그치지 않고 전국적으로 확산되어 각급 학교의 동맹휴교, 시위운동으로 이어졌다. 12일 시위가 발생한 후 장재성은 260여 명의 학생들과 함께 구속되었다. 그는 대구복심법원에서 4년 형을 선고받았는데, 이것은 학생운동 관련자 중 가장 많은 형량이다.

시위 며칠 전인 10월 26일 동생 장매성의 소개로 결혼한 부인은 그의 수감과 함께 신혼의 단꿈도 꾸지 못하고 일제의 탄압을 겪었다. 당시 동아일보 1932년 11월 6일자에는 "광주학생사건이 3년이 되는 지난 3일 …… 학생사건의 주모자 장재성의 부인 박옥희 여사와 강해석 외 7명의 청년을 검거 …… 학생사건이 일어난 지 3주년이 됨으로 예비검속 ……"이라고 적혀 있다. 광주학생운동에 대한 여진이 이때까지도 이어지고, 탄압이 가족에까지 있음을 확인해 볼 수 있다.

1934년 출소한 장재성은 부모의 권유로 학업을 위해 다시 일본 유학길에 올라 상경과를 졸업한다. 이때 부인 박옥희도 일본에서 2년제인 기예학교를 마쳤다. 일본에서 생활 역시 계속 경찰의 감시가 따랐으나 신흥과학연구회에서 활동을 하면서 사회과학 서적을 탐독했다. 이것은 다시 그가 형무소에 수감되는 사건으로 이어진다. 즉 그는 이 시기에 도쿄에서 신흥과학연구회 활동과 관련해 1937년 무렵 구속되어 경남 왜관으로 이송된 뒤 미결인 채로 3년간이나 감옥생활을 했다.[5)]

1940년 초 조선일보 광주지국을 운영했으나 곧 그만두었으며, 서클 수준에서 활동을 전개하지만 별다른 진전은 없었다. 이 기간중 장재성은 제2차 광주학생사건(1943)과 간접적으로 관련을 맺고 있었다고 한다. 즉 광주고보 후배들이 독서회를 만들겠다며 선배인 장재성을 찾아와 독서회의 명칭을 묻자 '무등회'로 명명해 주었다 한다.

일제 말에 이르러 탄압이 거세지면서 항일운동은 위축되었고, 사상범들에 대한 일제의 회유책이 시작되었다. 장재성의 경우 일제 당국이 장성군 진원면에다 양조장사업을 알선해 주어 1943년부터 해방까지 2년간 일을 한 것으로 가족들은 증언한다. 여기서 그는 마을 청년회를 만들어 함경도 장진까지 20~30명의 학생들을 데리고 가 봉사활동을 했다고 한다. 그런데 이 시기는 전시체제로서 극도의 탄압이 있었고, 애국반(愛國班)이라는 이름으로 조선인의 노동력을 강제로 동원하고 있었다. 따라서 이때의 활동은 이것과 관련이 있다고 추론할 수 있다. 하지만 학생운동사건 이후 이 모든 행적이 자료로 확인되지 않는 사실이다.

그는 해방 이후 청년동맹 전남총연맹에서 활동했다. 광주민보 1945년 12월 2일자에 따르면 "광주에 청년동맹 결성 오늘 대회 개최, 광주 청년들은 …… 공화극장에서 …… 의장은 장재성 씨로 하여 …… 발기안에 대하여 열렬한 토론을 했다"는 기사가 있어 당시 행적을 추적할 수 있다. 그 후 1946년 5월 청년동맹은 민주청년연맹으로 개편된다. 이와 함께 그는 1946년 2월 15일 서울서 열린 전국민주주의민족전선 결성대회에 전남 대표 14인 가운데 한 명으로 참가했다. 장재성은 전남 민전 준비위원회에서 총무부 소속으로 활동하지만, 그후 민전의 부서 선임시 배제된다. 해방과 함께 자신이 잠시 전향한 것이 커다란 짐이 되었는지도 모른다.

그후 장재성은 1948년 '해주인민대표자대회'에 참석한 것으로 알려졌다. 해주대회 대의원 명단에는 그의 이름이 없기 때문에 실제로 그가 참여했는지는 확인되지 않고 있다. 그러나 가족의 증언에 따르면 해주대회에 참여한 것으로 전해지며 이를 위해 월북했다고 한다. 1949년 7월 일본을 경유하여 돌아온 장재성은 체포되어 7년 형을 언도받고 광주형무소에 수감된다. 그때 1950년 6·25가 발발하자 경찰은 후퇴하면서 교도소에 수감되어 있는 사상범들을 지산동 뒷산에서 집단 처형하는데 이때 장재성도 사망했다. 파란만장한 삶을 끌어안고 43년의 생을 마감한 것이다.

1962년 3월 1일자 한국일보에는 "건국공로 훈장 대상자 장재성 포상 취소, 내각 사무처는 건국공로 훈장을 받게 될 206명 중 장재성을 취소 ……" 라고 보도했다. 장재성의 행적을 돌이켜 보건대 약간의 오점이라고 할 만한 행위도 있었다. 그러나 그는 분명 한국 근대사의 한 부분에 자리 잡고 있다. 그러나 광주학생운동의 중심이라는 점에도 불구하고 반공이데올로기의 그늘 속에서 다시 한 번 재단당한다. 이와 함께 지금까지 조명받지 못하고 역사 속에 묻혀 있다.

1) 광주학생독립운동동지회, 『광주학생독립운동사』, 1974.
2) 박찬승, 「광주항일학생운동의 정치사상적 배경」, 한국현대사 사료연구소, 『전남사회운동사 연구』, 한울, 1993.
3) 박찬승, 앞의 글.
4) 광주학생동립운동동지회, 같은 책.
5) 이재의, 『호남인물사』, 광주일보사, 『예향』, 1993년 2월호.

정동화

곡성 농민운동의 중심 인물

1905년 전남 담양 출생
1928년 이경채사건 때 동맹휴학 주도, 구속
1929년 전남청년연맹 위원
1930년 전남노농협의회 가입, 활동, 구속
1945년 담양군 인민위원회 조직
1945년 전국인민위원회 대표자 대회 곡성군 대표

옥과는 순창군 유등면, 담양군 무정면, 곡성군 오산면 등 3개 면이 둘러싸여 있어 교통의 중심지로서 독자적인 하나의 생활권을 이룰 수 있었다. 곡성군 옥과에는 일제하에서 해방 직후까지 사회운동에 투신했던 사람 중에 정동화(鄭東華)라는 사람이 있다. 그가 태어나고 자랐던 곳이 옥과와 인접한 담양군 무정면이었기에 그의 중요한 활동무대는 옥과가 되었다. 정동화는 일제시대부터 해방 직후까지 농민운동 등에서 보여 준 커다란 활동에도 불구하고 그가 공산주의와 연계를 갖고 있었던 까닭에 아직까지도 정확한 조명을 받지 못했고, 이제는 세인들의 기억 속에 잊혀져 가는 인물이다.

정동화는 정준영(鄭俊永)의 4남 1녀 중 차남으로 1908년 1월에 태어났다. 그의 가정은 유복하지는 않았지만 농촌에서 중농 정도의 생활을 할 수 있었다. 정동화는 어릴 때는 서당에서 공부를 했다. 그러나 일제하에서 일본을 이기는 길은 배움에 있다면서 늦은 나이인 18세에 이르러서야 광주고보에 입학한다. 배움에 대한 열의가 매우 강해 밤을 새워 가며 공부를 했고, 그의 어머니는 아들의 방에 새벽까지 켜져 있는 호롱불로 밥 짓는 불을 붙였다고 한다. 또한 곡성에서 광주까지 통학을 했는데 통학할 수 있는 교통수단인 기차를 타기 위하여 무정면에서 곡성읍까지 12km에 이르는 길을 뛰어다녔다. 이것은 그가 광주고보 시절 한때 마라톤선수로 활약했던 계기도 되었다.

정동화가 암울한 일제시대를 살면서 사회운동에 투신하는 계기가 된 것은 두 가지로 요약할 수 있다. 첫째, 정동화는 후일 처 외숙이 되는 국기열에게서 민족주의적인 영향을 받았다. 국기열은 그의 친구인 허진환(광주학생운동 관련자)의 외숙인데, 허진환이 국기열을 자주 만나게 됨에 따라 그의 영향을 받게 된 것이다. 둘째는 한국 공산주의운동사에서 커다란 획을 그었던 이정윤을 들 수가 있다. 이정윤은 순창군 유등면 출신으로 이곳이 옥과와 인접하고 처가가 옥과였던 까닭에 그의 청년 시절 활동무대도 옥과였다. 정동화는 이정윤을 만나게 되어 그에게서 사상적인 영향을 받았다. 또한 좌익세력 한 부분 중 이정윤이 속한 노선에서 활동했다. 특히 학생 시절 일제에 대한 적개심과 일제에 대항하는 방법으로 공산주의운동을 생각하고 있던 정동화는 이정윤과 만남이 사회주의사상이 자라는데 그야말로 좋은 토양이 되었다. 이러한 연유로 그는 암담한 조국의 현실에 관심을 갖고 운동에 투신한다.

정동화가 운동에 참여하는 시점은 1920년대 말 광주학생운동사건부터다. 정동화가 재학 시절 사회과학에 관심을 갖고 학습하던 중, 1928년 여름 광주고보에서는 '이경채사건'이 발생한다. 이 사건으로 광주고보생들은 동맹휴학을 단행하고 일제에 저항하는데, 정동화가 주동자 역할을 한다. 이 맹휴로 정동화 등 27명은 퇴학 처분을 받고, 경찰에 출판법, 보안법, 폭력행위 등 처벌에 관한 건으로 구속된다. 이들은 광주지방법원에서 이 사건으로 재판을 받는데, 정동화는 징역 10월을 선고받는다. 또한 그의 처남인 허진환(당시 3년) 역시 이때 일어난 배반자응징사건과 관련해 징역 8월을

선고받는다.[1]

1929년에 수형생활을 마치고 출감한 정동화는 학생 신분에서 사회운동가의 신분으로 전환했다. 그는 1929년 전남청년연맹에 가입하고, 청년연맹 위원으로 선출되었다.[2] 이것은 그가 이정윤과의 만남으로 공산주의와 관련을 갖고 사회운동으로 나아가는 첫 신호인 것이다. 이러한 활동과 함께 다른 단체에서도 활동을 전개하는데 이것이 '전남노농협의회'다.

협의회는 조선공산당 재건운동의 일환으로 일제에 강력히 대항하기 위하여 조직된 단체다. 전남 지역에서는 당시 분산적으로 존재하고 있던 15개 운동 단체를 규합해 약 120명이 '전남노농협의회'를 결성한다. 1931년 12월 29일 광주에서 10여 명이 회합해 전남사회운동의 지도기관으로 전남노농협의회를 조직한 것이다. 정동화도 협의회 책임비서인 김호선의 권유로 가입하고 조직의 핵으로 활동한다.[3] 협의회는 적색농민조합을 조직, 지도해 농촌에서 농계 및 소비조합 등을 표면화하면서 이면에서는 사회주의 사상을 형성해 영암, 남평, 벌교, 옥과 등지에서 소작쟁의를 주도했다.

정동화가 몸담고 있던 '옥과노동회'도 이 단체에 가입해 활동한다. 옥과노동회는 명칭은 노동회지만 실질은 농민 단체로서 거의 유명무실한 상태에 있었다. 그러던 중 1930년 9월 이 노동회에 정동화, 한덕명이 가입하여 간부로 활동하고, 1931년 11월 경성으로부터 이정윤의 지도를 받으면서 노동회는 확대되기 시작한다. 그 결과 옥과노동회는 회원 1900명을 망라하는 조직으로 발전했고, 곡성 지역에서 농민을 위한 각종 문제에 개입했다. 정동화는 이것을 기초로 혁명적 농민조합을 조직하려고 했고, 또한 그것을 바탕으로 '노농협'의 세포로 만드는 데 노력했다.[4] 한편 정동화 등은 노동회의 성장된 힘을 바탕으로 눈부신 활동을 전개했다. 그러한 대표적인 활동 중의 하나가 지주의 쌀을 어려운 농민들에게 강제분배한 사건이다. 이 사건은 당시 동아일보 1932년 7월 27일자에 잘 나타나 있는데 그 내용은 다음과 같다.

정동화 등 옥과노동회는 춘궁을 당하여 극도로 궁항에 빠진 농민을 위해 곡성군 입면 삼교리 사는 백모가에 보관중인 지주 김모의 정조 60여 석을 일반 농민에게 강제분배 …….

이를 계기로 옥과노동회는 경찰의 주목을 받았다. 그러던 중 1932년 2월부터 '전남노농협의회'는 광주 경찰서에 발각되면서 김호선 등 117명이 피검되고, 1934년 광주지방법원에서 재판에 회부된다. 물론 옥과노동회의 핵심 인물인 정동화, 이정윤, 김재룡, 한덕명 등도 피검되었다. 이 사건으로 노동회는 경찰 당국으로부터 불온 단체로 해산명령을 받는다.[5] 그리고 정동화는 이 사건으로 2년 형을 선고받았다.

그후 형무소에서 출감한 정동화는 동아일보 곡성지국장을 운영했다. 또한 광주고보 시절 절친하게 지내던 허진환의 여동생 허정순과 30세에 이르러 늦게 결혼한다. 허진환의 집을 오랫동안 자주 다니던 것이 인연이 된 것이다. 결혼과 일제의 계속된 탄압으로 인해 정동화는 1938년 광주로 이사한다. 여기서 그는 운동을 쉬면서 보험 외판원을 한 것으로 전해진다. 그후 그는 일제의 사상범에 대한 탄압으로 1944년도에 고흥군 금산면으로 8가구와 함께 이주했한다. 일제의 사상범 관찰대상으로 강제이주를 당한 것이다. 고흥에서 그는 광산을 하면서 또 한편으로는 집에 야학을 만들어 동네 청년들을 가르쳤다. 고흥에서 이러한 활동으로 그의 집에는 항상 많은 청년들이 드나들었으며 여기서 정동화는 젊은이들에게 한글과 당시 우리 나라의 현실을 가르쳤다고 그의 아들은 말한다. 그후 해방을 맞으면서 그는 곡성으로 돌아왔다.

해방과 함께 자주민족국가 수립을 위한 움직임이 전국적으로 활발하게 진행되면서 건국준비위원회가 설립된다. 곡성군에서도 건준이 조직되지만 곡성읍은 일제부터 우익이 우세했고, 일제에 대한 저항의 중심지가 옥과였던 까닭에 우익 중심의 건준이 조직되었다. 1945년 8월 22일 곡성에서는 위원장 신태윤을 비롯해 대부분 우익인사들이 건준을 조직한 것이다. 그후 건준은 인민위원회로 개편되는데 곡성은 인민위원회로 개편되지 못했다. 우익진영이 지배적으로 건준을 유지하고 있었기 때문이다. 그러나 일제하 운동에서 주도적으로 활동해 온 옥과 출신들을 중심으로 독자적인 인민위원회가 조직된다. 정동화, 김용표, 김영태, 박귀남, 유병섭, 정태호 등의 좌파세력들이 9월 말경 별도로 인민위원회를 조직한 것이다. 이러한 인민위원회의 실질적인 지도자는 정동화였고, 정동화는 1945년 11월 전국인민위원회대표자대회에 박귀남, 유병섭 등과 함께 곡성군 대표로 참석했다.[6] 그러나 곡성에서는 우파세력이 워낙 강했기 때문에 눈에 띄는 활동을 전개할 수 없었다. 특히 건준 내의 반공적 인사들의 물리적 위협은 인민위의 활동을 위축시켰다.

이러한 활동과 함께 그는 해방 직후 다른 활동에도 매우 적극적으로 나섰다. 그것은 그가 일제하부터 관심을 갖고 뛰어다녔던 농민운동이다. 정동화는 인민위원회의 활동과 함께 전국농민총연맹에서도 활동했다. 1945년 12월 8일 전국농민조합총연맹 결성을 알리는 전국 대회가 열리는데 정동화는 여기서 전남의 정태송, 최상호 등과 함께 중앙집행위원에 그리고 전남 대표로 선출되었다.[7] 이러한 대외적인 활동뿐만이 아니라 그는 곡성지역에서도 전농 조직에 박차를 가하면서 면 단위까지 조직을 침투시키고 있었다. 이러한 활동과 함께 그는 농민들을 대상으로 비밀 학원을 설립해 운영했다. 무정면 등용마을 뒷산에 소규모 학원을 열고 농민들에게 사상교양을 시킨 것이다. 이 학원의 운영은 일제하부터 그의 권유에 따라 운동에 참여한 허중화와 같이 운영했다. 이들은 훗날 좌익진영이 경찰과 미군정의 탄압을 받으면서 입산을 하는데, 이 학원 출신들이 대부분 입산한 것으로 전해진다.

그후 정동화의 행적은 정확히 확인되지 않고 두 가지로 전해진다. 한편에서는 정동화가 사로계에 속한 좌익이었다는 것이다. 해방 공간에서 좌익진영인 조공, 신민당, 인민당은 힘을 하나로 결집시키기 위하여 1946년 9월 3당 합당을 단행하는데 조공세력 중 소위 '대회파'는 3당 합당을 반대하고 새로운 형태의 당을 1946년 10월 결성했다. 이때 정동화는 이정윤이 대회파로서 '사회노동당(사로계)'에 참여한 까닭에 그도 여기에 참여한 것으로 전해진다. 특히 이정윤의 영향하에 놓여 있던 곡성의 경우가 대부분 사로계에 참여했다고 한다. 그는 사로계에서 전남도당을 맡았다. 다른 한편에서는 정동화는 3당 합당에 적극적으로 참여하면서 곡성군당을 맡고 있었으며 남로당과 북로당이 합당할 때 여기서 강석봉, 이기홍 등과 같이 제외된다는 것이다. 그후 남로당과는 또 다른 선인 북한에서 직접 내려온 '성시백 선'이 있는데 정동화는 이 선으로 연결되었다고도 한다. 성시백 선은 남한 군경 안에도 프락치를 심어 놓고, 또한 남로당도 감시하면서 정보수집을 했다고 한다.

진위는 알 수 없지만 아무튼 그후 경찰에 계속 쫓기던 정동화는 서울에서 1948년 검거되고 곡성으로 압송된다. 한편 정동화에 이어서 장중화가 곡성군당을 맡고 있었고, 이때부터 군경의 좌익탄압이 본격화되면서 좌익 세력들이 모두 입산하게 되는데 허중화도 역시 입산한다. 이때 정동화에게서 사상 교육을 받았던 장중화 등 입산한 사람들이 계속 경찰서를 공격하면서 정동화를 구출하려고 하자 경찰은 1949년 8월 11일 그를 고달면 섬진강 백사장에서 총살했다. 역사의 무대에서 총성과 함께 사라져 간 것이다. 이제는 그의 아들의 한 마디만이 귀에 들려올 뿐이다. "아무리 좌익에 관련되었다고 정당한 절차 없이 사람을 바로 죽일 수 있는가?"

1) 광주학생독립운동동지회, 『광주학생독립운동사』, 1974.
2) 김점숙, 「1930년대 전반기 전남 지방 조공 재건운동 연구」, 이화여대 석사학위논문, 1992.
3) 전남노농협의회 재판자료.
4) 이기하, 『한국공산주의운동사』.
5) 김점숙, 앞의 글.
6) 안종철, 「해방 직후 건국준비위원회 지방 조직과 지방 인민위원회에 관한 연구」, 전남대 정치학과 박사학위논문, 1990.
7) 김남식, 『남로당연구1』, 돌베개, 1986.

정충조

여수 노동운동의 중심 인물

1909년 전남 여수 출생
1933년 조선공산당 재건 전남동맹
1934년 체포, 징역 5년
1945년 인민위원회 순천 군당위원장
1948년 월북

전남 지역의 사회운동사를 돌이켜 볼 때, 조금 색다른 곳이 여수 지역이다. 지금까지의 연구에 따르면 일제하 여수 지역은 이웃 순천에서 빈번하게 발생했던 농민운동이 일어나지 않았으며, 조직적인 사회운동이 시작된 것도 1929년경으로 다른 지역에 비해서 조금 늦은 편이었다. 한편 1930년대의 전남 지역은 노동운동이 전국적으로 가장 활발했던 지역으로 알려져 있으며, 그때 형성되었던 조직력이 해방 이후 여순사건 때까지 온존되었던 지역이기도 하다.

이러한 사정은 일제하 여수 지역의 사회경제적 환경에 기인한다. 여수는 원래 일찍부터 항구가 발달했지만, 일제 초기에는 미미한 포구로 전락했던 곳이다. 그러다가 1920년대 말 조선에 대한 일본의 투자가 확대되면서 여수항은 다시금 국제적인 무역항으로 성장하게 되었다. 이는 1930년 12월 25일의 전라선 개통, 일본 시모노세키와 연락선 취항 등에서 상징적으로 나타난다. 이후 1931년 4월 1일 여수읍으로 승격되었고, 인구도 1926년의 1만 3176명에서 1935년에는 2배인 2만 6863명, 1940년에는 3배 가까운 3만 7814명으로 늘어나는 등 급속한 도시화와 함께 공업화가 진행되고 있다. 1930년대 여수 지역 노동운동의 급속한 성장은 이러한 사회경제적 배경이 그 밑에 깔려 있는 것이다.

이러한 여수 지역의 사회운동사에서 매우 특이한 인물이 정충조(鄭忠朝)다. 그는 1932년 여수 지역의 사회운동에 갑작스럽게 등장해 곧바로 최고 책임자의 지위에 올랐으며, 해방 이후에는 순천 지역 노동운동의 명실상부한 최고 지도자로 활동했다. 그러나 그 이후 1948년 여순사건에 이르기까지 그의 이름은 어디에서도 찾을 수 없다. 다만 여순사건 이전에 월북했을 것이라는 말만 전해질 뿐이다.

정충조는 전남 여수군 소라면 현천리에서 정영태의 큰아들로 1909년에 태어났다. 그는 어린 나이에 2대에 걸쳐 손이 없던 종가의 대를 잇기 위해 당숙이 되는 정영석의 양자로 들어갔다. 정영석 역시 대를 잇기 위해 정충조의 양할아버지가 되는 정창현의 양자로 들어간 사람이었다. 정창현은 자신의 대에서 천석꾼 재산을 일으킨 사람으로 인근에서 가장 부유했다고 알려져 있으며, 조정의 제사를 주관하는 직책에 있었다고 하여 지금껏 '전사'라고 불리는 사람이었다. 이런 집의 종손으로 들어갔기 때문에 정충조는 어릴 적부터 한학을 공부할 수 있었고, 나이가 들면서도 신학문을 배울 수가 있었다.

정충조의 학력을 보면 자신의 고향인 소라면에서 사립제일학원을 졸업하고, 경성으로 올라가 사립휘문고등보통학교에 입학한 것으로 나타난다. 그는 휘문학교 재학 때부터 당시 유행하던 공산주의 관련 문헌을 탐독하기 시작했고, 그 결과인지 3학년 때 중도 퇴학을 당하게 된다. 이후 그는 일본 도쿄로 건너가 사립정칙영어학교에 입학하고 약 1년간 그곳에서 공부를 했다. 그의 일본생활은 현재 알려진 바가 없으나, 그후의 행적으로 보아 이때 그의 사상적, 조직적 기반이 형성되었던 것으로 보인다. 1927년 2월경 조선으로 돌아온 그는 곧바로 항일운동에 뛰어들지 않고 화순군 혹은 광주에서 기업상회, 철공소 등을 경영하는 등 다른 일에 종사했다. 아마도 이 시기에 자신의 인생방향을 모색했던 것 같다.

현재 알려지기로 정충조의 사상과 운동에 가장 큰 영향을 준 사람은 당숙이 되는 정영한이다. 일경의 문건인 『사상휘보』 8호에 따르면 정충조는 1931년 6월경부터 정영한의 지도를 받아 점차 좌경 문헌을 탐독, 연구했다고 한다. 정영한은 1933년 3월에 조직된 조선공산주의자 통일동맹(조선공산주의자 협의회 동경연락원인 이기택과 정희면 주도)의 도 조직인 조선공산당 재건 전남동맹의 서기부와 농민부 책임자를 역임했던 인물이다.

여기서 1930년 무렵 여수 지역의 사회운동을 살펴보자. 여수 지역에서 처음 조직적인 운동이 등장한 것은 1929년 8월경으로 광주학생운동 관련자인 여도현이 공산주의 선전과 동지규합을 목적으로 독서회를 조직하면서부터다. 이 조직은 그가 체포된 뒤 김영균(소련 원동대학 졸업), 김용환, 장평완, 박호영 등이 주도했던 제2회 독서회로 이어졌다. 이와 함께 여수수산학교에서는 윤경현, 이용기 등 14명의 학생들이 독서회(여수수산학교 맑스주의 연구회)를 조직해 활동하다가 1931년 8월 4일 체포되는 사건이 발생하기도 했다.

이러한 상황에서 1932년 조선공산당사건으로 복역, 출옥한 이창수가 여수로 오는데, 이는 여수 지역의 항일운동이 활성화되는 계기가 되었다. 이창수는 여수 지역의 활동가들과 이론투쟁을 계속한 결과, 여수 공산주의운동의 침체가 전위분자들의 열성 및 의식 부족의 소산이며, 조직 방법의 오류로 인해 활동가와 노동 대중이 격리되었기 때문이라는 결론을 내렸다. 그리고 그러한 상황을 타개하기 위해 1932년 7월 활동가 10여 명이 의암산원(?) 해안에서 모여 국제적색노동조합 테제에 충실한 여수 적색노동조합 준비회를 조직한 것이다. '노동자, 농민을 공산주의적으로 교양·훈련해 공산주의운동의 진전을 도모하는 것'을 당면 임무로 하는 이 조직의 책임비서에는 정충조가 선출되었고, 교통, 운수 등 노동 분야별 부서는 김용환, 박채영, 여운종, 주원석, 장평완, 이창수, 오우홍 등이 담당했다.

이후 이들은 각자 담당 부문에서 동지 획득에 주력하는데, 별다른 활동을 전개하지 못한 상황에서 1932년 10월 조직원간의 감정대립이 문제가 되어 조직이 해체되기에 이른다. 이 상황을 타개하기 위하여 정충조는 여수읍 덕충리에 근거지를 두고 별도의 활동을 벌이고 있던 하순철 등의 '여수 적색노동조합 준비회'와 제휴해 조직을 정비하고 활동을 재개했다.

이들의 주요 활동은 대략 노동운동과 청년운동으로 나누어진다. 먼저 이들 '적노 준비회'는 각 부문마다 직업별 노동조합을 조직하는 한편, 의식화된 인자들을 여항운수노동조합과 천일고무공장 그리고 각 정미소에 잠입시켜 선전활동과 함께 노동조건의 개선을 요구했다. 그 결과 1932년 9월에서 11월 사이에 천일고무공장에서 세 차례에 걸쳐 파업을 주도했고, 임금인하 반대투쟁을 선동했으며, 여항운수주식회사에서는 감독배척 파업을 일으키는 등 각종 노동운동을 주도하고 있었다. 또한 적색노조를 조직하기 위한 준비작업의 일환으로 각 공장 및 직장을 단위로 하는 독서회 결성을 시도하는 등 갖가지 활동을 전개했다. 당시 이들은 원활한 활동을 위해 조합원들에게 회비를 징수했는데, 매달 노동자는 20전, 농민은 10전씩을 추렴하고, 그 대가로 인쇄물의 배부, 교양과 훈련을 지도했다 한다.

한편 이들 '적노 준비회'는 1932년 12월경 청년들의 교양과 훈련을 위하여 제2 독서회를 중심으로 여수청년회관에 사회과학연구회를 조직했다. 이 연구회의 주된 활동은 청년회관에 도서부를 설치해 청년들을 교양시키는 한편, 이들 청년들을 조직 안으로 흡수하는 것이다. 또한 연구회의 역량이 강화되자 적노 준비회는 연구회를 발전적으로 해체하고, 기존 조직을 근간으로 여수청년전위동맹을 조직하기도 했다.

이 시기 정충조는 전국 단위의 조직에도 매우 주도적인 위치에서 참여했다. 그는 1932년 11월 정영한, 이기택 등과 만나서 통일적인 중앙당 결성을 합의하고, 1933년 5월 초 순천읍에 있는 정병권의 방에서 조선공산당 재건 전남동맹을 결성했다. 이 조직은 전남노농협의회를 계승한 조직으로 노농협의 지도 조직인 조선공산주의자협의회의 후계 조직화 과정에서 조직된 것이다. 여기서 나온 기관지가 『적기』인데, 당시 정충조는 적기 창간 준비호와 창간호를 광양의 김완근, 영암의 이창희, 나주의 김석훈, 부산의 조병섭에게 배포했다고 한다. 정충조는 전남동맹 반제부 및 자금부의 책임자였는데, 그가 동맹의 강령을 작성한 것으로 보아 그의 주도적인 위상을 알 수 있다. 전남동맹에는 그 외 핵심 조직원으로 정영한, 선동기 등이 있었다.

그러던 중인 1933년 1월 정충조가 여수군 소라공립학교의 등사판을 훔친 것이 계기가 되어 관련자 100여 명이 검거되는 사건이 발생했다. 이때 정충조는 탈주해 이름을 바꾸고 제주, 부산, 대구 등지로 돌아다니며 공산주의운동을 계속했다. 당시 그는 처음에 제주도로 피신했다고 한다. 그후 부산으로 건너온 그는 제주도 출신 여성운동가인 박보홍, 장경렬 등과 함께 丸大고무공장의 직공으로 취직해, 직공들을 의식화하고 동맹파업을 지도하는 등 운동을 계속했다. 이러한 활동으로 체포될 위험이 있자, 그는 일행과 함께 대구로 탈출했다. 대구에서도 지하운동을 전개하던 중 결국 1934년 6월 달성군 구지면 정수암에서 일행 3명이 함께 체포되고 말았다. 이후 광주로 압송된 그는 여수의 동지들과 함께 재판에 회부되었는데, 1936년 6월 29일의 선고공판에서 징역 5년이 언도되었다. 다른 사람의 형량이 징역 8월에서 2년 사이였던 것을 생각하면, 조직에서 그의 역할이 얼마나 컸던가를 쉽게 짐작할 수 있다.

감옥에서 나온 정충조는 이후 해방되던 날까지 순천에 거주했다. 그는 옥천다리 옆에 있는 일본인 집에 살면서 농업학교 앞에 있는 과수원을 경영했다고 한다. 이때 그가 조직활동을 했는지는 불확실하다.

해방 이후 순천 지역은 김양수를 중심으로 한 우익진영에서 건준을 장악하고 있었다. 이러한 우익 중심의 건준에 가장 강력하게 저항한 세력이 순천 지역 노동조합평의회였는데, 당시 이 조직의 위원장은 정충조였다. 이들은 일본인의 사찰이었던 순광사(현 오순절교회 자리)에 사무실을 설치하고, 치안대의 기능까지 담당하고 있었다. 그러다가 김양수 등이 9월 25일 전국 최초로 한민당 순천지부를 결성하면서 건준을 해체하자 9월 말경 이들이 중심이 되어 인민위원회를 새로 조직하게 되었다. 여기에 참가한 인사로는 김기수(위원장), 정충조(부위원장), 손남삼, 박만고, 이석모, 장남현, 오경심, 정영한, 이영민 등이었다. 한 증언자는 당시 순천 군당위원장이 정충조였다고 한다. 아무튼 해방 직후의 상황에서 정충조는 순천 지역 좌익의 명실상부한 최고 지도자였던 것이다. 오죽하면 김양수는 "정충조만 없다면 순천은 내 마음대로 할 수 있을텐데"라고 했다 한다. 그러던 중 1946년 말에서 1948년 초에 이르는 시기에 그는 월북했다. 조여 오던 미군정과 경찰의 탄압을 피하기 위해서다. 이후 그의 소식은 전해지지 않았다.

정충조, 그는 급진적인 항일운동에 투신했던 경력과는 달리 매우 소탈하고 포용력이 있었다고 한다. 과수원을 경영하던 시절에는 고용된 사람들과 함께 일하고 어울렸으며, 독실한 기독교 신자였던 그의 어머니를 가장 잘 이해한 사람도 그였다고 한다. 일제 말기 여순 지역을 대표하는 항일운동가요, 해방 이후에는 순천 지역 좌익의 대표적인 지도자였던 정충조. 그러나 이 모든 것이 여순 지역의 독특한 역사적 경험에 가려 제대로 평가받지 못하고 있는 실정이다.

정해룡

중도 민족주의와 혁신계

1913년 전남 보성 출생
1947년 근로인민당(당수:여운형) 중앙위원
1960년 사회대중당 창당준비위원
1960년 통일사회당 입당
1961년 '5 · 16쿠데타' 직후 '특수반국가행위'라는 죄목으로 구속됨
1967년 대중당(당수:서민호) 전당대회 의장 겸 정치훈련원장
1969년 사망

해방 이후 우리 나라의 현실은 단지 통일을 주장하는 것조차도 용공분자로 낙인찍힐 정도로 중도세력이 존재하는 것 자체가 어려운 실정이었다. 그런 왜곡된 현실에서 평생 중도 민족주의노선만을 추구하다가 한 번도 자신의 뜻을 펴지 못하고 사라져 간 사람들이 있다. 그 중 전남 지역에서 대표적인 인물이 봉강(鳳崗) 정해룡(丁海龍)이다. 그는 일제하에서는 널리 알려진 인도주의자요, 민족주의자였으며, 해방 후에는 몽양 여운형을 존경하며 따르는 정치인으로 통일운동의 맥을 잇고자 노력한 혁신계 인사였다.

그는 1913년 7월 2일 보성군 회천면 봉강리에서 정종익의 장남으로 태어났다. 그의 집안은 봉강리에서만 13대를 이어 내려온 영광 정씨 문중의 종가로, 할아버지대에 가산을 일으켜 1년에 3000석을 수확했다는 천석지기 부자로 알려져 있다. 그는 7세 되던 해에 아버지를 여의고 할아버지 슬하에서 성장했다. 완고한 할아버지는 집에 독 선생을 모셔 놓고 그에게 한학을 가르치면서도, 신학문을 접할 기회는 허락하지 않았다. 그러나 그에게도 당시 성행하기 시작한 서양학문에 대한 열정이 있었고, 결국 1929년부터 와세다대학 강의록을 통해 그것을 배우기 시작해 소정의 과정을 수료했다. 또한 그의 동생인 정해진에게 신학문을 익히게 하여 경성제대를 거쳐 동경제대 대학원까지 수료(철학 전공)하게 했다.

아마도 이렇게 스스로 배우고 익히는 과정에서 그는 민족의 현실과 인간애에 눈을 뜬 것 같다. 그는 17세이던 1929년 대흉년이 들어 인근에 아사자가 속출하자 조부 명의로 곡식 수백 석을 면민에게 희사했다. 이와 같은 궁민에 대한 구휼활동은 이후 1943년의 대흉년 때도 마찬가지였다. 또한 1930년대 초반 인촌 김성수가 방문해 보성전문에 기부금을 부탁하자 조부 명의로 논 200두락을 희사하기도 했다.

정해룡이 본격적으로 현실에 뛰어들기 시작한 것은 1930년대 중반이었다. 이 무렵 그에게 영향을 미친 사람은 이미 서울에서 공산주의운동에 뛰어들었던 그의 동생과 회천면 인근에서 훌륭한 선생으로 인망이 높던 윤승원이었다. 이때부터 그는 항일운동과 민족 교육의 후원자로 자금 지원을 하는 한편, 직접 항일운동가로 나서기도 했다.

현재까지 알려진 그의 최초의 사회운동은 1938년 향리에 설립한 양정원(현 회천서교 전신)이었다. 평소 민족 교육의 중요성을 절감하고 있던 그는 윤승원과의 만남을 통해 그 꿈을 실현할 계기를 만난 것이다. 그는 자신의 소유인 향리 어귀의 땅 2000평에 사비를 들여 건물을 짓고, 학생들을 모집해 무상으로 민족 교육을 실시했다. 당시 양정원은 그가 원장을 맡아 운영을 전담했고, 학생들의 교육에 관련된 부분은 윤승원이 책임지는 구조였다. 또한 그는 1940년 무렵부터는 항일운동가들과 자주 회합하면서 독립운동 자금을 조달했으며, 또한 동생을 통해 국제공산당에도 자금을 기부했다. 이러한 사실은 가족들의 증언을 통해서 밝혀졌지만 후일 그와 함께 활동했던 인사들의 증언에서도 확인할 수 있다.[1]

한편 그는 자신의 부를 배경으로 여러 가지 사업을 벌였다. 그가 최초로 만든 사업체는 보성인쇄소이다. 「조선은행회사조합요록」 1941년 판에

중도 민족주의노선을 추구했던 정해룡의 젊은 시절 모습.

따르면 1934년 12월 28일에 설립된 보성인쇄소는 자본금이 2만 5000 원으로 신문사를 제외하고는 전남에서 가장 큰 규모였는데, 대표취체역(현 대표이사)이 정해룡이었다. 또한 1942년에는 울산에서 철광업을 시작하기도 했다.

1940년대 초반 정해룡은 총독부 개척 단원으로 신분을 위장해 만주를 방문하고 그곳 활동가들과 연결을 시도했다고 한다. 물론 아직까지 드러난 성과는 발견할 수 없지만, 그 과정에서 그는 1943~1944년 봄 귀향하는 도중에 경찰에 체포되어 4개월 동안 서대문감옥에 수감되기도 했다. 또한 이 무렵 여운형이 주도한 건국동맹에 가담했다고 전해지지만 현재 확인할 길이 없다. 당시 건국동맹은 국내에만 7만여 명의 맹원이 있었고, 그가 만주를 방문한 때가 건국동맹이 연안의 독립동맹과 연결을 모색하던 시기라는 점에서 어느 정도 신빙성 있는 증언이다.

이 무렵 그의 지향점을 알 수 있는 일화가 있다. 1945년 해방 직전에 그는 대지 일부와 전답 대부분을 농민들에게 무상분배했다. 또한 종문서를 태워 버리고, 그들에게 일정 정도의 농지를 나누어 주면서 나가 살게 했다. 당시만 해도 생경했던 이러한 일들은 인간평등에 대한 확고한 신념이 없으면 불가능한 일이었다.

1945년 해방이 되자 정해룡의 주변에도 커다란 변화가 다가왔다. 그는 해방 직후 열린 면민대회에서 건준위원장으로 선출되었으며, 그해 가을에는 상경해 여운형의 영향하에서 정계에 뛰어든 것이다. 그러다가 여운형이 3당 합당(조선공산당, 인민당, 신민당의 좌익 3당이 합당한 것)을 거친 후 신당 결성을 준비하던 1947년 3월, 그는 38명으로 구성된 중앙준비위원회의 일원이었다. 그리고 신당의 명칭이 근로인민당(이하 근민당)으로 결정되어 1947년 5월 24일 근민당 창당대회가 열렸을 때 그는 근민당의 중앙위원으로 당의 재정을 책임지고 있었다. 이후 그는 죽는 날까지 여운형노선을 고수하면서 통일운동에 헌신했다.[2)]

그러나 날로 심각해지는 좌우익 간의 대립구도 속에서 여운형의 중도민족주의노선은 점차 설 땅을 잃어 가고 있었다. 결국 1947년 7월 19일 여운형이 암살당하면서 근민당의 정치적 지향도 좌절되었다. 이런 상황에 염증을 느낀 그는 여운형의 장례식이 끝난 후 고향으로 돌아와 버렸다. 하지만 장건상, 김성숙을 중심으로 당이 재건되자, 그도 이에 참여하고 서울과 보성을 오가면서 당 업무에 몰두했다. 그러나 여운형이 없는 근민당은 계속되는 내우외환에 시달리다가, 결국 1949년 10월 19일 정부가 남로당 등 133개 정당과 사회 단체의 등록을 취소할 때, 그들과 운명을 함께하고 말았다.

남북한 단일정부를 목표로 정치활동을 하던 여운형과 근민당의 영향 때문인지 정해룡은 분단의 상징인 제헌의회를 반대하고 있었다. 이러한 성치적 성향은 그의 전도가 순탄치 않을 것임을 예고하는 것이기도 했다.

여순사건이 일어났을 때 그는 아무런 이유도 없이 붙들려 가 2~3달 동안을 경찰서 유치장에 갇혀 있어야 했다. 또한 1950년 5·30선거에서 무소속으로 출마한 그를 용공주의자로 규정한 경찰의 불법적인 방해공작으로 낙선의 쓴맛을 봐야만 했다. 그런 가운데서도 그 동안의 덕행에 힘입어선지 한국전쟁 때의 학살극에서는 무사할 수 있었다.

한국전쟁, 이승만의 폭압정치, 계속되는 찬바람을 은둔으로 피해 내던 그가 다시 사람들 입에 오르내린 것은 1957년이었다. 그해도 마무리되어 가던 11월 16일 그가 장건상, 김성숙 등과 함께 근민당 재건을 도모했다는 이유로 체포된 것이다. 이 사건은 진보당사건과 마찬가지로 그 동안 암암리에 성장해 온 혁신계를 탄압하려는 정치적 성격이 강한 사건이었다. 당시 사형까지 당한 진보당과 달리 근민당 관련자들은 재판에서 모두 무죄 판결을 받고 석방되었다.

그가 다시 정치의 전면에 등장한 것은 4·19로 혁신계의 정치활동이 해빙기를 맞이했던 1960년이었다. 당시 중앙의 혁신계 정치인들은 사회대중당(이하 사대당)을 결성하려고 움직이고 있었는데, 그는 참여 여부를 결정하기 위하여 동지적 관계를 맺고 있던 지역활동가들과 연쇄적인 회의를 계속했다. 결국 이들은 자신들의 모임을 중심에 두고, 그곳에서 사대당에 성원을 파견하는 형식으로 참여할 것을 결정했다. 이렇게 하여 그는 1960년 5월 13일에 창당된 사대당에 참여했으며, 1960년 7·29선거에서 사대당 창당준비위원의 자격으로 보성에서 출마했다. 그러나 아직 냉전이데올로기를 극복하기에는 무리였을까? 그는 또다시 낙선의 고배를 마시고 말았다. 혁신계의 참패로 종결된 7·29선거 이후 사대당이 통일사회당과 사회당으로 분열된 후, 그는 김성숙과의 교분 때문에 통사당에 입당했다.

그러나 5·16쿠데타로 혁신계 인사들은 또다시 된서리를 맞아야만 했다. 그는 쿠데타가 일어난 직후 전국적으로 검거선풍이 몰아치던 5월 18일 보성 경찰서에 의해 체포되어 서울 서대문구치소에 수감되었다. 당시 그의 죄목은 통사당활동을 근거로 '특수반국가행위'라는 것이었는데, 이것 자체가 사후 입법이었기 때문에 그의 구속은 불법이었다. 그는 1962년 집행유예로 석방되었다.

출옥 후 집에서 은신하던 그는 생애 마지막으로 다시 정계에 뛰어들었다. 1967년도 대선을 앞두고 서민호가 민주사회주의를 표방하면서 창당한 대중당(민사당의 후신)에 전당대회 의장 겸 정치훈련원장으로 참여한 것이다. 당시 보수파인 서민호에 가담한 이유를 묻는 한 후배에게 그는 "월파(서민호의 호) 같은 골수 보수정객이 아니고서는 군사파쇼 치하에서 혁신정당의 기치를 내걸 수 없을 것으로 생각되어서……" 하면서 빙그레 웃었다고 한다. 그러나 그의 혁신계 동지들은 1967년의 대선에서 후보단일화를 주장했고, 결국 서민호는 선거 직전에 후보직을 사퇴하고 말았다.[3)]

이후 향리를 떠나지 않았던 그는 1969년 9월 17일(음력) 세상을 하직했다. 그가 죽은 지 2주년이 되던 1971년 그와 뜻을 같이했던 장건상 등 동지들과 그를 존경하는 향리 유지들이 모여서 기념비를 건립하고자 했다. 기념비에는 우국지사, 봉강 정해룡 선생이라는 글귀가 새겨져 있었다. 그러나 당국에서는 그가 용공분자이기 때문에 우국지사라는 말을 삭제하라는 압력을 가해 왔다. 결국 그 기념비는 세워지지 못하고 아직까지 보성군 어딘가에 묻혀 있다. 그는 두 번 죽은 것이다.[4)]

그는 몽양 추모일에는 한 번도 거르지 않고 상경해 추모식에 참석했다. 정해룡과 함께 혁신정당활동을 했으며 1960년 7·29선거 때 그의 찬조연설을 담당했던 김세원은 그에 대해 다음과 같이 이야기했다.

그는 수천 석을 수확하는 지주였지만 일제 때에는 독립군 군자금으로 재산을 바쳤고, 그 자신도 독립운동을 한 애국자이다. 그는 대중연설은 잘 못했지만 품성이나 인격이 훌륭한 분이었다.

1) 현재 향리에서는 그를 초모하는 동민들이 양정원과 관련된 여러 가지 사업을 전개하고 있다.
2) 이기하, 『한국정당사』 참조.
3) 김세원의 『비트』에 나와 있는 1960년대를 중심으로 서술.
4) 당시에 작성된 발기문이 현재 남아 있다.

김철진

『호남평론』의 발행인

1905년 전남 목포 출생, 일본 구마모토 농업학교 졸업, 동지사대 정경과 중퇴
1927년 조선공산당 입당
1935년 목포부회 의원, 전남도회 의원. 『호남평론』책임
1951년 목포초급상과대학 2대 학장
1971년 사망

일본의 경제침탈기지였던 목포는 당시만 해도 광주보다 큰 도시였으며, 상권에 걸맞게 사회운동도 광주·전남 지역의 중심이었다. 특히 목포 지역은 서남 해안 도서 지역과 내륙 지방의 운동 조직을 연결하는 거점으로 당시 사회운동에 매우 중요한 역할을 담당했다. 이러한 목포 지역의 1920년대 사회운동에서 빼놓을 수 없는 인물이 김철진(金哲鎭)이다.

그는 1905년 초정(草亭) 김성규(金星圭)의 3남 중 둘째 아들로 태어났다. 본래 충청도에 터를 두고 있는 그의 집안은 관리였던 아버지를 따라 거처를 옮겨 다녔으며, 결국 목포 북교동(성당 수녀원이 있던 자리)에 자리 잡았다. 실학의 영향을 많이 받은 아버지는 당시에 보기 드물게 일찍부터 산술과 역학은 물론 미국인에게서 기하학 등 신학문을 배우기도 했던 인물이다. 조선에서 최초로 파견한 영국, 독일, 러시아, 벨기에, 프랑스 전권공사관 서기관(1887)으로 발탁되기도 했던 아버지는 고창과 장성현감, 개

항장 목포의 무안감리를 비롯해 충청도, 강원도 순찰사 등 주요 관직을 두루 거쳤다. 또한 그는 농공은행(행장), 목포창고금융, 호남은행, 동아고무, 목포양주, 호남제탄, 호남정미 등 다양한 사업에 관여했으며, 무안, 영암, 장성, 나주 등지에 400여 정보에 이르는 토지를 소유한 대지주이기도 했다.[1)]

그의 형제들 중에는 가수 윤심덕과의 애절한 사랑이야기로 세간에 널리 알려진 「사의 찬미」의 주인공 형 김우진이 더 잘 알려져 있다.[2)] 또한 동생 김익진은 철저한 반일주의자로 중국에서 사회주의계열의 연안파에 가담했던 인물이다. 이러한 집안 배경과 경제적인 조건이 그가 일찍부터 신문물과 새로운 사상적인 조류에 쉽게 접할 수 있는 계기를 준 것으로 보인다.

정확한 시기는 알 수 없지만 1910년대 후반경 김철진은 신학문을 배우기 위해 일본으로 건너갔다. 일본 구마모토(熊本)농업학교를 졸업한 후, 동지사대 정경과에서 경제학을 전공했지만 도중에 그만두고 말았다. 그가 일본의 농업학교에 입학하기까지는 그의 아버지의 영향이 컸던 것으로 알려져 있다. 농업개혁과 점진적인 사회개혁론자로 평가받고 있는 김성규는 큰아들 김우진을 농업학교에 보낸 데 이어, 김철진마저도 농업학교를 적극 권유했던 것이다. 1920~1930년대에 지주들의 토지경영 형태가 농장형 경영으로 전환되고 농업 외 투자도 확대되었던 점을 고려한다면, 김성규는 자신의 뒤를 이을 후계자로서 전문지식의 습득을 원했을 것이다. 특히 봉건적 한계를 넘지 못한 아버지와의 갈등으로 그의 형이 현해탄에 몸을 던진 후 그에 대한 아버지의 기대는 더욱 컸을 것이다.

하지만 초반기 김철진의 인생역정은 아버지의 기대와는 전혀 다른 방향으로 치닫고 있었다. 귀국한 후 그는 조선공산당과 신간회에 적극 가담하게 된다. 어려서부터 소작인들이 겪는 고충과 지주계급의 횡포를 보면서 성장했던 김철진은 일본 유학을 통해 신문물을 접하면서 새롭게 눈을 뜨기 시작했다. 특히 그의 활동에 사상적인 영향을 주었던 인물은 김재명이다.[3)] 당시 광주청년회와 전남청년연합회에 깊숙이 관여하고 있었던 김재

전남도의원 시절 만주사찰단의 일원으로 찍은 사진. 앞줄 맨 오른쪽이 김철진, 앞줄 가운데가 최선진.

명은 조공 전남도당 선전부위원으로 조공과 공청 조직의 발전을 위해 많은 활동을 하고 있었다. 김철진도 1927년 8월 조선일보 목포지국에서 김재명의 권유로 조선공산당에 가입했다. 이후 그는 제4차 조선공산당 전남도당의 핵심 활동가로 활동했으며, 전남공산청년회의 간부와 목포 지역 책임자로 활동했다.

1927년 4월 조선공산당은 "신간회는 민족주의자와 공산주의자의 협동전선이기 때문에 그 지도의 여하에 따라 우리의 투쟁장일 수 있다. 그러므로 신간회를 기계적으로 점령하지 말고 …… 신간회원인 노동자, 농민을 조직하여 …… 신간회 안에서 무산계급적 입장을 취하게 함으로써 비로소 주도권을 쟁취하자"라는 정책을 결정하게 된다. 이에 따라 그는 조공 당원 및 공청회원으로서 신간회에 적극 가입하게 된다. 당시 그러한 결정에 따라 신간회에 참여했던 사람은 한길상, 소진호(광주지회), 정병용(담양지회), 김인수(장성지회), 한태선(순천지회) 등이었다. 그 결과 1927년 6월 18일 목포 지역에서도 신간회 지회가 설립되었다. 회장은 '김진사'로 불리는 김면수가 맡았으며, 김철진은 상무 간사를 담당했다. 당시 목포 신간회는 전위동맹과 무산자동맹, 그리고 조선공산당의 핵심 인물들이 다수 포함되어 있었다. 이들은 1925년 10월을 정점으로 한 목포 노동운동의 주역들이었다. 하지만 신간회 건설 이후 목포 지역에서는 하수공사노동자들이 일으킨 소규모의 분산적인 노동운동을 제외하고는 한 건의 노동운동도 일어나지 않았다. 신간회를 연구한 이균영(덕성여대 교수)은 그 이유를 "대중운동에 뿌리내리지 못한 사회·공산주의세력의 조직적 결집력의 약화"에서 찾고 있다. 이러한 갈등은 당시 중앙 분파간 갈등이 지역 차원에까지 확산된 것으로 그 구체적인 예가 1927년 12월부터 1928년 1월에 걸친 조극환계와 김영식·서병인계 간의 갈등이다.[4)]

한편 목포지회는 1927년 7월 19일 목포극장에서 1000여 명의 청중이 참여한 가운데 활동가들의 이론 교육과 대중의식고양을 목적으로 하기강좌를 개최했다. 여기에서 김철진은 '민족적 의식에 대하여'라는 주제로 강연을 했으며, 이 외에도 전남청년연맹에서 1927년 7월 20일부터 8월 5일까지 개최한 하기강좌에서도 강사로 참여했다. 그는 이러한 다양한 강연활동과 더불어 당시 핵심적인 활동가층으로 주목받던 청년들의 조직화에도 힘썼다. 그 결과 1927년 10월 8일 목포청년연맹이 창립되었는데, 그는 여기에서 중요한 역할을 맡았다. 그 외 중심 인물로는 조문환, 이석, 김말봉, 천균, 오재복 등이 참여했다.

그후 4차 조선공산당사건에 연루되어 체포된 김철진은 1929년 12월 경성지방법원에서 2년 형을 언도받았다. 당시 전남 지방에서 김철진과 함께 체포된 사람은 소진호(2년), 서병인(2년), 조극환(3년), 주재학(2년), 김인수(2년), 조문환(2년), 한길상(2년 6개월), 최판옥(2년), 윤석원(2년), 강해석(3년) 등이었다.[5)]

1930년대 중반 대다수의 활동가들이 잠적하거나 전향의 길을 걸었던 것처럼 김철진도 사회운동과는 거리를 둔 생활을 했다. 출옥한 후 1930년대 중반까지 그는 목포창고금융(감사, 890주), 동아고무(감사), 목포양주(이사, 270주), 호남제탄(이사) 등에 참여해 아버지의 사업을 도왔던 것이다.[6] 그후 그는 사회운동에서 더욱 멀어져 1935년에는 목포부회 의원으로 당선되었으며, 전남도의회 의원으로 활약하기도 했다. 이러한 행적이 빌미가 되어 해방 후 전남 반민특위는 그를 친일파로 분류해 체포했으나 불구속처리되었다.[7]

한편 이 무렵 그는 1930년에 발간되었던 『호남평론』 책임자로서 참여하기 시작했다. 『호남평론』의 주요 필진들은 나만성, 조극환, 김상수, 천독근, 박찬일 등 1920년대 지역활동가들이 중심이었으며, 그 내용은 목포, 여수, 영암, 영광, 완도 등 지역 소개와 시사문제, 지역 현안문제, 정세문제 등을 다루었는데, 김철진은 주로 시사문제와 경제 관련 글을 발표했다.

1936년 2월 2일 목포에서 남교동, 김철진을 비롯한 박준규, 서병인, 차남진, 천독근 등 목포 지역의 내노라 하는 유지들이 모여 '목포 지역 유지 좌담회'를 열고 고보설립을 둘러싼 문제를 토의했다. 그 주요 내용은 고보설립의 필요성을 알리고 설립기금을 마련하기 위한 것이었다. 여기에서 김철진, 박준규, 김용진, 오태준 등이 설립 준비위원으로 선출되었다. 그가 목포 지역 교육문제에 참여한 흔적은 1936년 8월 6일 동아일보 기사에도 발견된다.

목포 호남은행 누상에서 고보설립 기성준비위원회는 …… 조직을 변경하여 10만 원의 재원으로 3년제 실업학교를 설립해 이를 기반으로 고보설립을 도모하자는 의견을 나누었으며, 고보설립 기성준비위원회에 당시 많은 노력을 아끼지 않던 목포 북교동 김철진 씨는 일금 3만 원을 자진 회사하여 …….

또한 그는 전남대학교 경영대학의 모체가 된 목포상과대학의 설립에도 깊은 관련을 맺고 있다. 원래 전남대학교는 도립의과대학, 도립광주농과대학, 도립목포상과대학, 사립대성학원 등을 모체로 설립되었다. 그런데 목포상과대학의 전신은 1920년 6월 호남 지역에서 최초로 설립된 상업학교였던 목포상업학교였다. 8·15 이전에 잠깐 해체되었던 목포상업학교는 해방 후 다시 복원되었고, 해방 후 광주농업학교와 같이 대학으로 승격시키려는 운동이 전개되었다. 이 운동에 김철진을 비롯한 목포시 유지들이 적극 참여했던 것이다. 결국 1950년 5월 목포초급상과대학이 인가되고 초대 학장에 정중섭씨가 임명되었는데, 김철진은 한국전쟁 후 1951년 3월 17일 2대 학장에 취임했다. 그리고 그해 9월 1일 이 초급대학은 목포상과대학으로 승격했다. 그후 1952년 4월 우여곡절 끝에 목포상과대학은 전남대학교에 상학과, 무역학과, 경제학과로 참여하게 된다.[8)]

뿐만 아니라 그는 당시 경영난에 허덕이던 목포일보에도 적극 참여했다. 일제시대 목포 지역에는 목포신보라는 신문이 일본인에 의해서 발행되고 있었다. 그런데 해방 직후인 10월 19일 경성일보 목포 주재 특파원으로 근무하던 손수겸이 휴간 상태에 있던 목포신보 속간호를 다시 발행하기 시작했다. 이 무렵 광주에서도 신문 창간을 서두르고 있었는데, 손수겸이 여기에 참여하자 목포신보 경영에 공백이 생기게 된 것이다. 이에 따라 김철진은 강대석, 문재철 등과 함께 목포신보를 인수해 제호를 목포일보로 바꾸고, 4대 사장에 취임했다. 하지만 계속되는 재정난과 악재로 인하여 명맥만 유지하는 데 급급하다가 1965년 호남매일신문(사장 : 김문옥)으로 제호를 바꾸고 말았다.[9)]

그후 그는 공직에서 손을 떼고 나빠진 건강을 돌보며 칩거했다. 이때부터 그는 잠시 목포시 번영회 등에 관여하기도 하지만 별다른 활동 없이 지내다가 1971년에 생을 마감했다.

그의 삶은 20대 후반을 고비로 매우 다른 양상을 보이고 있다. 20대 중반에 이를 때까지 그는 격렬한 투쟁을 통해 현실을 타개하려고 했던 반면, 30대에 들어서면서는 현실을 인정하면서 언론과 교육 등을 통하여 자신의 삶을 일궈 나갔다. 물론 이 과정에서 젊은 시절에 보여 주었던 선명한 그의 모습은 다소 퇴색할 수밖에 없었다.

1) 장시원, 『일제하 대지주의 존재형태에 관한 연구』, 1989, 274쪽.
2) 한겨레신문사, 『발굴 한국현대사 인물 3』, 19~26쪽.
3) 무등일보 1992. 11. 28.
4) 이균영, 『신간회연구』, 역사비평사, 1993, 353~363쪽.
5) 김준엽 · 김창순, 『한국공산주의운동사』, 청계.
6) 장시원, 앞의 글.
7) 김학민 · 정운현, 『친일파죄상기』, 학민사, 1993. 124쪽.
8) 전남대학교 30년사.
9) 광주언론인 동우회, 『광주 · 전남언론사 목포편』, 1992.

김준연

조선공산당에서 한민당으로

1895년 전남 영암 출생
1917년 동경제대 입학, 유학생회활동
1925년 조선일보 기자
1927년 조선공산당 책임비서
1946년 한민당 입당
1948년 제헌의원 (1, 3, 4, 5, 6대 연임)
1971년 사망

……애국지사들은 다 허심탄회로 이 박사와 악수하는 것이 독립의 첩경이라고 나는 본다. 나는 나의 ML당 옛 동지들에게도 그와 같이 권하려고 한다. …… 우리 땅 위에서 자주독립해 가지고 잘 사는 것이 제일이 아니겠는가? 모스크바로 가는 길, 한양으로 가는 길, 이 두 길이 있다. 나는 한양으로 가는 길을 취한다. 그대들이 역시 한양 길로 오는 데는 이론의 양식이 필요할 줄로 안다 …….[1)]

이 글은 ML당이라고 불리는 일제하 제3차 조선공산당(이하 조공)의 책임비서로 활동하다가, 해방 이후에는 그 반대인 한민당의 중심 인물로 전향한 김준연(金俊淵)이 옛 조공 동지들과 여운형, 안재홍, 김규식 등에게 이승만노선을 따를 것을 요청하는 기사의 일부다.

김준연은 1895년 3월 5일 월출산자락이 내려 뻗다 멈춘 산성대 아래(현

녹동서원 오른쪽) 교동리에서 김상경 씨와 청주 한씨의 3남매 중 장남으로 태어났다. 김준연의 영암생활은 서당을 다니던 어린 시절과 영암보통학교를 마치던 때까지 15년여 기간이 전부였고, 이후 그의 생활은 서울을 중심으로 이루어졌다. 한일합방이 체결된 1910년은 김준연에게도 어머니를 잃은 고통의 해였다. 어머니를 잃은 그는 합방 후 경성고등보통학교로 개칭된 한성고등학교에 입학한다. 경성고등보통학교를 다니던 중 동경제대 유학생들의 집회를 보게 된 그는 일본 유학을 통해 변호사가 되겠다는 결심을 하게 되었다.

김준연이 일본에 건너간 것은 1914년이었다. 1917년 오카야마 제6고등학교를 졸업한 김준연은 3년 후 꿈에 그리던 동경제국대학 독법과에 입학했다. 지금까지 여느 학생과 다름없이 평범하게 생활하던 그는 이때부터 활발한 사회활동을 벌이기 시작했다. 그곳에서 그는 유학생회가 발행하는 『학지광(學之光)』의 편집위원이었고, 신인회(新人會)에도 가입했으며, 여명회(黎明會)라는 일본의 양심적인 지식인 모임에서 조선 유학생 대표로 연설을 하기도 한다. 그리고 결국은 동경 유학생 회장이라는 직책까지 맡게 되었다.[2] 1920년에 동경제국대학을 졸업하고 1년간 정치학 연구실에서 조수로 근무한 그는 사회주의에 깊은 관심을 가지고 있는 동경제대 교수의 도움으로 독일로 가게 된다. 독일의 베를린대학 법과에서 그는 한편으로는 정치와 법률 등을 연구하면서, 다른 한편으로는 「공산당선언」 등 맑스주의도 접하게 된다. 김준연이 공산주의에 대해 깊은 관심을 갖게 된 것이 이 시기였다.

경제적으로 넉넉한 형편이 아니었던 상황에서 김준연은 어떻게 일본과 독일 유학을 할 수 있었을까? 그의 육촌 조카인 김준철 씨는 "확실하게 알 수는 없지만 일본이나 독일로의 유학이 가능했던 것은 김성수와 장택상 등 여러 곳에서의 도움이 컸기 때문인 것으로 안다"고 기억한다.

유학을 마치고 조선에 돌아온 그는 조선일보 기자로 활동했다. 그에게 기자로서 주어진 첫번째 임무는 모스크바 특파원이었다. 짧은 기간이었지만 모스크바에서 러시아의 상황과 사회주의의 이모저모를 조선일보를 통

회갑날 유석(維石) 조병옥과 함께 축배를 들고 있는 김준연.

해 전했다. 그리고 귀국 후 천도교가 중심이 되어 만든 조선농민사에도 참여 하는 등, 식민지 조선의 공산주의운동과 밀접한 관계를 맺기 시작한다.

김준연이 조선일보에 근무하고 있을 무렵인 1925년 4월 17일 서울에서 김재봉, 박헌영, 조봉암 등이 비밀리에 조선공산당을 조직한다. 이것이 조선에 최초로 등장한 공산주의 정당이었다. 당시 조선공산당의 결성을 위해 주도적으로 활동했던 박헌영, 조봉암, 김단야 등은 김준연이 몸담고 있던 조선일보 기자로 재직하고 있었다. 그러나 이때 김준연이 1, 2차 조공의 결성 과정에서 별다른 활동을 한 것 같지는 않다. 이렇게 결성된 조선공산당은 신의주사건과 6·10만세사건 등에 연루되면서 일어난 1, 2차 조선공산당사건으로 해체되었다. 이 사건으로 검거된 당원 및 공청원(청년회)이 135명이나 되었으며, 그 동안 조선공산당에서 주도권을 행사해 오던 화요회도 붕괴되었고, 아직 걸음마 단계였던 조선의 공산주의운동도 치명적인 타격을 입게 되었다.

몇 달 후 9월 2일 서울 교외 절간에서 6·10만세사건으로 수배를 받고 있던 김철수(金綴洙)[3]를 중심으로 다시 당 중앙기구가 구성되었다. 그리고 그해 12월 6일 2차 대회를 열어 일본 유학생 안광천을 책임비서로 선정하고 3차 조선공산당이 결성된다. 이때부터 일본 유학생 중심의 일월회와 서울파계열에서 당의 주도권을 잡았다. 특히 일월회의 등장은 일본 유학 시절 유학생 회장까지 역임한 김준연과 조선공산당의 자연스런 매개점이 아니었을까 생각된다.

김준연은 안광천의 뒤를 이어 1927년 9월부터 11월까지 조선공산당의 책임비서를 맡았다. 당시 김준연의 등장은 다소 의외였다. 이에 대해 한국 공산주의 연구가인 김남식은 "파벌간의 암투가 치열했던 당시 상황에서 중립적인 인물이면서 레닌 저서의 번역으로 활동가들에게 이름이 잘 알려져 있다는 점"이 그 이유라고 지적하고 있다.[4] 결국 1928년 제3차 조선공산당사건이 일어나면서 김준연은 김세연, 김철, 하필원, 최창익 등과 함께 검거되어 6년 형을 선고받고 서대문형무소에서 감옥살이를 했다.

그러나 김준연은 공산주의활동만 했던 것은 아니다. 그가 주로 교제했던 인사들은 오히려 민족주의 우파로 분류되는 김성수, 백관수, 송진우 등이었다. 특히 1934년에 출옥한 후에는 이들과의 교제가 한층 깊어지면서, 김성수의 배려로 동아일보 주필에 취임했다. 그러나 손기정 선수의 일장기 말살사건과 관련되어 당시 사장이던 송진우와 함께 사직했고, 동아일보도 11개월간 정간 처분을 받았다. 또한 일본 유학 시절에 만난 유억겸, 독일 유학 때 만난 최두선, 그리고 윤치영 등과 흥업구락부사건에 연루되어 1938년 5월부터 105일간 서울구치소에 수감되기도 했다. 그후 그는 해방 직후까지 경기도 전곡에 있는 김성수의 해동농장에서 생활했다.[5]

조선공산당 책임비서였던 김준연. 그에게 해방은 무엇이었을까? 법학과 경제학을 공부한 지식인 김준연은 정세의 흐름을 나름대로 파악하고 어떤 길을 가야 할지 판단했을 것이다. 그가 결정한 것은 한민당이었다.

조선의 해방은 기존의 사회질서를 뿌리째 뒤흔들었다. 일제하에서 경제적 수탈과 정치적 억압의 대상이었던 민초들은 자신들이 주인이 되는 새로운 사회를 열망했다. 당시 전국 방방곡곡에서 폭발적으로 결성된 건국준비위원회는 이러한 열망의 직접적인 표현이었다.

한편 친일파는 아니었다 해도 일정 정도 그들에게 협력치 않을 수 없었던 지주와 자본가들은 어쩔 수 없이 숨을 죽이고 있었다. 이들이 활동을 재개한 것은 미군이 진주하면서 기존의 사회질서를 존속시키겠다는 적극적인 의사표명을 한 뒤였다. 이때 송진우와 김성수를 중심으로 한민당이 결성된 것이다. 김준연은 이때 한민당의 결성에 적극 참여해 임시정부와 연합군 환영준비회의 실행위원으로 활동했다. 당시 김준연의 활동은 매우 두드러진 것으로 한민당의 강령이나 정책을 입안할 때는 반드시 김준연의 손을 거쳤다는 일화가 전해지고 있다.

김준연은 해방 후 "내가 일제시대 공산당에 가입한 것은 다만 일본의 압정으로부터 피하고자 하는 이유 때문이었고, 일본이 물러간 지금 공산당은 만들 필요가 없다"라고 선언하면서 우익세력의 규합을 주창했다. 이러한 정치노선의 변화는 김준연이 1947년에 저술한 『독립노선』을 살펴보면 더욱 뚜렷이 나타난다. 거기서 그는 저술 목적에 대해 "공산혁명으로 일로매진하겠소"라고 선언한 여운형의 주장에 대항하기 위한 것, 그리고 좌우합작을 논파하기에 위한 것이라고 설명했다. 그리고 그 방편으로 이승만, 송진우의 노선을 독립노선으로 규정해 좌익노선에 대립시키고 있다.[6]

1948년 남한 단독정부 수립을 위한 영암 지역의 제헌의원 선거(5·10선거)에 단독출마해 당선된 김준연은 그후 헌법기초위원(법제사법분과)으로 활동했다. 또한 농지개혁법 입법 과정에도 관여했다.[7] 당시 한민당의 토지문제에 대한 입장은 '유상몰수 유상분배'로 지주계급을 기업가로 전환시킨다는 점에 중점을 두고 있었다. 한민당의 경제적 기초가 지주계급에 있었던 것을 고려한다면 이는 당연한 귀결이었는지 모른다. 김준연은 입법과정에서 이러한 한민당의 입장을 관철시키기 위해 노력했다.

그후 김준연은 '자신이 '독립노선'이라고 명명하면서 떠받들던 이승만과 결별하고 죽을 때까지 야당가의 거목으로 살아갔다. 그는 2대 국회의원 선거에서 국민당 공천자인 유인곤에게 패한 것 이 외에는 6대까지 영암에서 계속 당선되었다. 하지만 1967년 6월 8일 제7대 국회의원 선거에서 9만 여 표 중 8600여 표를 얻는데 그쳐 4만 7000여 표를 얻은 민주공화당의 윤재명에게 압도적인 차이로 패하고 말았다. 그 당시를 기억하고 있는 영암 지방의 노인들은 "이제 김준연이도 이름만 가지고 영암에서 당선되기는 글렀지!"라고 말했다고 한다.

이처럼 해방 이후 줄곧 정계의 핵심에서 맴돌던 김준연은 1971년이 저물어 가는 12월 31일 딸 집에서 숨을 거둔다. 영암의 김해 김씨 문중에서는 해마다 음력 4월 2일이면 김준연의 제사를 지내고 있다.

제3차 조선공산당의 책임비서에서 해방 후 한민당으로 전환하여 화려한 정치적 경력을 쌓았던 김준연. 그러나 오늘날의 영암에서 그를 기억하는 사람들은 많지만, 그의 흔적은 찾기 힘들었다. 다만 영암공원에 세워진 건국 기념탑이 그를 대신하고 있을 뿐이다. 과연 역사는 그를 어떻게 평가할 것인가?

1) 동아일보 1947. 3. 27. 「ML당 옛 동지들에게 보냄」.
2) 『학지광』, 동경유학생회 소개.
3) 김철수에 대한 자료는 『역사비평』(1988 겨울, 1989 봄, 1989 여름)에서 소개되어 있다. 여기에서 초기 공산주의운동사의 연구는 새롭게 작성되어야 하며 박헌영계에 필적할 김철수계를 소개하고 있다. 그는 전북 부안 출신으로 3차 조공의 책임비서를 지냈으며 1983년 작고했다. 그리고 육성 녹음테이프와 유고집을 남겼으며 그 내용이 역사비평에 소개되어 있다.
4) 『한국공산주의운동사』, 청계.
5) 조선민족운동사연구회 편, 「민족운동사상의 인물(연재3)」, 조선민족운동사연구, 청구문고, 1986. 3. 252~254쪽.
6) 김준연, 『독립노선』, 돌베개, 1984.
원본은 1947년 홍한재단에서 『독립노선』이라는 제목으로 발행했으며 발행처는 동아일보사로 되어 있다.
7) 『농지개혁사연구』 참조.

조극환

목포 부두노조와 민족운동

1897년 전남 영암 출생
1908년 한성사범 졸업, 영암보통학교 교사
1919년 영암에서 3·1운동 만세시위 주도
1926년 파업주동 혐의로 구속
1927년 신간회 목포지회 상무 간사
1945년 영암 건준 결성 주도
1966년 사망

한 시대를 치열하게 살다 간 삶은 그 자체가 살아 있는 역사기록이 된다. 우리는 조극환(曺克煥)의 삶에서도 그러한 점을 발견할 수가 있다. 그는 국운이 기울어 가던 구한말 호남학회를 통해 자강운동에 참여했고, 1919년에는 영암 지역의 3·1 운동을 주도했다. 1920년대에는 목포 지역의 사회운동에 적극 참여했으며, 해방 이후에는 새로운 자주국가 건설을 위해 힘쓴 대표적인 민족운동가였다.

그는 1897년 9월 영암군 영암면 교동리에서 창녕 조씨인 아버지 조병헌(曺秉憲)과 어머니 김금옥(金錦玉)의 5남 1녀 중 둘째로 태어났다. 그의 형제 중 이복동생인 조문환은 형보다 20세 연하였지만, 형의 영향으로 1920년대 후반부터 해방 이후까지 줄곧 함께 운동에 가담했다. 그의 집안은 영암 읍내의 중인 가문으로, 부친은 향리를 지낸 비교적 윤택한 집안이었다.

조극환의 학교 교육에 대한 자세한 기록은 남아 있지 않지만, 1908년 전반경 한성사범학교를 마친 뒤 영암에 내려와 영암보통학교에서 잠시 교편을 잡았던 것으로 전해진다. 당시 그보다 8세 연하인 김준연은 그에게 배운 제자 중 한 사람이었다. 일찍 신식 교육을 받았던 탓인지 그는 1910년대부터 송내호, 이항발 등이 주도한 비밀 결사 조직인 '수의위친계'에 참여하게 된다. 또 같은 시기 그는 호남학회에 가입해 계몽운동에도 참여했다. 창평 출신 고정주가 주도한 호남학회는 한말의 다른 학회와 마찬가지로 국권회복을 위하여 교육진흥과 신문화 보급에 역점을 둔 계몽운동 단체였다. 호남학회는 회원 자격을 '도내(道內) 현재 급성장한 사람'으로 한정한 데서 알 수 있듯이 지연적 성격이 강한 조직이었다.

1919년 3·1 운동이 각지에서 일어나자, 조극환은 영암 지역에서 만세시위를 주도했다. 처음에 그는 다른 동료들과 함께 3월 11일 영암장날을 기해 거사를 계획했으나, 사전에 발각되어 실패했다. 하지만 그는 이에 굴하지 않고, 최민섭, 박규상 등과 연락하여 다시 4월 10일 영암읍 장날에 거사를 성공시켰다. 이날 박규상의 독립선언서 낭독이 있은 후, 조극환은 군중들에게 "우리 민족은 그 동안 총독부 치하에서 온갖 굴욕을 강요당했다. 지금 세계대전의 종결과 함께 미국 대통령에 의하여 민족자결주의가 주창되었다. 우리 민족 대표들도 독립선언을 발표하고 나섰으며, 전국 각지에서 만세운동이 크게 일어나는데, 우리 영암에서도 큰 운동을 전개해야 한다"고 연설했다. 그는 이 사건의 주동자로 검거되어 1919년 5월 15일 광주지방법원 장흥지청에서 사건 관련자 중 최고형인 징역 2년을 선고받았다.[1)]

통감부시기의 계몽운동과 1910년대의 '수의위친계'와 3·1 운동을 거치면서 조극환은 영암의 대표적인 민족운동가로 성장했다. 1921년에 출옥한 그는 1920년대 전반 영암 지역의 민족운동과 사회운동을 지도해 나가게 된다. 1920년대 초 영암에서도 '영암청년회'가 조직되었다. 영암청년회는 당시 대부분의 대중이 문맹 상태에 놓여 있는 점을 감안, 이들의 계몽을 위하여 야학회나 강연회 등 다양한 활동을 시도했다. 그는 1922년 영암청년회 주최로 열린 민립대학 취지설명 순회강연회에서 '민립대학 취지'라는 주제로 강연하기도 했다. 이때까지 그는 민족주의를 이념으로 하는 운동가였다고 할 수 있다.

그러나 1920년대 초 수의위친계 동지였던 송내호, 이항발, 김철진 등이 서울청년회를 조직하면서 사회주의사상을 수용하게 되자, 조극환도 이에 보조를 같이했다. 그리고 보다 적극적인 운동을 위하여 1924년경 그는 당시 전남의 중심 도시였던 목포로 이사한 후 목포 지역의 청년운동과 노동·농민운동에 매진했다. 먼저 그는 '목포청년회'에 가입하여 활동하면서 사회주의적 성향이 강한 회원들과 함께 '무산청년회'를 조직했다. 그후 그는 무산청년회를 기반으로 서울청년회계열의 10여 개 청년 단체가 연합한 전남청년대회를 발기하고(1925. 2. 22) 그 준비위원으로 피선되었다. 당시 그는 강진과 장흥 지방을 순회하면서 지역상황을 조사하고 청년 단체들의 참가를 권유했다고 한다.

한편 1925년 8월 30일 목포청년회 임시대회를 계기로 무산청년회 간부들이 목포청년회 핵심 간부로 대거 참여해 목포청년회는 사회주의적 성향이 강한 조직으로 개편되었다. 여기에 조극환은 오도근, 김용수와 함께 교양부 위원으로 피선되었다. 같은 날 그는 서병인, 김재봉, 김영식 등과 함께 목포 지역 최초의 사상 단체인 전위동맹을 결성했으며, '전남해방운동자동맹'의 상무위원을 맡아 활동했다. 또 그는 이 시기 전위동맹이 조직한 무목노농연맹(1925. 9. 13), 자유노동조합(1925. 9. 29), 목포노농총동맹 창립대회(1925. 10. 13) 등에서 핵심 간부로 선출되는 등 왕성한 활동을 보였다.[2)]

이 시기 조극환의 구체적인 활동상이라고 알려진 것은 두 가지다. 그 하나는 그가 1920년대 중반경 목포 부두노조를 결성하고 지도했던 핵심적인 활동가라는 점이다. 지금도 이러한 사실이 목포 지역 항운노조의 활동 보고서에서 언급되고 있어 당시 그의 비중을 짐작케 한다. 다른 하나는 일제하 전남 지역 최대의 파업투쟁으로 알려진 목포 제유노조 파업 때 그가 벌였던 활동들이다. 1926년 1월 제유노조의 파업이 일어나자 그는 목포노동총동맹의 대표로 즉각 개입했다. 또한 그는 2월 전위동맹이 주관한 파업지원연설회에서 '재조선 일본 자본가 죄악'이라는 주제로 강연하기도 했다. 이러한 투쟁에도 불구하고, 1926년 3월 27일 경찰은 파업을 무력으로 진압하고 파업단 10명, 전위동맹원 6명 등 파업의 핵심 17명을 구속했다. 이 사건에서 전위동맹의 핵심 간부인 조극환도 구속되어 고초를 겪고 나왔다.

이러한 가운데 조선노농총동맹은 1927년 9월 6일 '조선노동총동맹'과 '조선농민총동맹'으로 분리되었는데, 여기에서 조극환은 양쪽 모두에서 중앙집행위원으로 피선되었다. 하지만 이들 동맹은 일제의 탄압과 내부 분열로 제1회 중앙집행위원회 개최조차 불가능한 지경이었다.[3]

한편 1926년 9월 서울에서는 일월회와 서울청년회의 주도 아래 'ML당'이라 불리는 제3차 조선공산당이 재건되었다. 그후 전남 지방에서도 조선공산당 및 고려공산청년회의 두 기관이 재건되었다. 그 결과 1927년 3월부터 1928년 1월까지 전남 각지에는 조공 및 공청의 세포가 조직되었는데, 서울청년회계인 조극환은 김철진, 유혁, 서병인으로 구성된 목포 지역 세포 책임자를 맡게 되었다. 목포 지역 공청 세포는 김철진, 설준석, 조문환 등이었다.

또한 1927년 2월 신간회가 창립되자, 당시 조공 목포 지역 세포 책임자를 맡고 있던 조극환은 신간회 목포지회(1927. 6. 18.)에서 상무 간사를 맡게 된다. 신간회 각 지회를 장악한다는 조공의 정책에 따라 목포지회에는 그의 동생 조문환과 김철진 등으로 구성된 조공의 세포 조직이 만들어졌다.

그런데 목포 지역의 사회운동가들 사이에는 파벌대립으로 인한 상당한 갈등이 있었는데, 이는 그후 목포 지역의 신간회운동, 노동운동이 침체되는 원인이 되었다. 그 갈등의 대표적인 예가 1927년 12월부터 다음해 1월 말까지 계속되는 조극환계와 김영식, 서병인계 사이의 갈등이었다. 갈등의 발단은 김영식이 경성지회의 회원이므로 목포지회에서 활동할 수 없다는 사소한 시비에서 비롯되었다. 이것은 아마도 ML계에 속했던 김영식과 서울청년회 구파에 속했던 조극환의 갈등이었던 것으로 추측된다.

한편 1925년 천도교청년당의 주도로 창립된 조선농민사는 1928년 2월 사제 개정을 통해 천도교의 사우회 조직과 지방 청년당부 산하의 농민 조직들을 조선농민사의 하부 조직으로 일원화했다. 이때 그는 조선농민사 목포지부 책임자를 맡아 활동한 것으로 알려져 있다. 하지만 별다른 활동 기록이 없는 것으로 보아 그가 적극적인 활동가는 아니었던 것으로 추측된다.

1929년 봄 그는 제3차 조공 전남도당이 발각되면서 체포되었다. 그는 1930년 12월 22일 경성지방법원에서 치안유지법 위반으로 징역 3년 형을 언도받고 수감된 뒤, 1932년 8월에 형기를 마치고 석방된다. 그의 동생 조문환은 이때 2년 형을 언도받고 1931년 8월까지 복역했다.[4)]

1934년 조극환은 자신의 제자이자 동아일보 편집국장이던 김준연의 주선으로 동아일보 진도지국장을 맡아 그곳에서 약 5년 정도 머무르게 된다. 이때 그는 일경의 삼엄한 감시 때문에 이렇다 할 활동을 할 수 없는 처지였다. 1930년대 후반 목포 죽교동으로 거처를 옮긴 그는 다시 1940년대 초 영암군 군서면 이화정마을로 이사하여 일제 말기를 보내고 있었다.

영암에서 해방을 맞이한 그는 또다시 활동을 재개했다. 최초 그는 영암군 건국준비위원회의 조직을 주도해 8월 22일 영암 건준을 결성했다. 그는 일제하의 운동 경력과 지역에서의 명망을 배경으로 건국준비위원회 위원장에 선출되었다. 부위원장에는 고재섭이 선출되었고, 동생인 조문환 역시 이에 가담했다. 무정부 상태에 놓여 있던 영암 지역은 이들의 노력으로 주민들에 의한 자치를 실현하고 있었다. 그후 1945년 9월 6일 건준이 인민공화국으로 탈바꿈하자 그는 이에 보조를 맞추어 영암 건준을 인민위원회(이하 인위)로 개편하고 그 위원장직을 맡았다. 이와 같이 활발한 활동을 전개하던 그는 결국 영암군민들에 의해 군수로 선출되었으며, 그와 친척간인 조덕환은 경찰서장이 되었다.[5)]

그러나 1945년 10월 26일 미군이 영암에 진주하면서 사정은 급변했다. 인위의 입장이나 정책은 미군의 정책과는 정면으로 배치되는 것이었으며, 영암 인위 역시 미군정의 정책에 정면으로 반대했다. 이에 미군측은 1946

년 1월 13일 인위 간부 13명을 구속하여 목포형무소에 송치하고 말았다. 그리고 1월 30일 이들은 군정재판에서 징역 3년 형을 선고받았다. 조극환과 조사원(조극환 사촌), 김준경 3명은 이후 약 1년간 수형생활을 한 뒤 출옥했다.

조극환은 이후 정치와 손을 끊고 이화정에 은거하면서 자서전을 집필하였다. 그러나 그의 자서전은 그 안에 친일파들의 행적을 기록했다는 사실이 알려지면서 경찰에 압수되었고, 한국전쟁 당시 영암 경찰서가 불타면서 함께 소실되고 말았다. 그는 이후 이화정에서 계속 생활하다가 광주를 거쳐 서울로 이사하여 1966년 생을 마감하고 망우리 공동묘지에 묻혔다. 1970년대 후반 그는 독립유공자로 선정되어 대통령 표창을 받았고, 1987년 대전 국립묘지로 이장되었다. 1990년에는 건국훈장 애족장을 받았다.

1920년대 조극환은 서울청년회계열에 속하면서 대체로 사회주의적인 성향의 운동을 전개했다. 그러나 그는 이념적으로 철저한 공산주의자가 되지는 못했다. 당시 서울청년회 구파의 인물들이 대체로 그러했듯이 그 역시 민족해방운동의 한 방법으로 노동, 농민, 청년운동에 사회주의이론을 원용하고자 했을 뿐이었다. 따라서 그는 엄밀히 말한다면 진보적인 민족주의계열의 인물이라고 해야 할 것이다.

1) 국가보훈처, 『독립유공자공훈록』 3권, 318쪽.
2) 선우기성, 『한국청년운동사』, 1973, 343~355쪽.
3) 김준엽·김창순, 『한국공산주의운동사』에서 공산주의운동과 노동운동 부분을 발췌·정리했다.
4) 이기하, 『한국공산주의운동사』 1권, 1976, 521~546쪽. 이 글의 공산주의활동은 대부분 상기 자료에서 발췌·정리했다.
5) 안종철, 「해방 직후 건국준비위원회 지방 조직과 지방 인민위원회에 관한 연구」, 전남대학교 정치학과 박사학위논문, 1990.

주재학

화순 건준의 지주

1902년 전남 화순 출생
1918년 일본 정칙영어학교 입학
1924년 조선청년총동맹 핵심 간부
1927년 조선공산당 가입
1945년 화순 건준 부위원장

일제하 화순 지역에서 대표적인 민족운동가를 꼽으라면 많은 사람들은 주재학이라는 인물을 떠올린다. 1920년대부터 해방 직후까지 약간의 굴곡을 겪으면서 사회운동의 대열에 있었기 때문이다. 주재학은 1902년 6월 19일 화순군 오도면 주도리(현 화순읍 주도리)에서 자작농이었던 주인홍과 능주 조씨 사이의 2남 2녀 중 셋째로 태어났다. 그는 12세의 어린 나이에 파평 윤씨인 윤희와 결혼했다. 그의 처가는 윤참봉댁이라는 칭호로 불리는 지주가였다. 결혼 다음해인 1913년 그는 능주공립보통학교(현 능주국교)에 입학하여 신학문을 배우게 되었다.

1917년 3월 보통학교를 졸업한 후 자신의 부친 주인홍의 권유에 따라 광주농업학교에 입학하여 1년 동안 공부하다 일본 유학을 추진했다. 일본 유학길에 나선 그는 정칙영어학교에 입학했고, 2년의 세월이 지난 후 귀국했다. 그가 당시 일본 지식인과 유학생들 사이에 풍미하고 있던 맑스주의 이론에 이끌렸는지는 알 수 없지만 조선의 사회상황에 대한 고민과 그 이후의 경력으로 볼 때 사회주의사상에 관심을 기울였던 것은 사실인 듯하다.

오늘날에는 화순읍이 군청소재지로서 화순군의 중심이지만 조선시대 능주는 독립적인 행정 단위로서 화순보다 상급에 있었던 고을이었고, 일제하에서도 주민생활의 중심지 기능을 여전히 유지하고 있었다. 사회운동 역시 능주를 중심으로 진행되고 있었다. 당시 능주 지역 민족운동의 진원지는 조중기라는 걸출한 민족주의자에 의해 한일합방 직후에 설립된 '홍학관'이었다. 또한 능주읍 인근 지역이었던 도곡리에서도 양회선에 의해 '대민학원'이라는 사립학교가 세워져 청소년들의 민족의식을 북돋아 주고 있었다. 이러한 연유로 능주 지역에서는 항일운동가들이 많이 배출되었는데, 주재학 역시 그런 분위기의 영향을 받았던 것으로 보인다. 그리고 능주에는 주씨들이 오랫동안 살아 오면서 지역의 중심적인 가문으로 자리잡고 있었다.

1920년대 초에 귀국한 주재학은 능주와 화순을 오가면서 활발한 활동을 전개했다. 당시는 여러 지역에서 소작회, 노농회, 청년회 등의 조직을 통해 사회운동이 일어나던 때였다. 이러한 운동과 궤를 같이 하면서 능주에서도 1923년부터 소작운동이 일어나게 되었고, 화순에서도 1921년 4월 12일 화순읍을 중심으로 화순청년회가 결성되었다. 화순청년회는 계몽운동을 표방한 합법적 단체였으나 시대상황이 바뀌면서 민족적 성향의 단체로 탈바꿈하게 된다. 1924년 서울에서 조직된 조선청년총동맹의 핵심 간부로 활동하던 주재학은 1926년 8월 30일에 열렸던 정기 총회에서 천재윤과 함께 서기로 선출되었다. 당시 위원장은 박현경이었다. 화순청년회는 신파극이나 중등야학, 농촌문제에 대한 강연회 등을 통해 주민들을 계몽시켜 나갔다.

한편 1925년 초 능주에 무산청년당이라는 정치 조직이 등장하는데, 여기에 주재학의 이름이 나타난다. 이로 미루어 이미 조선청년동맹의 간부로 활동하던 그도 여기에 깊게 관여했던 것으로 추측된다. 이 시기 그

사진 왼쪽부터 주재학, 김용규(화순 건준위원장), 이덕우(광주 치안대장), 조찬영 씨와 함께.

는 금융조합에 몸담고 있었다. 또한 전남에서 조선공산당 조직이 확대되면서 결성되었던 제3차 조선공산당에도 가담했다. 1927년 봄 전남도당의 주요 핵심 인사였던 김재명과 화순읍 남산공원에서 만나 그의 입당권유를 받고 고려공산청년회에 가입한 것이다. 일본 경찰측 자료모음인 「일본현대사자료」에는[1] "친구의 권유로 일신상의 명예욕에 따라 가입했다"고 기록되어 있다. 하여튼 그는 조선공산당 전남도당 Y부의 화순 오르그로 활동하다 1928년 8월 24일 경기도 경찰부에 동료들과 함께 체포되고 말았다. 2년이라는 오랜 기간의 예심을 거쳐 결국 1930년 12월에 열린 재판에서 2년 형을 받았으며, 1931년 8월에 출옥했다.[2] 당시 동아일보는 다음과 같이 보도했다.

제3차 조선공산당 전남북지부사건의 관계자로 …… 복역중이던 정병용 씨 이하 20명은 1931년 8월 10일 아침 다수 동지의 환영을 받으며 만기 출옥했다. 출옥한 그들은 목하 부내 인사동 여관에 투숙중인데 …… 햇수로 4년이라는 기나긴 세월을 철창에서 신음하다가 필경 출옥이 된 것인데 그들의 원기는 왕성하다.

주재학은 출옥 후에도 계속적인 지하운동을 했는지는 알 수 없으나 해방 이후 활동 경력으로 보아 이 지역의 활동가들과 지속적인 유대 관계를 맺고 있었던 것으로 보인다. 이 시기 그의 일상생활은 처가의 재산관리와 정미소경영으로 꾸려 나갔다.

이로 인해 당시 주재학은 비교적 생활이 윤택했다고 한다. 이 당시는 그의 뒷집에 살던 화순탄광 경영자 박현경이 종연방직에 화순탄광을 매매하던 때였다. 이때 주재학은 대서소를 운영하고 있던 김용규와 함께 그 작업을 도와주었고, 그 인연으로 이후 탄광에 쌀이나 숯 등을 납품해 많은 재산을 모을 수 있었다. 그는 이것을 바탕으로 큰 정미소를 경영할 수 있었고 직물공장까지 경영하여 상당한 자산가가 되었다.

당시는 징용이 극심할 때라 이를 피하기 위해 많은 사람들이 군수공장 등의 사업체에 취직하려 할 때였다. 주재학은 많은 사람들을 자신의 직물공장에 취업시킴으로써 이들의 징용을 피하게 해주었다. 이와 같이 겉으로는 활동을 중단했음에도 그는 항상 예비 검속과 감시의 대상이었다. 해방 직전에도 주재학은 예비 검속을 피하기 위해 화순 인근에 있는 만연산의 학담사에 피신하고 있었다.

8월 15일 해방이 되었다는 소식을 이틀이나 지나서야 들을 수 있었던 그는 곧바로 하산해 자신의 집에서 화순의 건준 조직에 박차를 가했다. 집이 상당히 넓었기 때문이기도 하지만 그 자신이 중추적인 역할을 했기 때문이었다. 위원장에는 비록 일제하에 화순면협의회 의원이었지만 연로한 인사였던 김용규를 내세우고 자신은 부위원장으로서 실무(총무, 재정)를 담당하면서 치안유지와 적산관리에 매진했다.

그후 건준이 인민위원회로 개편되자 인민위원장을 담당하고 더불어 지하에서 활동하던 동료들과 함께 당 조직을 재건하여 군당 위원장을 맡게 된다. 이러한 활동의 연속선상에서 1946년 2월 15일 민전 결성식에 참석하기 위해 상경했다. 결성식이 끝난 후 2월 19일 개최된 '조선공산당 중앙 및 도당 대표 동지 연석회의'에 전남 대표로 유혁, 윤석원, 선태섭, 한종식 등과 참석하여 박헌영계열의 당 운영 전횡에 반기를 들었다. 이것이 원인이 되어 그는 후일 당 조직에서 배제된다.

내부 사정에 관계 없이 그는 이러한 활동으로 미군정 및 경찰의 감시 대상이었고, 결국 미군정 법령 위반혐의로 구속되어 1946년 3월 1일 현 농협 자리인 공회당에서 군정재판을 받게 된다. 강신태 변호사의 변론이 있었지만 그는 6개월의 형을 언도받고 광주형무소에서 7월까지 복역하다가 출옥했다.

1946년 8월 15일 화순탄광 노동자들이 해방기념식을 갖기 위해 광주로 행진하는 도중 미군의 방해로 인해 상당수의 탄광노동자들이 투옥되고 상해를 입는 사건이 발생했다. 당시 화순탄광에는 노조위원장에 홍좌근, 탄광병원장에 정호용, 활동가였던 유몽룡, 박갑출 등이 포진하여 노동운동을 지도하고 있었다. 이 사건 역시 이들이 중심적인 역할을 한 것이다. 주재학이 여기서 어떤 역할을 했는지 현재로서는 알 수 없다. 그러나 그가 일제하부터 권영욱을 통하여 탄광 조직과 연결되어 있었고, 당시 탄광노동자의 중요한 지도자였던 유몽룡이 주재학의 집에서 거의 살다시피 했다는 점을 상기해 보면 그의 역할이 결코 작지 않았음을 쉽게 짐작할 수 있을 것이다.

그러나 당시 주재학은 무척 곤란한 지경에 처해 있었다. 그것은 한편으로는 미군정의 탄압에 기인하지만, 다른 한편으로는 조공 내부의 분파투쟁에 기인한다. 그가 남로당 결성 과정에서 반박헌영계로 분류되어 배척당한 것이다. 이후 화순에서 지내기가 거북해진 그는 1947년 말 상경했다. 서울에서 직장생활을 하고 있던 큰아들 집에 기거하면서 지난날의 동지들과 연락을 취하기도 했지만 직접적인 활동을 할 수는 없었다. 또한 경찰들이 다시 그의 행방을 추적하자 거처를 이리저리 옮기면서 감시의 눈을 피했지만 그것도 쉬운 일은 아니었다. 결국 그는 한국전생이 터지기 직전인 6월 1일 조카의 결혼식에 참석키 위해 화순으로 내려왔다가 화순경찰에게 체포되고 말았다. 그렇지만 경찰국 보안과장으로 있었던 손석민의 도움으로 10여 일 만에 풀려날 수 있었다. 이러한 연유로 전쟁이 발발하면서 대량학살로 이어졌던 보도연맹사건에 휩쓸리지 않고 목숨을 부지할 수 있었다.

전쟁이 터지면서 그는 이미 50에 가까운 원로 대접을 받는 나이였기 때문에 별다른 활동을 할 수가 없었다. 전쟁시 화순 군당은 위원장에 박갑출을 위시하여 신진세력들의 힘이 강했기 때문에 주재학 등 일제하의 운동가들이 나설 만한 상황이 아니었다고 김세원은 증언하고 있다.

이러한 상황에서 주재학이 부인과 함께 화순을 떠나 서울로 올라간 것은 1950년 9월이었다. 서울에서 그는 내무성 병원의 사무요원으로 근무하였다. 전쟁이 치열해지면서 인민군의 퇴각로에 미군이 많은 포격을 가했는데 그가 살던 왕십리의 집도 폭격으로 완전히 파손되었다. 어느 날 그가 외출하고 돌아와 보니 그의 집이 온데간데없어졌다. 뿐만 아니라 미군의 폭격으로 부인과 딸까지 잃고 말았다.

그후 1951년경부터 가족들과의 연락이 끊기고 말았다. 일제와 미군정시대에 민족해방운동을 벌였던 이 지역의 민족주의 인사 주재학. 그는 지금도 살아 있을까? 아니면 이미 고인이 되어 이 세상을 하직했을까? 조국이 두 동강난 지금 그의 생사조차도 알 수 없는 민족의 아픔이 바로 우리 곁에 있는 것이다.

1) 「일본현대사자료」, 138쪽.
2) 이기하, 『한국공산주의 운동사 1』, 546쪽.

한길상

3·1운동에서 4·19까지

1896년 전남 광주 수기옥정 출생
1919년 3·1운동 별동대장, 2년 6개월 투옥
1927년 조선공산당 가입, 신간회 회원
1945년 전남 건준 산업부장
1960년 사회대중당 참여
1960년 사회당 전남부위원장
1974년 사망

일본 경찰들은 신발이라도 벗은 채 방 안으로 들어와 구석구석을 뒤졌으나 해방 이후 우리 경찰은 신발도 벗지 않고 방으로 들어와 온통 집안을 쑥밭으로 만들어 버리곤 했지요. 더 이상 생각하기도 싫습니다.

이상은 한길상(韓吉祥)을 가장 잘 알고 있는 사람이 어렵게 입을 뗀 말의 일부이다. 한길상은 멀리 3·1운동에서 광주학생운동, 해방 후 건준, 4·19 때 사회대중당에 이르기까지 한국 민족운동의 커다란 물줄기에 빠지지 않고 참가했던 민족주의 인사였다.

한길상은 1896년 9월 10일 광주 수기옥정에서 한형화(韓亨化)의 둘째 아들로 출생했다. 원래 한형화의 고향은 전북 김제였으나 갑오농민전쟁 때 그가 성찰(省察)이라는 직책에 있었기 때문에 관군에게 쫓기면서 자식들을 데리고 광주로 피난했다. 그런 연유로 한길상은 광주에서 태어나고 광주를 배경으로 자신의 생을 보내게 된 것이다.

가진 것 하나 없이 맨손으로 광주에 온 한형화는 처음에는 누문동에서 어렵게 생활했다. 그러나 피눈물 나는 고생 덕택으로 점차 자리 잡기 시작해 나중에는 정미소를 경영하고 과수원을 가질 정도로 안정된 생활을 누릴 수 있게 되었다. 그러나 일찍이 신학문을 접했던 그의 큰아들 한길수가 방탕한 생활을 하면서 재산을 탕진해 버려 막상 한길상은 아무런 재산도 물려받지 못했다고 한다.

그러나 개화된 아버지 덕에 한길상은 학교에 진학하여 서석국민학교를 졸업하고 광주농업학교에 진학했다. 그러다가 농업학교 2학년 때인 1912년 일본인 교사의 민족적 차별과 모욕적 언동에 항의하면서 발생한 동맹휴업 사건을 주동하여 퇴학을 당하게 되었다. 학업을 도중에 그만둔 그는 이때부터 민족운동에 본격적으로 가담하게 된다.

1914년 한길상은 강석봉, 전도 등과 함께 완도의 소안도에서 송내호 등이 조직했던 반일독립운동 단체인 수의위친계의 광주 지방 조직원으로 활동하기 시작했다.[1] 또한 항일운동의 일환으로 1916년 광주 지방의 젊은 학생들이 모여서 신문과 잡지를 윤독하던 모임인 삼합(三合)양조장운동에 주도적으로 참가하기도 했다. 이때부터 그는 일경의 감시를 받는 불령선인이 된 것이다.

이러한 배경으로 그는 광주 지방의 3·1운동 주모자의 한 사람으로 부상하기 시작했다. 그는 3월 5일경부터 정상호, 최한영 등과 광주거사를 의논하고 독립선언서와 격문, 태극기를 만드는 작업으로 밤을 새웠으며 시위대의 별동대장으로 활약하기도 했다.[2] 광주 지방 3·1운동은 애초 광주 큰 장날인 8일로 거사가 예정되었으나 그날 일어나지 못하고 광주 작은 장날인 11일에 시위가 시작되어 13일까지 3일간 계속되었다. 3·11 시위로 광주 지역에는 대대적인 검거선풍이 불어 한길상을 위시한 상당수의 지도층 인사들이 검거되었다. 한길상은 그후 광주지방법원에 송치되어 당시 최고 형량인 3년 6개월의 형을 언도받아 대구 감옥에서 2년 6개월 동안 수형생활을 했다. 이 기간은 그가 전국적인 항일운동가들과 교류를 할 수 있는 기회를 제공하여 그의 일생에서 중요한 계기가 되었던 것으로 보인다.

1922년 출옥 후 한길상은 또다시 항일운동에 가담했다. 그는 당시 광주지역의 노동 단체 및 청년 단체들과 긴밀한 관계를 유지하면서 항일운동을 전개했다. 자료에 따르면 그는 1925년 11월 70여 명의 조합원으로 조직된 광주철공조합을 주도했다. 또한 광주청년회의 주요 구성원이기도 했다. 그는 1926년 1월 광주청년회가 노동공제회관을 습격했던 사건에도 깊숙이 관여해 강석봉, 김재명 등과 함께 13명의 체포자와 8명의 구속자 중에 포함되어 있다.

그러나 그의 활동이 최고조에 달했던 것은 1927년경이었다. 당시 그의 활동 반경은 전위정당인 조선공산당, 대중 조직인 조선농민총동맹, 통일전선인 신간회 등 세 가지 차원에서 이루어지고 있었다.

한길상이 조공에 참여한 것은 1927년 12월 21일에 전국 대회를 가진 제4차 조공 때였다. 그전에 조직된 제1, 2, 3차 조공 때도 전남 지역에 세포조직이나 도당 조직이 있었지만 한길상이 가담했다는 자료는 아직까지 발견되지 않고 있다. 그러나 이 시기에도 전남에는 서울청년회계로 분류되는 지도적 인사들이 1924년의 고려공산당동맹 전남 조직이나 1925년의 전남 민족해방운동자동맹 등의 조직을 통해 스스로의 힘을 키우고 있었다. 따라서 한길상이 조공에 가담하지 않았다 해도 항일운동 차원에서는 이미 조공과 행동을 함께 하고 있었던 것이다. 한길상은 1927년 8월 조공 당원으로 가입하게 된다.

한편 한길상은 1927년 8월 10일 조선노농총동맹에서 분리된 조선농민총동맹의 중앙집행위원으로 선출되었다. 조선농민총동맹은 32개 산하 농민단체와 2만 4000명의 농민을 회원으로 하는 전국농민운동의 총본산이었다. 여기서 한길상은 김용기와 함께 광주 대표로 활약했는데, 당시 그와 활동을 같이했던 동지들은 무안의 서태석, 완도의 신준희, 화순의 조경서, 순천의 김익두, 영광의 김철환 등이었다.

또한 한길상은 1927년 한국 최초의 좌우통일전선인 신간회에도 참여했다. 당시 조공은 신간회의 헤게모니를 장악하기 위하여 프랙션활동을 전개했는데 당시 조공 조직원이었던 그는 1927년 10월 29일에 조직된 신간회 광주지회 회원으로 활동했던 것이다. 그 외에도 신간회 광주지회에는 강영석, 강석원, 나승규, 서재익 등의 회원이 조공 조직원이었다.

이와 같은 항일운동으로 인해 한길상에게는 일제의 검거망이 조여 오고 있었다. 그러한 징조는 최초 이경채사건에서 나타난다. 이경채사건은 광주학생운동 1년 전인 1928년 6월 중순에 일어난 불온 벽보부착사건인데, 한길상은 배후조종 혐의로 체포되었다가 면소판결을 받고 석방되었다. 그러나 결국 그 사건 직후인 1928년 8~10월 사이에 한길상은 제4차 조공사건에 연루되어 구속되었다. 그후 재판 과정에서 3년 6개월의 구형과 2년 6개월의 판결을 받았다.[3] 이는 당시 체포된 인사들 중 비교적 많은 형량으로 한길상이 조공에서 어떤 위치에 있었는가를 쉽게 짐작할 수 있다.

당시의 재판기록에 따르면 한길상의 직업은 잡곡상을 경영하는 소상인이었다. 그러나 한길상 자신이 직접 잡곡상을 운영한 것으로 보이지는 않는다. 여러 증언자들에 의하면 그는 부인이 삯바느질을 하여 근근이 생계를 유지했으며 그의 큰아들이 생계유지를 위하여 일을 해야 할 정도였다고 한다.

1930년대 초 출감한 한길상은 당시의 상황을 반영하듯 운동을 중단한다. 이제 그는 사업가가 된 것이다. 그는 중앙시장을 무대로 식료품상회를 경영하여 성공했다. 또 일본과 함흥에 철과 무명을 수출하는 한성상회라는 무역회사를 불로동에 차리기도 했다. 여기서 취급했던 품목은 제철원료, 자동차해체, 각종 공업원료, 각종 중고기계 등인데 이것 역시 큰 성공을 거두었다. 그렇지만 개인적으로는 큰아들이 병으로 사망하는 아픔을 맛보았다.

그러는 가운데 해방과 함께 건준이 조직되었다. 한길상은 해방 전에 상업활동을 했다는 이유로 전남 건준의 산업부장으로[4] 활동하면서 귀속재산의 공정한 관리에 최선을 다했다. 당시 종연방직에 미군정관과 함께 출장을 가서 재고품의 숫자를 파악하는 일도 그가 담당했다. 그는 미군이 진주하면 우리 민족이 바라는 신국가 건설이 가능해질 것이라는 희망으로 시간 가는 줄 모르고 혼신의 힘을 다했다.

그는 건준에 이어 인민위원회에도 참여했지만, 미군정의 정책은 자신의 뜻과는 정반대로 나가기 시작했다. 이제 그의 활동은 봉쇄당했으며 일제 시대처럼 또다시 쫓기는 생활을 하게 되었다. 또한 한국전쟁이 발생하기 전에 좌익의 통제와 감시를 위해 조직된 보도연맹도 그에게는 커다란 부담이었다. 한길상은 이를 피하기 위해 갖은 애를 써야만 했다. 그러나 그 덕에 한국전쟁중에 거의 전멸하다시피 한 보도연맹 관계자들과는 달리 한길상은 생명을 유지할 수 있었다. 한국전쟁 당시 북한에서 내려온 인사들 때문에 그는 두드러진 활동을 전개하지 못했지만 나름대로 활동을 재개한 것으로 보인다. 광주가 수복되자 그는 경찰의 감시망을 피하기 위해 자신의 집 천장에서 무려 4년간이나 숨어 지내야만 했다.

한국전쟁이 끝나고도 한길상은 자신의 안전을 위해 별다른 활동을 하지 않고 조용히 지냈다. 그러나 4·19혁명으로 형성된 공간은 또다시 그를 요구했다. 그는 혁신정당에 참여해 그는 국기열을 중심으로 1960년 5월 20일에 조직된 사회대중당 전남도당 준비위원회에 강석봉, 강석원, 이기홍, 김세원 등과 함께 참가하게 된다. 여기에는 해방 직후의 건준 인사들과 1950년대 진보당 인사들, 일제하 사회주의자들이 참여하여 복잡한 구성을 보이고 있다. 그러나 사회대중당은 1960년의 7·29총선 때 전남 지방에서 의석을 한 자리도 차지하지 못한 채 참패했다. 그리고 이를 계기로 당이 분열되기 시작했다. 분열의 직접적인 원인은 당 자금을 관리하던 사람들과 그들이 당 자금을 유용해 착복했다고 질책하는 당 원로들 사이의 갈등이었다. 결국 이들 당 간부들이 선거가 끝난 후 당에 나타나지 않음으로써 사회대중당은 흐지부지되고 말았다.

이후 사회대중당에서 빠져 나간 인사들을 제외하고 남은 사람들이 사회당을 결성하게 되었다. 전남 사회당 준비위원회는 위원장 국기열, 부위원장 한길상, 당 원로로 강석봉을 추대하고 실무적인 일은 서동렬, 김세원, 이호면 등이 담당하는 체제로 조직되었다. 이때 한길상은 60세가 넘은 원로였지만 자신의 집을 사회대중당 사무실로 사용하게끔 배려하는 열정을 갖고 있었다.

이처럼 조직된 사회당마저 5·16쿠데타로 무산되자 그는 이제 사회운동에서 손을 떼고 일생을 같이한 친우들과 지내면서 삶을 마무리했다. 한길상은 1974년 세상을 떠났다. 반세기를 민족운동에 투신한 그의 삶을 추모해 광주 시민들은 그의 장례를 광주 시민장으로 치렀고, 수많은 사람들이 모여 빛을 못 본 한 사회운동가를 애도했다.

1) 박찬승, 「일제하 소안도의 항일민족운동」, 목포대 도서문화 11집, 1993, 88쪽.
2) 『전라남도지』 8권, 1993, 104쪽.
3) 이기하, 『한국공산주의 운동사』 1976, 547쪽.
4) 안종철, 「해방 직후 건국준비위원회 지방 조직 및 지방 인민위원회에 관한 연구」, 전남대 정치학과 박사학위논문, 1990, 33쪽.

정수태

신간회 광주지회장

1890년 전남 곡성 출생
1915년 메이지대학 법과 입학
1920년대 초반 조선일보지사장 및 상무취체역
1920년대 후반 민선 도평의원
1928년 신간회 광주지회장, 광주학생운동의 후원자
1930년대 곡성면과 석곡면 면장
1946년~1948년 곡성중학교 설립 준비위원장 및 교장
1949년 사망

……나도 과거 60년의 경력을 회고해 보면 전반은 순정(純正)했으나 후반에는 대체로 보아 혼란하야 민족적 양심 및 열정가정(熱情家庭)에 대한 안타까운 윤정(倫情) 및 책임감, 적의 위압에 대한 공포감 등 착잡한 요소가 빚어낸 기구한 운명의 번롱(飜弄) 가운데서 구차히 살아왔는데 주관적으로는 스스로 지켜온 일관한 신념하의 궤도를 밟아 왔었으나 객관적으로는 둔갑생활까지 한 비굴한 행동을 지었다. 이러함으로 비굴했던 이유 및 사정여하를 불문하고 해방 즉시 표명함과 같이 누구보다 먼저 국가의 심판을 청걸(請乞)하고 싶으나 차역(此亦) 방자(放恣)하고 또는 관서(寬恕)의 특전이나 바라는 것 같아 그저 부르심만 근대(謹待)하는 중이다…….[1]

이상은 1949년 봄에 정수태(丁洙泰)가 자식들에게 남긴 유언장의 일부다. 그는 여기서 '하늘을 우러러 한점 부끄럼 없는 삶'이 되지 못한 것을 한

탄하면서 스스로 근신하고 있음을 밝히고 있다. 제2대 신간회 광주지회장이었던 정수태, 일제하 광주 지역 민족운동의 주된 후원자였고 스스로 운동 일선에 뛰어들기도 했던 그가 죽음을 눈앞에 두고 이러한 회한의 글을 남겼던 이유는 무엇일까?

정수태는 1890년 11월 2일 곡성면에서 태어났다. 그의 아버지는 정일홍(丁日興)으로 3000~4000석지기로 알려진 지주였으며, 그의 어머니 영천 이씨도 남원의 토착지주 출신이었다. 그의 집안은 대소가가 모두 천석꾼이나 만석꾼으로 알려질 정도로 곡성군 일원에서는 알려진 부호이자 세력가였다.

이렇게 부유한 집안에서 태어난 정수태였지만 그의 어린 시절이 그다지 유복하다고 할 수는 없을 것이다. 그것은 무엇보다도 어린 나이에 아버지를 잃었기 때문이다. 그가 5세 되던 1894년에 아버지가 26세의 젊은 나이로 세상을 등지고 말았다. 그에게는 젊은 나이에 홀로 된 어머니 외에는 친형제가 한 명도 없었다. 그가 후일 고향을 뜨지 않고 어머니를 지성스럽게 모셨던 것이나, 광주에 어머니의 이름을 딴 유치원(북동 정덕유치원)을 설립한 것도 모두 여기에 연유하는 것이다.

당시의 관습대로 22세 되던 1912년까지 향리에서 한학을 공부하던 그는 1912년 말에 신학문을 배우기 위하여 상경했다. 서울에서 그는 YMCA에서 영어와 측량법을 배우는 한편 일본으로 유학을 가기 위해 여러 가지 준비를 한 것으로 알려져 있다. 1915년 봄에 일본으로 건너가 도쿄 정칙영어학원에 입학하여 본격적인 대입 준비를 했으며, 1917년 3월에는 메이지대학 법과에 입학했다. 그가 사회운동에 처음 발을 들여놓은 것도 이때였으며 일생 동안 뜻을 같이 하던 현준호나 김병로, 조병옥, 장덕수 등을 만난 것도 모두 이때였다.

정수태가 일본에서 학업에 열중하던 1919년 도쿄에서는 2·8독립선언이 있었고 조선에서는 3·1운동이 일어났다. 이때 정수태는 장덕수 등과 함께 중국정부 대표인 왕정연(王正延)을 통해 상세한 사건 내용을 파리 만국평화회의에 전달하는 일을 했다. 또한 독립운동 자금 3000원 정도를 장덕수를 통해 상해 임시정부에 전달하기도 했다. 그후 1919년 7월 메이지대학 법과를 졸업하고 곧바로 조선으로 돌아왔다.

조선에 돌아온 정수태는 광주 사동에 있는 집(현재는 최부자집으로 불린다)과 곡성을 오가면서 활발한 사회활동을 보여 준다. 조선에서의 행적으로 확인 가능한 최초의 것은 전남구락부라는 단체활동이다. 여기에는 정수태 외에도 양원모, 차남진, 서우석, 국기열, 설병호 등이 가담하고 있었다. 1920년 8월 16일과 22일자 동아일보 기사에 따르면 당시 회장은 정수태가 맡고 있었고, 강연단을 구성해 황해도 해주나 전남의 영광, 함평 등지에서 강연회를 열었으며, 정수태의 강연 내용은 '해남환상일장청몽(海南丸上一場淸夢)' '청년(靑年) 평일(平日)의 수양(修養)' 등이었다고 한다.[2]

이 무렵 정수태는 호남은행 창립에도 적극적인 지원을 하고 있었다. 당시 호남은행 설립을 추진하던 사람은 그의 절친한 친구인 현준호였다.현준호는 은행 설립을 위한 최초 불입금인 37만 5000원을 채우지 못해 은행 설립이 좌절될 지경에 이르자 아버지인 현기봉과 정수태의 도움으로 어려움을 극복했다고 한다.

현준호가 부친의 격려와 지원을 받으며 안간힘을 쓸 때, 정수태는 말을 타고 먼지를 뒤집어쓰며 곡성으로 찾아온 현준호에게 주주가 될 것을 쾌히 승낙하고 몇만 원이라는 거액을 정기예금했다. 현준호은 후일 "당시 정수태의 승낙은 호남은행 창립에 활기를 불어넣어 준 것이며 친구의 우정에 새삼 가슴이 미어졌다"고 술회했다.[3]

한편 3·1운동 이후 국내 지식인 중에서는 일본에 참정권을 요구하는 움직임이 일고 있었다. 이들은 결국 1920년 10월 민원식을 수반으로 하는 대표단을 일본으로 파견하는데 정수태는 그 일원으로 도쿄으로 가게 되었다. 그러나 이들의 생각이 일본의 지배를 정당화하고 있고 결국은 내지연장주의(內地延長主義)에 지나지 않는다고 생각한 일부 청년들은 이들을 친일파로 비난했다. 결국 양근환이라는 청년이 대표단의 수반인 민원식을 단도로 암살하는 일까지 발생하게 된다. 이 사건으로 대표단의 일도 흐지부지되어 정수태는 귀국했지만, 개인적으로는 심한 충격을 받았던 것 같다. 그 사건 이후 정수태(丁琇泰)는 정수태(丁洙泰)로 개명했다.

1920년대 초반 정수태는 언론사에도 출자를 했다. 그는 현준호의 권유로 동아일보의 주주로 참여했고 조선일보 지사장으로 재직하기도 했다. 그러던 중 조선일보사가 재정난으로 어려움에 처하자 선뜻 5000원을 투자했고 이에 조선일보에서는 정수태를 상무취체로 초빙해 신문사 경영을 담당하게 했다.

한편 1927년경 정수태는 당시 전국적으로 결성되고 있던 신간회에 적극 참여했다. 그는 신간회 설립 때 발기인이자 중앙위원이었으며 전남지회에서는 최종섭과 함께 부회장을 맡기도 했다. 그후 초대 회장인 최흥종이 물러나면서 그는 전남지회장을 맡아 신간회가 해체되기 직전까지 전남지회를 이끌었다. 또한 당시 전남지회의 운영 자금도 대부분 그의 부담으로 충당되었다고 한다.

이 시기 한 가지 주목되는 점은 신간회 본부회장으로 허헌이 재직하고 있던 시절에 신간회 본부와 광주지회 사이에 큰 갈등이 있었다는 점이다. 갈등의 발단은 신간회 3대 회장의 선출이었다. 당시 회장 후보로 허헌과 권동진이 경합을 벌였는데, 이때 정수태 등은 권동진을 지지하고 있었다. 그러나 허헌이 당선되자 정수태는 회의장에서 "신간회장은 우리 민족의 대표격인데 일본 법정에서 일본 법령을 지키는 굴욕적인 인사(당시 허헌은 변호사였다)는 신간회장으로 부당하니 회장을 내놓거나 변호사직을 그만두거나 양자택일하라"고 발언했다고 한다. 이는 신간회의 좌우갈등의 결과로 보이는데 그 결과 정수태는 1929년경 신간회 본부에서 제명당했다.[4)]

또한 이 시기에 정수태는 곡성군 민선의원으로 도평의회에 진출했다. 그가 언제 몇 번이나 평의원을 지냈는지는 확실치 않다. 그러나 도평의원 선거가 1920년과 1923년, 1926년 늦가을에 있었고, 도평의원 명단에 그의 이름이 나온 것이 1926년 6월과 1927년 10월인 것으로 보아 2차와 3차에 걸쳐 연임했던 것으로 보인다. 이때는 그가 민족운동에 투신하고 있을 때지만 다른 한편으로는 일제의 지배에 협력하는 것으로 인식되던 도평의원에 참여했던 것이다. 이러한 이중적인 면모는 그의 사회경제적 위치나 정치사상을 반영하는 것이었다. 즉 그는 1920년대 초반부터 일관된 자치론자였으며, 그의 집안은 곡성군에서 일제와 맞설 수 있는 힘을 갖고 있었지만 전체적으로는 일제 통치의 하부를 담당하던 지주였다.

1929년 11월 3일 광주학생운동이 일어났다. 학생들의 시위가 격렬해지면서 장석천, 최인식 등 광주 지역의 청년운동가들이 합세했고 운동은 전국적인 규모로 확대되기 시작했다. 이때 정수태는 신간회 광주지회장으로 있었는데 이들 청년들에게 운동 자금으로 500원을 주고 신간회 본부에 상황을 알리는 등 분주하게 움직였다. 또한 신간회 조사단(대표 : 조병옥)이 송정리에서 저지되자 그곳까지 마중을 나가 현지 사정을 전했고, 그 뒤 허헌, 김병로 등의 현지 조사에 적극 협조하기도 했다. 이 시기 동아일보에는 정수태가 공산주의사건에 연루되어 피검되었다는 기사가 있는데, 여러 가지 상황으로 보아 그 자신이 공산주의자는 아닌 것 같고 단지 공산주의자인 청년들을 도와주기만 했던 것 같다.

이와 같이 민족운동에 열중하던 정수태는 신간회에서 제명당한 뒤 광주 집을 팔고 곡성으로 이사를 한다. 여기에는 그토록 정열을 쏟았던 신간회의 제명 결정이 가져다 준 허탈감과 홀어머니의 봉양이라는 개인적인 사정이 얽혀 있는 것 같다. 그러나 이번 이사는 단순히 거주지를 옮기는 것에 국한되지 않았다. 이후 그는 두 가지 점에서 크게 변화된 모습을 보였다. 그 중 하나는 이제 더 이상 광주 지역사회에서 그의 이름이 거론되지 않았다는 것이다. 허백련, 현준호 등과 개인적인 친분 관계는 유지하고 있었으나 이제 사회운동에는 가담하지 않았다. 여기에는 그 동안의 사회활동으로 가산이 기울었다는 것도 무시할 수 없는 요인이었다. 다른 하나는 그 동안의 활동과는 격이 맞지 않게 곡성면과 석곡면의 면장으로 재직했다는 것이다. 도평의원까지 지낸 그에게 면장이라는 직책은 어울리지 않았으나 곡성에서 달리 할 일이 없었고 무엇보다도 그의 집안 사람들을 안심시킬 필요가 있었다. 이러한 경력은 후일 그가 혼란한 생애를 살았다고 후회하는 근거가 되며, 한편으로는 사람들에게 친일파로 비난받는 원인이 되었다.

1942년 면장마저도 그만두고 별다른 일 없이 술로 소일하던 중 해방을 맞이했다. 그는 면민들에 의해 초대 면장으로 추대되기도 하지만 정치적인 활동은 하지 않았다. 우익진영이 헤게모니를 장악하고 있던 곡성에서 그의 위치는 별로 흔들림이 없었지만 그는 정치 단체에는 결코 가입하지 않았다. 단지 곡성중학교의 설립에는 적극 가담했고 1946년 2월에 학교가 설립되자 교장으로 취임해 1948년 6월 30일까지 교장으로 재직했다.

이후 그는 두문불출 집에서만 기거하고 있었다. 세간에서는 그가 면장 시절에 했던 일들로 여러 가지 시시비비가 있었지만 그는 개의치 않았다. 이때 그는 앞의 유언에서도 밝힌 바와 같이 일제치하 자신의 행적에 대해 역사의 심판을 기다리고 있었다. 거물급 친일파들이 또다시 정치가와 고급 관료로 변신했던 당시의 분위기를 생각한다면 그의 이러한 행동은 오늘날의 우리들에게 시사한 바가 적지 않을 것이다. 그러던 1949년 5월 25일 향리에서 60세의 나이로 숨을 거두었다. 그의 아들 정래혁(전 국회의장)은 아버지를 이렇게 회상했다.

아버님이 돌아가셨을 때 나는 얼마나 울었는지 모릅니다. 일제하에서 별것도 아닌 면장을 했다고 그토록 근신만 하고 계셨습니다. 차라리 김병로같이 일제 말에 농사만 짓고 있었다면 해방 후 좀더 큰 일을 할 수 있었을텐데……. 뜻을 펼쳐 보지도 못하고 돌아가신 것이 무척 아쉽고 슬펐습니다.

1) 정수태의 유언장은 그의 아들인 정래혁이 간직하고 있으며, 곡성읍에 있는 묘역의 비석에 새겨져 있기도 하다.

2) 동아일보, 1920. 8. 16~22.

3) 조흥은행, 『조흥은행 60년지』

4) 이균영, 「신간회연구」, 한양대 박사학위논문.

유혁

전남 농민운동의 지도자

1892년 전남 영암 출생
1925년 전조선노농대회 영암 대표, 영암 농민운동 주도
1932년 영암 공산주의협의회 결성 주도
1945년 조선공산당 전남도당 위원장
1946년 민전 중앙집행위원장, 전남 민전 부위원장
1950년 월북

도내 각 군은 광주부 광주군 등 몇몇 군을 제외하고는 군수 이하 면장에 농민의 의사를 대표하는 인민위원장이 취임했다. 두려운 것은 과거의 관리들이 서로 선동하여 이 기초를 파괴하려는 것이다. 면과 부락의 주재소 등은 농민 영도하에 있다. 일례를 들면 면장이라는 관칭으로 공문을 내면 불종이다. 인민위원장의 명칭으로 공문을 내면 절하고 받아 간다고 한다.[1]

이상은 1945년 12월 9일 유혁(柳赫)이 전라남도 대의원 자격으로 전국농민조합총연맹(전농) 결성대회에 참가해 전남의 정세보고를 했던 내용의 일부이다.

유혁은 1892년 10월 16일 영암군 신북면 모산리에서 유흥인(柳興仁)과 신재성(愼在晟)의 1남 2녀 중 첫째로 태어났다. '혁(赫)'이라는 이름이 잘

알려져 있지만 '용의(龍義)'라는 이름으로도 불렸다.[2] 부친은 나주 향교의 전교(典校)를 지낼 정도로 한학에 뛰어난 사람이었다. 그가 공식적인 학교 교육을 받았다는 기록은 어디에도 남아 있지 않다. 1909년부터 1913년까지 일본에서 체류했다는 기록이 있기는 하지만, 당시의 상황으로 미루어 유학을 목적으로 갔다고 판단하기는 어려울 것 같다. 하지만 이때 일본생활은 그의 활동에 적잖은 영향을 미쳤을 것이다.

현재 남아 있는 자료를 통해 확인되는 그의 활동은 1920년대 중반부터 시작된다. 당시 유혁의 활동으로 보아 3·1운동 때나 1920년대 초반에도 활발한 활동을 했을 것으로 짐작되지만 안타깝게도 구체적인 행적이 확인되지 않고 있다. 뿐만 아니라 그의 사상적 배경을 이해하는 데 중요한 자료가 되는 일본에서의 행적도 확인할 길이 없다. 1925년 2월 1일자 동아일보 기사에 따르면 유혁은 전남 각 지역의 활동가들 모임인 민족해방자동맹에 주도적으로 참여해 집행위원 10인 중의 한 사람으로 선출된다. 그후 그는 민족해방자동맹의 대표 자격으로 1925년 9월 목포 지역의 직업별 노동조합 창립대회에서 축사를 했으며, 진도의 농민조합 결성에도 참가해 연설을 했던 것으로 나타난다. 또한 1925년 전 조선노농 대회에 영암 대표로, 1926년에는 전남노동연맹 발기인 대회에 준비위원으로 활약했다. 그후 1927년 7월 29일 신간회 목포지회가 주최한 연설회에서 그는 '사회운동과 신간회의 사명'이라는 주제로 강연을 하기도 했다.[3]

그를 기억하는 생존자들은 그의 천재적인 기억력과 뛰어난 연설은 청중들을 사로잡았다고 말한다. 한편 유혁의 사회주의활동은 3차 조선공산당 결성부터 시작된 것으로 알려져 있다. 3차 조공은 고향 사람인 김준연이 중앙선전부장과 책임비서로 있었던 때인데, 유혁은 전남지부 당원으로 활동했다. 이어서 김재명이 전남지부 대표로 있던 4차 조공에도 참여한다. 그는 이러한 대외적인 활동중에도 영암 지역 소작민들의 조직화에 심혈을 기울인다. 그는 악덕 지주들의 소작권 이동과 고율의 소작료에 대항해 소작인의 권익을 찾기 위해서는 농민들의 단결 외에 다른 방법이 없다는 것을 잘 알고 있었다.

옥중에 있을 때 동료들이 유혁에게 보냈던 엽서들.

일제하에서 이런 활동의 결과는 가중되는 탄압과 감옥으로 가는 길뿐이었다. 그는 1928년 9월 18일 소작쟁의와 관련해 4개월의 금고형을 받았고, 다음해 7월 15일 같은 활동을 계속했다는 혐의로 일제로부터 징역 2년을 선고받고 목포형무소에 수감되었다.[4]

출옥하고 난 이듬해인 1932년 유혁은 그 동안의 옥고에도 아랑곳하지 않고 또다시 활동을 재개한다. 이때 그와 함께 활동을 했던 사람들은 김판권, 곽명수, 최상호, 김석준, 최규창 등이었다. 이들은 먼저 그 동안의 활동이 체계적이고 통일적이지 못했음을 비판하면서 지역의 농민에 기반을 둔 조직체를 결성할 것을 결의했다.

이 무렵 국내 공산주의운동은 네 차례의 검거선풍과 파벌간 분열현상이 심각한 국면에 이르렀다. 더욱이 국제 공산주의 지도기관인 코민테른에서도 이러한 분열현상을 지적하면서 이를 극복하기 위한 지침으로 이른바 「12월테제」를 하달했다. 그것의 주된 내용은 '노동자와 농민 속으로 들어가 당을 재건'하라는 지침이었다.

어쨌든 이들은 자신들의 거주 지역을 활동 근거지로 해 야학회, 연극, 강연회 등을 개최하고, 이를 통해 자신들의 활동 기반을 조성했다. 이러한 활동의 결과 1932년 4월 18일에는 '공산주의협의회'가 결성된다. 유혁은 여기서 외부연락부를 맡았다. 협의회가 우선적으로 관심을 가졌던 일은 당시 빈번하던 소작쟁의였다. 유혁의 재판기록에 따르면 "1932년 5월 1일 메이데이 행사가 당국의 엄계로 수포화되자 음력 5월 1일을 기하여 기념하기로 결정하고 …… 덕진면 영보리 영보정에 영암리, 영보리, 노송리,장암리 청년 70명을 규합시켜 산유회를 개최하고 …… 소작문제를 선동해 동인들로 하여금 소작쟁의를 일으켜 …… 영암리로 달려서 지주 및 신소작권 등 동유관자들을 피습해 구타, 폭력하는 등 일대 난투를 일으켰다……."[5)]라고 기록하고 있다. 이 사건으로 관련자 100여 명이 영암서에 검거되었고, 유혁은 1933년 대구복심법원에서 징역 5년을 선고받았다. 이후 그는 서울 마포, 광주, 대전형무소 등을 전전하다가 만기 출옥했다.

출옥 후 대부분 활동가에게 그랬던 것처럼 일제는 그를 내버려 두지 않았다. 결국 그는 일제의 회유와 협박에 의해 사회운동을 중단했다. 혹자는 그가 사상전향자의 모임인 사상보국연맹에 참여했다고 증언하기도 한다. 이 무렵 그는 영암에 있으면서 금광 채굴에 손을 대기도 했다. 이때부터 해방까지 그의 활동은 보이지 않았다.

해방 이후 그의 활동은 다시 분주해지기 시작한다. 전남 지방에서는 해방 이틀 후 건국준비위원회가 결성되는데, 유혁은 결성식 사회를 보고 있었다. 그리고 1945년 9월에 광주극장에서 열린 건준 개편 대회에도 영암 대표로 참가했었다. 이후 건준의 권력은 유혁과 김종선을 중심으로 한 좌익에서 장악하게 된다. 당시 건준에 참여한 이익우 씨는 유혁 등 좌익에서 권력을 장악할 수 있었던 이유를 "지주세력의 한민당 사람들보다는 사회주의계열 사람들이 훨씬 더 자주적인 입장을 보여서 각 군에서 올라온 대표들이 전폭적인 지지를 보낸 것" 때문이라고 증언한다[6)]. 한편 서울의 건준이 인민공화국으로 개편되면서 전남에서도 유혁과 김종선, 이익우 등을 중심으로 개편 작업이 진행되었다. 개편 대회는 9월 20일 각 군에서 올라온 대의원 100여 명이 참석한 가운데 유혁이 임시 의장을 맡아 진행했다. 당시의 인민위원회에 관해 전남 군정 정보과장을 지낸 미드(E. G. Meade)는 "1945년 10월 미군정이 광주에 도착했을 때 이 지역의 전반적인 상황은 인민위원회에서 통제되고 있음을 발견했다"[7]고 쓰고 있다.

거의 같은 시기인 1945년 9월 15일 조공 도당 결성을 위한 준비 모임이 이루어졌다. 이 모임에서 도당 위원장에 유혁이 당선되고, 조직부장 윤가현, 선전부장 윤석원, 노동부장 이남래 등이 선출되었다. 이 결정은 10일 후인 1945년 9월 25일에 열린 도당 결성 대회에서 추인된다. 당시 광주시 대의원 자격으로 참석했던 이기홍 씨는 "박헌영계열에서 유혁 씨를 도당 책에서 떨어뜨리려 별 수법을 다 동원했다"고 말했다.[8] 하지만 유혁은 70%라는 압도적 지지를 얻어 도당 위원장에 당선되었다. 다음해 6월 2일 윤순달 등 박헌영계열의 요구에 의해 도당회의가 열렸다. 이때는 정판사 사건으로 공산당활동이 불법화되어 있어 각 군 대표 25명(제주1명 불참)과 무소속 상임위원 10명만 참가한 가운데 진행되었다. 이 대회에서 지금까지 당책을 맡았던 유혁은 농민부장으로 물러나고, 박헌영계열인 목포의 김영재가 위원장으로 선출되었다.

유혁의 활동은 중앙에서도 활발하게 나타나는데, 이는 전농과 민주주의 민족전선 등을 통해 살펴볼 수 있다. 전농은 1945년 12월 8일부터 3일간 서울 시내 천도교당에서 각 군 대표 670여 명이 참가한 가운데 결성되었다. 여기서 유혁은 대회진행계를 맡는 등 주도적인 역할을 담당했고, 중앙 상임위원과 부위원장으로 선출었으며 대회 마지막 날 이구훈, 박경수, 최한철 등과 함께 지방 대의원들의 의견을 미군정에 건의하는 교섭 대표로 선출되었다.[9]

또한 유혁은 민전에서도 중요한 직책을 맡고 있었다. 1946년 초의 정치 정세는 좌익과 우익이 '신탁통치'를 둘러싸고 심한 견해 차이를 보이면서 나름대로 세력 확장을 기도하던 때였다. 당시 우익은 이승만과 김구를 중심으로 1946년 2월 1일 '비상국민회의'를 조직했고, 뒤이어 좌익에서는 1946년 2월 15일 서울 종로 YMCA에서 열린 민전 결성 대회를 개최하고 있었다. 민전 결성 대회에서 유혁은 중앙집행위원으로 선출된다. 한편 전남 민전에서도 유혁은 부위원장(위원장 : 김완근)으로 활동했다.

현재 남아 있는 자료로는 1946년 중반 이후 유혁의 활동을 찾기 힘들다. 이때는 좌익의 활동이 불법화되기 시작하던 때였다. 다만 그의 행적에 관하여 두 개의 증언이 전해진다. 그 중 하나는 1946년 말 남조선노동당을 주도하던 박헌영에 반발한 뒤 여러 가지로 그의 활동이 제약당했다는 것이다. 다른 하나는 1949년 남북노동당의 합당이 논의되던 시기에 '남북노동당 합당 중앙위원'으로 활동했다는 이기홍 씨의 증언이 있다. 하여잔 그는 노동당의 합당이 이루어지고 얼마 지나지 않아 월북했다. 그리고 월북한 지 얼마 안 되어 한국전쟁이 일어났다. 그후 유혁의 행적은 거의 전해지지 않았다. 단지 북에서 별다른 대접을 받지 못하고 힘든 생활을 했다는 말만 전해질 뿐이다. 그의 호적에는 1966년 3월 16일 사망한 것으로 되어 있다.

일제하에서 소작인의 권익을 위해 싸우던 농민운동가이며, 민족운동의 주요 활동가였던 유혁, 그러나 그의 이름은 해방 정국의 좌우대립과 좌익 내부의 파벌싸움 속에 묻히고 말았다.

1) 김남식 편, 『남로당연구 자료집 2집』, 고려대학교 아세아문제연구소, 129~215쪽.
2) 족보에는 용의(龍義)로 되어 있으며 호적에는 혁(赫)으로 되어 있다.
3) 『독립운동사자료집』 14집, 296쪽.
4) 「총무처 소장 재판자료」, 1928, 556쪽, 1929, 398쪽.
5) 「영암(적색농민조합) 공산주의자협의회 재판자료」, 「총무처소장 재판자료」 250, 589쪽.
6) 이익우는 전남 건국준비위원회에 참여했으며, 이후 김영재가 위원장으로 있던 조선공산당 전남도당에서 재정부장을 맡았던 인물로 일본에 거주하고 있다.
7) 안종철 역, 『미군정연구』, 한울.
8) 이기홍은 완도 고금면 출신으로 전남운동협의회, 완도 적색농민조합운동에 김홍배 등과 참여했던 인물로 현재는 광주시 우산동에 거주하고 있다.
9) 김남식 편, 앞의 글.

윤순달

경성 콤그룹의 전남 책임자

1914년 전남 강진 출생
1933년 산업별 적색노동조합 준비위원회 결성, 경성 트로이카에 가담
1934년경 조선공산당 재건동맹원
1940년 경성 콤그룹 전남 책임자
1949년 남로당 조직부장 대리
1952년 조선노동당 중앙위원회 연락부부장
1953년 박헌영간첩사건으로 북한에서 징역 15년에 재산몰수를 선고받음

일제하 사회운동 단체 중 경성 콤그룹이라 불리는 조직이 있다. 그들은 1930년대 이후 혹독한 탄압기를 맞아 대부분의 활동가들이 전향하거나 휴식하던 순간에 두드러진 활동을 전개했던 조직이었다. 당시 누구보다도 항일의 열정 속에서 살았던 그 구성원들이 오늘날에 와서는 조직의 명칭보다도 '박헌영 일파'라는 이름으로 기억되고 있다. 경성 콤그룹의 전남 조직 책임자는 윤순달(尹淳達)이었다.[1]

윤순달은 1914년 1월 16일 전남 강진군 대구면 수동리에서 윤정현의 1남 5녀 중 외아들로 태어났다. 윤정현은 당시 60두락 정도의 땅을 소유하고 있었는데, 그 중 일부는 머슴을 두고 자작했으며, 일부는 소작을 주었던 부농이었다.

윤순달이 항일운동에 투신하기까지에는 가까운 집안 사람들의 영향이 지대했다. 그의 할아버지는 보수적인 유학자였지만, 3·1운동에 참가할 정

도로 민족적인 성향을 갖고 있었고, 그의 아버지는 사재를 털어 향리인 수동리에 사립학교를 세우고 청년들의 조직과 교양에 열성을 보인 배일사상이 농후한 사람이었다. 또한 1930년대 초 전남 지역 사회운동 지도 조직이었던 전남사회운동협의회 강진군 책임자 윤가현은 그의 삼촌으로 함께 학교를 다닌 절친한 친구이자 동지였다. 이러한 집안의 영향으로 그는 자연스럽게 항일운동에 합류하게 된 것이다.

윤순달은 당시 집안이 부유한 여느 아이들과 마찬가지로 한문 서당을 다니다가 8세 때인 1921년에 아버지가 세운 사립학교에 입학하면서 처음으로 신학문을 접하게 된다. 그러나 민족적인 교육을 실시하던 수동리 사립학교는 결국 폐쇄될 수밖에 없었다. 그후 이유는 알 수 없지만 그는 4년제였던 전북공립보통학교로 멀리 전학을 갔고, 다시 6년제였던 강경공립보통학교 5학년에 편입했다. 그가 처음으로 항일운동에 뛰어든 곳이 이 학교였다. 이미 아버지와 삼촌(윤가현)의 사상적 영향으로 민족의식에 눈뜨고 있던 그는 6학년 때부터 청년단이나 독서 모임 등을 통해 항일운동을 시작한 것이다. 그러한 활동은 그가 1929년의 학생운동에 가담했다가 수일간의 구류생활과 퇴학을 경험하면서 중단되었다. 그러나 이 경험은 향후 본격적인 활동을 전개하는 계기로 작용했다.

학교에서 퇴학당한 후 향리로 돌아온 윤순달은 삼촌의 영향으로 노동운동에 투신할 것을 결심하고 철도기관사 양성소에 응시했으나 낙방했다. 그러나 노동자가 되려는 그의 뜻은 변함이 없었다. 결국 그는 2년제인 서울전기학교에 입학해 졸업을 했고, 영등포에 있는 철공장에 입사해 노동자가 되었다. 그곳은 그가 최초로 노동운동에 투신한 공장이기도 했다.

이후 공장을 전전하면서 노동운동에 종사하던 그는 결국 당시 최대의 조선공산당 재건운동 조직인 이재유 주도의 경성 트로이카에 가담하게 되었다. 당시 이재유그룹은 적색노동조합을 통해 노동자들을 묶어 세운다는 조직 방침을 정하고 그것을 실천에 옮기고 있던 때였다. 영등포에 있는 천북전기회사의 노동자였던 윤순달은 이에 호응하여 1933년 9월경 동료들과 함께 산업별 적색노동조합 준비위원회를 결성했던 것이다.

1941년 광주에서 어머니와 함께 찍은 사진. 당시 그는 전남 지역 콤그룹 결성에 앞장섰다.

한편 윤순달은 이재유그룹과 입장을 달리하면서도 서로 직간접으로 연결되어 있던 권영태그룹 및 김희성그룹에도 연결되어 있었다. 즉 1934년경 그는 권영태와 일본인 교수의 지도를 받으며 조선공산당 재건동맹의 구성원으로 활약했다. 당시 이들의 주된 활동은 소책자나 격문 등을 노동자 대중에게 배포해 그들을 의식화하는 것이었다. 실제로 1934년 4월 초 권영태가 작성한 「메이데이」라는 제목의 소책자 약 50부를 등사 제본해 배포하고, 같은 해 4월 하순 재차 「파시즘전쟁의 협박 및 공산당의 제임무」라는 제목의 격문을 공장가에 살포하기도 했다. 또한 1935년경 윤순달은 김희성그룹의 일원으로 자신들이 코민테른의 지도를 받는 정통 조선공산당이라고 자처하면서 조선공산당의 재건 기초 공작을 전개하기도 했다. 이때 윤순달은 1934년부터 근무하던 경성전기회사의 야체이카 책임자로 활동했다.[2)]

이러한 활동은 얼마 지나지 않아 공산당의 재건운동에 촉각을 곤두세우고 있던 일제의 감시망에 걸려 들게 된다. 윤순달은 1936년 10월 권영태의 조공 재건동맹이 발각되면서 종로경찰서에 피검, 1년 형을 선고받고 1937년 7월경 서대문감옥에서 석방되었다. 또한 1938년에는 김희성그룹이 체포될 때 치안유지법 위반으로 구속되기도 했다. 그는 1939년에 출옥해 고향으로 돌아왔다. 그리고 이듬해인 1940년 영암 신북 출신의 유복순과 결혼했다.

수년간의 감옥생활 결혼, 개인적으로는 커다란 변화였지만, 노동운동에 대한 그의 집념만은 꺾을 수 없었다. 그는 1940년 4월 조직선이 단절된 채 서울로 상경하여 지함공장에서 일하는 한편, 개인적으로 가두 노동자들과 접촉하여 그들을 조직화하는 작업을 전개하고 있었다. 그러던 중인 8월 경성 콤그룹의 핵심적인 활동가인 김삼룡을 만나게 된다. 김삼룡은 그에게 전남 광주로 내려가서 조직을 건설하라는 임무를 부과했고, 이에 따라 그는 그해 11월 말 광주로 내려오게 되었다. 광주에 온 윤순달은 남선전기회사에 취직해 일자리를 확보하는 한편 윤가현(강진), 김홍배(해남, 전남사회협의회 책임자) 등과 함께 전남 지역의 콤그룹을 결성했다.

이들 조직은 1941년 초 김삼룡의 피검으로 잠시 조직선이 단절되기도 했지만 같은 해 가을 여자의 몸으로 경성 콤그룹의 핵심적인 활동가였던 이순금이 찾아와 다시 선이 연결되었다고 한다. 이때 윤순달은 박헌영을 소개받았는데 박헌영은 그를 매우 신임했다고 하며, 윤순달 자신도 이를 매우 영광으로 알았다고 후일 술회했다. 그러나 이것이 향후 그의 삶의 방향을 결정하는 계기가 될 줄은 당시에는 아무도 알 수 없었다. 한편 박헌영이 일경의 추적을 피해 1942년경 광주에 왔던 것도 이들 조직이 건재했기 때문이었다. 당시 박헌영이 광주에 있다는 것을 아는 사람은 박헌영의 애인을 가장하고 있던 이순금과 윤순달뿐이었다고 한다.

전남 지역 콤그룹의 구체적인 활동은 아직 밝혀지지 않고 있다. 그러나 해방 20일 전인 1945년 7월 말 서울 지역 활동가들과의 연락을 위해 윤순달이 상경했다는 사실은 이들이 국내외 정세를 예의 주시하고 있었다는 것을 보여 준다.

해방이 되면서 박헌영은 조선공산당의 최고 지도자로 부각되었다. 당연한 결과로 윤순달도 더욱 활동 폭이 커지고 바빠졌다. 해방 직후인 8월 18일 저녁 박헌영이 광주에서 상경할 때 윤순달은 현지 조직원이었던 고항에게 박헌영의 신분을 숨긴 채 호위할 것을 지시했다. 또 서울에서 박헌영을 비롯한 지하활동을 하던 활동가나 감옥에서 나온 옛 동지들을 만나 향후 활동방향을 논의하기도 했다. 그 결과 윤순달은 1945년 8월 25일경 서울에서 김삼룡으로부터 광주시당과 전남도당의 재건을 지시받고 광주에 내려온다. 이때 동행인은 윤가현, 고항, 김홍배, 이남래였다.

이들은 광주시 북동에 별도의 사무소를 두고 활동을 개시했는데, 이미 조공 재건을 위해 모여 있던 유혁 등과 마주치게 된다. 이들은 조공의 고질병이었던 분파간의 갈등을 가슴에 숨긴 채 공동으로 조직 재건에 착수해 1945년 9월 15일을 전후한 시기에 전남도당과 광주시당을 재건했다. 당시 윤순달은 최초 광주시당 조직부장을 맡았다가, 곧바로 시당 위원장을 맡게 되었다. 이와 함께 그는 노동자들의 대중 조직인 조선노동조합전국평의회(이하 전평)의 조직에도 참여해 1945년 9월 28일에 개최된 전평 준비위원회에서 조사부(위원장 : 문은종) 위원으로 선출되기도 했다.

그의 두드러진 활동은 곧 미군정 당국의 눈에 띄게 된다. 그 결과 그는 좌익에 대한 탄압이 가열되던 1946년 3월 중순경, 미군정을 반대한다는 이유로 광주 경찰에 피검되어 1년 6개월의 징역을 언도받기도 하지만, 변호사들의 항소로 1947년 5월 중순 무죄로 석방되었다. 그러나 며칠 후 경찰에게 재차 체포되어 6개월 만에 석방되는 등 탄압이 계속되자 중앙에 건의해 1947년 말에는 서울로 소환되었다.

이후 그는 남로당의 요직에 기용되면서 핵심 활동가의 한 사람으로 부상하게 된다. 1947년 12월에는 김삼룡, 이주하의 지도로 남로당 조직부 부부장으로 활동했고, 1949년 2월 말에는 남로당 조직부장 이중업이 체포되자 조직부장 대리로 임명되기도 했다. 그 직후 윤순달도 체포되어 징역 1년 6개월에 집행유예 4년을 선고받고 같은 해 6월 말에 석방되기도 한다. 그러나 그는 곧바로 활동을 재개하여 같은 해 8월까지는 조직부장 대리로 활동하다가 8월 25일 또다시 수도 경찰청에 체포되었다. 그후 그는 한국전쟁 때 서울이 인민군에 점령된 직후인 6월 28일에 출옥했다.

한국전쟁 때에도 그는 매우 활발한 활동을 보여 주었다. 김남식의 『남조선노동당연구자료집』에 따르면 전쟁 초기 그는 군 부대의 사단장급 간부로 활동하다가, 1952년 5월부터는 중앙당 연락부에서 근무했다고 한다. 결국 그는 같은 해 6월 16일 조선노동당 중앙위원회 연락부 부부장에 임명되었다. 이때 그가 연락부로 소환되었던 것은 군 부대보다는 박헌영, 이승엽의 지도를 받고 싶다고 스스로 건의해 이루어졌다고 한다.

그러나 그의 정치적 상승은 북한에서 진행된 남로당 숙청의 열풍 속에서 꺾이고 말았다. 윤순달은 박헌영의 제거에 앞서 1953년 7월 27일에 이루어진 이승엽 등의 기소시에 함께 기소되었다. 그의 죄명은 '조선민주주의인민공화국 정권전복 음모와 반국가적 간첩 테러 및 선전, 선동행위'였다. 그는 이 사건으로 1953년 8월 6일 오후 5시 징역 15년에 재산몰수를 선고받으면서 역사 무대에서 사라졌다.

평생을 항일노동운동과 조선공산당에 바쳤던 윤순달, 그의 일생에 대한 평가는 여러 갈래로 나누어질 수 있다. 그가 자신보다는 민족과 국가를 생각하며 살았던 점은 긍정적으로 평가되겠지만, 그 방법에 대해서는 여러 가지 이견과 비판이 나올 수도 있다. 그러나 그는 그가 태어난 한반도의 남쪽에서는 물론 그의 신념의 고향인 북쪽에서조차도 버림받은 인물인 것이다.

1) 윤순달의 이력과 활동 사항은 그가 북한에서 '박헌영간첩사건' 연루자로 기소되었을 때 공소장에 자세하게 나와 있다. 이 글은 상당 부분 그것에 의존하고 있다. 공소장은 김남식 편의 『남로당연구자료집』에 실려 있다.
2) 이기하의 『한국공산주의운동사』 제1권에서 그에 관한 부분을 발췌·요약했다.

김종필

구례 사회운동의 선구자

1905년 전남 구례 출생
1945년 구례 건국준비위원회 재정부장, 이후 구례 인민위원회 위원장
1945년 미군정 전남지사 고문회의 위원
1947년 민주독립당(당수 : 홍명희)에 입당

한국전쟁기에 구례군 마산면 냉천리에는 홍제원(弘濟院)이라는 사설고아원이 있었다. 구례 인근의 고아들을 모아 먹을 것과 입을 것을 주었을 뿐만 아니라 야학을 열어 배움의 기회를 제공하기까지 한 고아원이었다. 그러나 해방 정국의 와중에서 홍제원의 경영자는 구례를 떠날 수밖에 없었고, 홍제원도 군경에 의해 접수당해 여순사건 때 불타 버린 마산면 지서가 들어서게 되었다. 물론 그곳에서 기거하던 고아들도 각기 뿔뿔이 흩어질 수밖에 없었다. 일제하 식민지 조선에서 유례를 찾기가 쉽지 않은 한 인도주의자와 그의 사회적 활동의 산물이 민족상쟁의 와중에서 사라져 버린 것이다.

홍제원의 경영자는 구례 인근에서 후덕한 대지주로 인망이 높은 김종필(金鍾弼)이었다. 그는 그 외에도 수많은 덕행을 쌓았던 사람으로 알려져 있다. 당시의 빈곤했던 상황에서 마산면 주민들은 아이가 태어나면 그가 보내 준 미역 1단과 쌀 2~3말로 산모의 몸조리를 했다고 한다. 또한 마산면 인근의 저수지나 축대 개축 등 돈이 필요한 지역사업이 있으면 반드시 그의 막대한 기부금이 공사비로 충당되었다고 한다. 그는 이웃에게 사랑을 베푼 인도주의자이면서 소박한 사회주의자였다. 그의 이러한 성향은 좌우간의 갈등이 치열하게 전개되고 친일파들의 대부분이 우익인사로 되살아나는 왜곡된 현실에서 더 이상 버틸 수가 없었다.

김종필은 만석꾼으로 알려진 김택균(金澤均)의 3남 2녀 중 둘째 아들로 1905년 구례군 마산면 냉천리에서 태어났다. 홍제원을 처음 개설한 것도 김택균인 것으로 알려져 있는데, 최초에는 구례면 소재지에 두었다가 얼마 후 냉천리로 옮겨 왔다고 한다. 김종필의 집이 지주의 반열에 오른 것은 그의 할아버지 김주홍(金周弘)대였다. 원래 할아버지는 전라남도 광양의 가난한 집에서 태어났으나 마포장사를 통해 기반을 잡았다고 한다. 현재 전해지기로는 군포의 대납을 했다고 하는데, 그후 마포장사로 어느 정도 수완을 인정받았음인지 경복궁 중건시에는 감역(監役)이라는 벼슬을 했다. 그래서 지금도 구례에서는 김주홍을 '징게목(金監役)'이라고 부르고 있다. 김주홍은 주로 서울에서 활동했지만 자신의 땅이 많이 있는 남부지역에도 근거지를 마련하기 위해 경상도 화개로 내려온다.

김주홍은 두 아들을 두었는데 큰아들에게는 서울에 있는 집을 물려 주었고 둘째 아들인 김택균은 화개로 데리고 내려와 인근의 땅 7000~8000석을 물려 주었다. 그후 김택균대에 구례에서 살기 시작했다. 처음에는 구례군 간전면으로 왔으나 1900년을 전후한 무렵에 냉천리에 집을 짓고 자리를 잡았다. 김택균의 큰아들인 김종철은 일본에서 대학까지 나왔는데 밖으로 돌아다니느라 구례에서는 거의 살지 않았다. 그래서 둘째 아들인 김종필이 구례 인근의 소작지를 관리하며 살았다.

김종필의 학력을 정확하게 기억하는 사람은 없다. 서울에서 학교를 다닌 것은 확실하나 학교 이름을 기억하지 못하고 있다(보성고보 혹은 중동학교). 그후 일본 유학을 가서 정칙학원 영어과에서 수학하고 와세다대학에 입학했으나 졸업을 한 것으로 보이지는 않는다. 한편 한 자료에는 그

일제시대 구례 지역 활동가들의 사랑방 역할을 했던 주조(酒造)합명회사. 지금도 주조장으로 쓰이고 있다.

와 동일인으로 보이는 인물이 불령선인으로 1919년 11월경 조선 기독교청년회 동경지회의 교육부장을 맡고 있으며 1924년 1월에 귀국한 것으로 되어 있다.[1] 이후에도 김종필은 상해로 가서 김규식 박사에게 영어를 배웠던 것으로 전해진다.

10여 년 이상의 유학을 마치고 고향에 돌아온 김종필은 먼저 부친인 김택균이 개설했던 홍제원을 운영하는 한편 냉천리를 중심으로 소비조합운동을 주도했다. 구매조합이라고도 불리는 소비조합은 일종의 협동조합으로 생활필수품을 도매 가격으로 가져와 마을 사람들에게 팔아서 그 이윤으로 지역사업을 하는 운동이었다. 한 가지 주목할 만한 점은 당시 소비조합운동은 신간회가 해소된 이후 거의 전국적으로 번진 사회운동이라는 점이다. 따라서 김종필이 자본금의 대부분을 대면서 소비조합의 설치에 심혈을 기울인 것을 단순히 개인적인 일로 치부할 수는 없다.

이와 함께 그는 1930년대 중반경 구례면 소재지에 있던 김택주조장을 인수해 구례주조합명회사(酒造合名會社)를 설립했다. 이는 민족자본의 육성이라는 김종필의 개인적인 열망에서 시작된 일이지만 그 밖에도 지역 내 사회운동세력의 구심점이 되기도 했다. 그것은 그가 주조합명회사의 관리자로 채용한 사람들이 한결같이 구례를 대표하는 활동가였기 때문이었다. 따라서 주조합명회사는 자연스럽게 활동가들의 사랑방이 되었고 항일운동의 중심이 되었던 것이다.

이러한 과정에서 모인 인사들이 중심이 되어 1936년에는 금란회가 조직된다. 금란회의 표면상 목적은 화합, 단결, 애향으로 친목 단체를 표방했지만, 실제적으로는 항일을 목적으로 하는 조직이었다. 이 조직에는 신간회의 중심 인물이었던 강대인, 박준동 등과 1930년대 농민운동의 중심 인물이었던 선태섭 등이 포함되어 그야말로 구례 지역의 항일활동가를 총망라한 것이었다. 여기서 김종필은 이들의 회합장소와 활동 자금을 제공하는 등 매우 중요한 역할을 했다. 그는 뛰어난 조직가나 이론가는 아니었지만 인품이 뛰어나고 명망을 갖고 있었으며 자신의 재산을 이용해 항일운동을 지속적으로 지원해 왔기 때문에 조직에서 주도적인 역할을 할 수 있었다.[2)]

한편 김종필은 끊임없이 민족자본의 육성을 강조했고 실제 회사를 설립하기도 했다. 구례주조합명회사도 그러한 맥락에서 설립되었지만 그 외에도 많은 기업을 설립했다. 그것들을 살펴보면 먼저 1940년경에 서울 현 한국일보 사옥 자리에 설립한 대동산업회사가 있다. 여기서는 마포를 재료로 구두를 생산했으며, 해방 이후에는 고무신을 생산하기도 했다. 또한 비슷한 시기에 경상남도 통영에 수산물 가공을 전문으로 하는 대동수산업회사를 설립했다. 해방 이후에도 목포에 비료공장을 세웠으며 영등포에 제염공장을 설립했다.[3)] 마지막으로 그가 투자한 것은 현재의 서울시청 앞 자리에 설립했던 이전사(異電社)였다. 이것은 한국 최초로 전기계량기를 생산하는 공장이었는데 한국전력의 전신인 남선전기에 납품까지 했다고 한다. 그러나 이 모든 것이 그의 월북으로 수포로 돌아가게 된 것이다.

해방 직후 몇 달간이 김종필에게는 자신의 뜻을 마음껏 펼쳐 보는 처음이자 마지막 기회였을 것이다. 해방된 지 이틀이 지난 8월 17일 구례에서도 주조합명회사에서 건국준비위원회가 결성되었다. 여기서 위원장은 매천 황현의 후손인 황위현이 선출되고 김종필은 재정부장을 담당했다. 그러나 실질적인 업무는 김종필이 주도적인 역할을 하고 있었다. 그후 건준이 인민위원회로 개편되면서 김종필은 위원장에 선임되었다.[4)]

당시 김종필의 행적 중 자신의 면모를 유감 없이 드러내는 사건이 몇 개 있다. 그 중 하나는 그가 자신의 재산 가운데 마산면에 있는 과수원과 주조합명회사를 제외하고 모두 처분하면서 자신의 소작지를 소작인들에게 무상으로 분배해 버린 것이다. 이것은 당시 어느 누구도 하기 어려운 일이었다. 당시 냉천리에 살았던 사람들의 증언에 따르면 소작인들이 더 당황해 소작료를 받아 달라고 지게나 달구지에 쌀가마니를 싣고 와서 사정까지 했다고 한다. 이와 함께 그는 선대로부터 거느리고 있던 하인들을 모두 나가 살게 하면서 그들의 삶에 여유가 있을 정도의 전답을 주기도 했다. 이 역시 자신의 평소 신념을 실천한 것으로 그의 지향점을 엿볼 수 있는 행동이다.

한편 김종필이 인민위원장으로 재직하는 동안 가장 힘을 쏟은 것이 구례중학교의 설립이었다. 그는 학교 설립을 위한 기성회장으로 추대되어 설립업무를 추진했고 개교와 동시에 초대 교장으로 취임해 민족 교육을 위하여 노력했다.

미군정이 시작되면서 그는 더욱 중요한 인물이 되었다. 그것은 전남의 초대 군정지사 펩크(D. R. Pepke) 대령이 각계 저명인사 10명에게 위촉하여 1945년 11월에 구성한 지사고문회의에 김종필이 포함되었기 때문이다. 그는 지주와 실업가를 대표하여 고문회의의 구성원이 되었다.[5)] 그렇지만 그는 단 한 번도 고문회의에 참석한 적이 없었다. 단지 구례에 미군 장교들이 시찰을 나오면 그가 마중 나가서 동행하는 정도였다고 한다. 그러나 이때부터 그에게 정치적 억압의 굴레가 씌워지기 시작했다.

일제시대 경찰이었던 인물들이 중심이 되어 부활된 군정 경찰이 지사고문회의의 박준규와 김종필이 공산주의자라고 주장하면서 고문회의를 파괴하기 위한 공작을 시작한 것이다. 여기서 주도적인 역할을 담당했던 인물이 도 경찰부 외사과장이었던 서우석이었다. 그들이 주장한 건의문에서 김종필에 관한 내용을 간추려 보면 다음과 같다.

…… 김종필은 부호인데 표면은 공산주의자가 아닌 것 같으나 이면에 철저한 공산주의자이다 …….

이후 김종필은 자신의 의사와는 관계 없이 공산주의자가 되어 갔다. 당시 구례 지역에서 좌익으로 분류되는 사람들은 일제하에서 항일운동을 했던 자신의 친구들이었다. 우익으로 분류되는 사람들은 일제하에서 경찰을 했거나 친일파 소리를 듣던 인물들이다. 여기서 김종필이 어느 쪽을 선택할 것인가는 불을 보듯 뻔한 일이다. 그러나 구례 지역에서의 좌우갈등은 여순사건이라는 폭풍우를 만날 때까지는 비교적 평온함을 유지하고 있었다. 1946년의 10월항쟁 때에도 구례 지역에서는 별다른 항쟁이 일어나지 않았다. 그러나 암암리에 진행되는 갈등까지 없었던 것은 아니었다.

구례에서 우익인사들이 헤게모니를 장악하기 위해서는 군민의 절대적인 신망을 받고 있던 김종필의 제거가 절대적인 과제였다. 그래서 음모와 모략이 시작된다. 그들은 김종필의 소유로 좌익인사들의 회합장소였던 구례주조합명회사의 주가 주(朱, 붉을 주)라고 경찰에 투서를 한 것이다. 물론 "초록(草綠)은 동색(同色)"이라고 같은 우익진영인 경찰에서는 즉각적인 수사를 시작했다. 이에 위험을 느낀 김종필이 고향을 떠나 서울로 도피해 버렸다. 이때가 대략 여순사건이 일어나기 1년 전이다. 그리고 그후에 일어난 여순사건은 그의 귀향길을 철벽같이 막아 버렸다.

서울에서 김종필은 한편으로는 사업을 하면서 다른 한편으로 정치적인 활동도 전개한다. 자신의 친우인 홍기문(홍명희의 아들)의 권유로 홍명희가 1947년 10월 11일에 결성한 민주독립당에 가담했다. 그러나 그 모든 것이 한국전쟁으로 물거품이 되면서 그도 남과 북 중 하나를 선택해야 하는 처지에 놓였다. 한쪽은 죽음이고 다른 한쪽은 살길이었다. 더욱이 자신의 큰

딸인 김애근은 이미 민청활동 때문에 신변에 위험을 느껴 월북한 뒤였다. 그는 어머니와 처, 아들을 남겨 놓은 채 월북했다. 그리고 미국에서 북한을 방문한 인사들에 의해 1984년에 운명했다는 소식만 전해졌다.

이웃을 사랑하면서 그것을 실천하는 인도주의자, 정의를 지키며 존경받던 소박한 사회주의자 김종필은 해방 정국의 와중에서 이렇게 사라져 버리고 말았다.

1) 국가보훈처, 『독립유공자공훈록』 6권.
2) 구례군, 『구례군사』, 180~181쪽.
3) 이상 회사명과 설립일자는 中村資良 편, 『조선은행회사요록』 1925~1942, 동아경제시보사, 김종필의 아들인 김원배의 증언을 참조했다.
4) 안종철, 「해방 직후 건국준비위원회 지방 조직 및 지방 인민위원회에 관한 연구」, 전남대 정치학과 박사학위논문.
5) 김창진, 「해방 직후 광주 지역의 정치투쟁에 관한 연구」, 역사비평 1집.

김완근

광양 사회운동의 거목

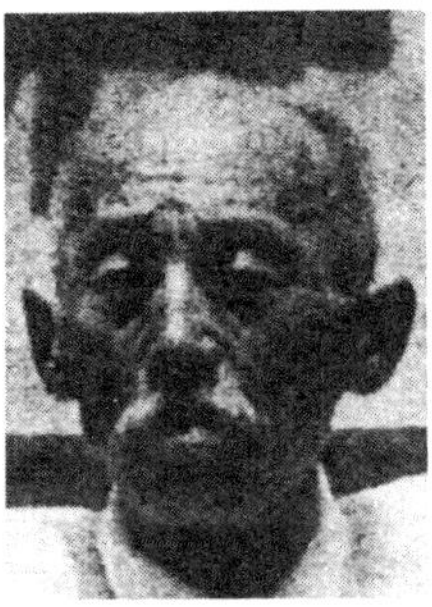

1875년 전남 광양 출생
1923년 광양 소작쟁의회 구성
1925년 조선공산당 참가
1945년 광양 건국준비위원회 위원장
1946년 전남도 민전위원장
1951년 행방불명

1946년 3월 9일 광주서석국민학교 강당에서는 도내의 186개 정당, 사회단체 대의원 423명과 1000여 명의 방청객이 운집한 가운데 전남도 민전의 결성식이 성대히 치러지고 있었다. "진정한 민주주의국가 건설을 위한 목표로 민족통일을 기하기 위하여 민전이 결성되었다"는 입장을 표명한 이 대회에서 위원장에 70세가 넘은 노구의 김완근(金完根)이 만장일치로 선출되었다. 김완근은 "나는 벽지에 사는 일개의 무식한 농부다. 이제는 노쇠하여 힘이 없으나 오랫동안 싸워 나온 굳은 의지만큼은 아직도 남아 있다. 오직 여러분의 절대협력을 구할 뿐이다"라는 인사말을 하고 있었다.[1)]

해방 후 남한 단정세력에 의해 좌익세력 연합체라고 불렸던 민주주의민족전선의 전남 위원장에 선출되었던 김완근. 그는 어떤 인물이었기에 그 많은 나이에도 불구하고 이러한 중책을 맡을 수 있었는가.

그는 1875년 1월 17일 광양면 신기리에서 판관 김익삼(金益三)과 밀양 박씨의 4형제 가운데 큰아들로 태어났다. 아버지인 김익삼이 상당한 지위와 부를 누리고 있었기 때문에 김완근도 유복하게 자랄 수 있었다. 이러한 배경하에서 그와 그의 형제들은 어려서부터 한학에 몰두할 수 있었고 당시는 광양 지방에서 상당한 식자층으로 성장할 수 있었다. 그는 이러한 완고한 분위기 속에서 엄하게 자랐기 때문에 그의 나이 35세 때인 1910년의 한일합방은 그에게 큰 충격으로 받아들여질 수밖에 없었다. 농촌에서 조용하게 농사를 지으면서 평범하게 일생을 마칠 수 있었던 자신의 인생 행로가 1920년대로 접어들면서 일대 변화를 하게 된 것이다.

일본의 식민지 수탈정책으로 조선의 농민들의 생활상이 극도의 피폐하게 되자 김완근은 조용히 집에만 틀어박혀 있을 수 없었다. 이리하여 그는 광양 농민들의 권익을 지키기 위해 1922년 광양소작회를 조직하고 이와 더불어 1922년 말 광양청년회를 조직했다.[2)] 광양청년회는 김완근, 정진무, 박준수, 박준규, 전순화, 김석주 등이 주도해 조직했고, 이 청년회의 주된 활동은 청년학교를 운영해 조선어, 일어, 산술, 역사 등을 가리키며 계몽활동을 하는 것이었다. 조선인들은 연령 구별 없이 서당에서 한문을 익혔기 때문에 일본인이 가르치는 보통학교 진학을 꺼리는 편이었다.

조용하고 평범한 광양 지방에 1923년경부터 소작회가 꿈틀대기 시작했다. 인접한 순천군보다는 다소 늦지만 남한 농민운동의 선두 주자였던 순천과 진주 지역의 중간에 자리 잡고 있었기 때문에 그들의 영향을 쉽게 받을 수 있었다. 1923년 1월 광양군의 각 면 소작인 대표 70명이 광양청년회관에 모여 다음과 같은 사항을 결의했다.

지세의 공과금은 지주가 부담한다, 소작료는 5등으로 나눈다, 두량할 때는 사각두를 쓰지 못하도록 한다, 소작료 운반은 10리 이내로 한다, 소작권은 무리하게 이동하지 못한다, 지주에게 품삯 없이 노동력을 제공하지 않는다, 본 결의사항을 준수하지 않는 소작인과는 관계를 끊는다.

1923년 4월에 광양 천도교청년회를 중심으로 김완근은 정진무 등과 함께 각 부락 소작인 대표 단체인 소작쟁의회를 구성했다. 이 소작쟁의회는 인덕

1945년 8월 17일 시국수습군민회의가 주최한 해방 경축 군민 대회가 열렸던 광양국민학교 교정.

면에 있는 일본인 농장에 대한 소작쟁의를 벌였는데 여기에 무려 500여 명의 농민이 참여했다. 이 쟁의가 타결되지 않자 농민들은 불납동맹으로 맞섰고 일경이 주모자들을 체포하자 농민들은 광양 경찰서로 몰려가 농성으로 실력행사를 벌이기에 이르렀다. 그 결과 군수와 서장이 중재에 나서 농민들의 요구는 관철되었다.[3)]

1924년 4월 광양청년회를 시발로 하여 옥룡청년회, 진월면의 일광청년회, 광양여자청년회, 1925년 광양청년단, 광양육영구락부, 광양청년연맹 등의 수많은 청년 단체가 조직되었다. 이처럼 분산되어 있던 단체들은 통일된 행동을 위해 1924년 5월 16일 기존의 소작회, 노동회 등의 단체들이 광양노농연합회로 통합되었다. 참가 단체는 광양노동회, 광양면소작회, 광양면노동회, 도월소작회, 도월노동회, 세풍소작동맹회, 세풍노동회, 덕례소작회, 옥룡소작회, 옥룡면노동회, 진상농민대회, 진월면노농회, 다압면소작인회 등 광양 지방의 대다수 단체들이 참가했다.

이러한 공개적인 활동을 하면서 그는 1925년 조선공산당에 관여하게 된다. 아마도 순천무산자동맹을 이끌고 있던 이영민, 박병두, 김기수 등의 권유로 연결된 것으로 보인다. 초기의 광양 청년운동가들은 주로 서울청년회계와 연결되어 있었다. 그것은 1923년 3월 서울청년회계가 주도했던 전조선청년당 대회에 광양 대표가 참석하고 있었다는 데서 나타났다. 광양뿐만 아니라 전라남북도 대부분 지역이 1925년 이전까지 서울청년회계와 연계하고 있었다. 그러나 1925년 4월의 화요회계열이 조선공산당을 결성하게 되자 정진무, 신명준과 함께 광양 야체이카로 임명되어[4] 서울계와의 관계가 변화된 듯하다. 조선공산당 결성에 서울청년회계가 참가하지 않게 되자 이들은 자연스럽게 화요회계에 포함된 것이다.

1925년 11월 신의주사건으로 대대적인 조공 검거사건으로 김재봉, 박헌영을 비롯하여 99명의 요인들이 검거되고 여기에 광양의 김완근, 정진무, 정순화, 정순제, 신면준이 검거되었다.[5] 이런 상황에서 검거 후의 활동은 별다른 활동을 벌이지 못하고 있다가 신간회가 설립되자 김완근은 조사부장에 임명되었다.[6]

광양은 이러한 일제하의 활발한 활동이 있었기에 해방과 더불어 새로운 국가건설운동에 어느 지방보다도 빨리 움직일 수 있었다. 김완근은 그 동안 유대를 갖고 있던 동지, 후배들에게 시급히 자신의 집으로 모이도록 통지를 보냈다. 이렇게 하여 광양의 유지급 인사들 12명이 김완근의 집에서 회합을 갖고 해방 후의 무질서와 치안유지를 위해 자치위원회를 조직하기로 결정했다. 이 회합에서 위원장에 김완근이 추대되고 부위원장에 이은상과 정진무가 선출되었다.[7] 그 밖의 조직은 이들이 결정하여 군민대회에서 추인을 받기로 했다. 해방의 기쁨을 만끽하고 있던 광양 군민들은 8월 17일 오전 10시 광양서국민학교에서 해방기념을 위한 군민 대회를 개최했다. 여기서 해방 후 처음으로 태극기가 게양되었고 김완근 중심의 자치위원회를 만장일치로 추인했다. 이상과 같이 교정에 모인 2000여 명의 군민들은 정순화의 능수능란한 언변과 사회로 해방의 기쁨을 만끽했다.[8)]

얼마 후 자치위원회는 전국적인 분위기와 함께 건국준비위원회로 개편되었고 자치위원회의 부서가 그대로 건준의 부서로 바뀌었다. 그후 인민공화국이 설립되자 여기에 발 맞추어 각 지방 건준 조직도 지방 인민위원회로 개편됨으로써 광양 건준도 인민위원회로 개편되었다. 이제까지 함께 참여했던 우익인사들 중 김석주, 정창욱은 인근 도시인 순천에서 김양수에 의해 한민당이 발족되자 거기에 참여했다. 광양은 김완근을 중심으로 한 민족진영의 힘이 너무 강했기 때문에 한민당은 발을 붙일 수 없었다.

그러나 인민위원회활동이 미군정의 포고령 위반이라 하여 인민위원회 해체명령이 내려졌다. 그러나 광양 인민위원회가 이에 불응하자 미군정은 위원장 김완근과 지방부장 박봉두를 검거해 순천 검찰청에 구속했다가 1946년 초에 석방했다.

이와 같이 광양 지방의 민족운동가들이 활동을 벌이고 있을 때 미군정에 의한 좌익세력 탄압이 일어났고 인민위원회도 이와 더불어 탄압을 받게 되자 좌익세력들은 우익세력들의 공세에 대항하기 위하여 좌익세력의 통일 조직체를 건설하기 시작했다. 이에 따라 광양에서도 광양 민전이 조직되어 광양청년연맹, 부녀동맹, 농민위원회, 공산청년회, 인민당, 한독당이 가입하여 민전 조직체를 만들었던 것이다. 여기의 위원장은 김완근이 맡았으며 그는 역시 전남도 민전위원장에 선임되었다.[9)] 위원장에 선출된 김완근은 인사말을 통해 "나는 벽지에 사는 일개의 무식한 농부다. 이제는 노쇠하여 힘이 없으나 오랫동안 싸워 나온 굳은 의지만큼은 아직도 남아 있다. 오직 여러분의 절대협력을 구할 뿐이다"[10)]라고 연설했다.

당시 민전에는 전남 지방의 유혁, 국기열 등 유명 인사들이 대거 참여했으나 아마도 김완근이 가장 연장자였기 때문인지 아니면 조직적 차원에서 이러한 결정이 났는지 아직 알 수는 없다.

이처럼 민전위원장 활동중 남한에 단독정부가 만들어지고 미군정과 우익세력에 의한 좌익세력의 탄압이 극심해지자 김완근은 북으로 월북하게 된다. 그후 북에서 어떤 활동을 했는지는 알 수 없다.

1950년 한국전쟁이 일어나자 김완근은 1950년 11월경 남하해 자신의 고향 광양에 돌아온다. 북한의 실권자 김일성이 "할아버지는 독일로 가시오"라고 말했으나, 김완근은 자식들과 손자가 보고 싶으니 남한으로 가겠다고 요청해 고향으로 오게 되었다고 한다. 이리하여 안내원의 도움으로 서울역에 도착했으나 가지고 왔던 가방을 잃어버려 할 수 없이 늙은 몸을 이끌고 보름 동안이나 걸어서 광양에 도착했다. 보름간의 허기를 이기기 위하여 솔잎을 씹으면서 걸었다고 한다.

그의 며느리는 "그때 아버님이 들어오시자마자 아들 이름을 부르시면서 마당에서 쓰러지셨어요. 신도 신지 않으시고 지까다비만을 신은 채였고 옷은 이미 다 해지고 온 몸에 이가 구들구들할 정도로 모진 고생을 하셨지요"라며 당시를 회고한다.

이미 주변 사람들까지도 그가 북으로 간 사실을 알고 있었기 때문에 야밤을 타서 은밀하게 자신의 집으로 들어갈 수밖에 없었다. 그리고 가족들의 도움으로 마루 밑에 지하실을 파고 그곳에서 은거하면서 살았다. 그렇지만 이것도 오래갈 수는 없었다. 광양 경찰서에서 낌새를 알아차리고 급습하여 그를 채포해 가고 말았다. 이때가 그의 나이 77세인 고령이었다. 이 때문에 김완근은 광양 경찰서의 숙직실에서 취조를 받았고 셋째 아들은 아버지를 숨겨 주었다는 죄로 갖은 고초를 겪은 후에 6개월 만에 귀가할 수 있었다.

그러나 김완근은 1951년 1월 20일 경찰이 데리고 나간 후 소식이 끊기고 말았다 이 때문에 가족들은 김완근이 이날 죽은 것으로 생각하고 매년 1월 19일을 제삿날로 잡고 그를 기리고 있다.

1) 광주민보, 1946. 3. 11.

2) 이균영, 「민란, 농민전쟁 전통 이은 광양의 공산주의 운동」, 사회와 사상 1989년, 7월호, 304쪽.

3) 이균영, 앞의 글, 303~304쪽.

4) 이기하, 『한국공산주의운동사 1』, 445쪽.

5) 이기하, 『한국공산주의운동사 1』, 474쪽.

6) 이균영, 『신간회연구』, 역사비평사, 1993, 611쪽.

7) 안종철, 「해방직후 건국준비위원회 지방 조직 및 지방 인민위원회연구」, 전남대 정치학과 박사학위논문, 40쪽.

8) 『광양군지』, 336쪽.

9) 광주민보, 1946. 3. 8.

10) 광주민보, 1946. 3. 8.

국기열

중도노선의 온건 민족주의자

1891년 전남 담양 출생
1919년 일본 와세다대학 정치과 입학.
1923년 동아일보 정치부 기자
1945년 전남 건준 총무부장
1949년 보도연맹 전남 간사장
1960년 사회당 전남도당 위원장
1970년 사망

한 가지 크게 걱정되는 일은 일제하에서 일본의 앞잡이가 되었던 민족반역자들이 미군의 등에 업혀 들어온 이승만의 덕택으로 모든 권력과 부를 차지하고 있네. 그들은 예외 없이 출세하여 우리 생활의 구석구석에서 우리 민족에 해악을 끼치고 있으며 물 건너 있는 우리의 적 일본은 날로 강화되고 있네. 반민족적인 것과 반국가적인 것을 몰아내고 우리 민족의 자주적인 주권을 지키는 것은 전 민족이 한마음으로 단결하는 것뿐이니 자네들이 민족을 옳은 방향으로 이끌어 주기 바라네.[1)]

이상은 일제하부터 해방 후까지 민족운동의 전면에서 때로는 뒷전에서 묵묵히 자신의 할 일을 하다가 1970년 타계한 국기열(鞠琦烈) 선생이 후배들에게 남긴 유언의 일부를 인용한 것이다.

국기열은 나라의 존망이 백척간두에 달려 있던 구한말에 태어나 이후

1960년대까지 격동의 세월을 꿋꿋하게 살다 간 인물이다. 그 기나긴 세월 동안 그는 항상 민족운동의 중심에 위치하면서도 핵심 활동가는 아닌 특이한 삶을 살았다.

1891년 5월 25일 담양읍 천변리에서 태어난 국기열은 당시 천석꾼으로 알려진 부유한 집안 출신이었다. 당시 부유층의 관행대로 국기열도 자기의 집 사랑에 마련된 서당에서 한문 수학으로 소년기를 보냈다. 그러다가 17세가 되어서야 당시 담양에 있던 광명중학교에 입학해 비로소 신학문을 접할 수 있었다. 광명중학교 입학이 국기열의 생애에 일대 전환점이 되는 계기였다. 여기서 국기열은 자신의 사상 형성에 결정적인 영향을 미쳤던 선생님을 만나게 된 것이다. 현재 그 선생님의 이름은 알 수 없지만, 그 선생님은 꿈 많은 청년이었던 국기열에게 반봉건적이고 민족적인 사상을 가르쳤다.

너희들이 앞으로 할 일은 유교의 망국사상 대신 우리 민족사상을 가르쳐 공자 대신에 우리 나라를 아끼고 사랑하는 애국심을 심어 주는 일이다.

이 선생의 영향으로 국기열은 의사가 되라는 집안의 간곡한 권유를 뿌리치고 한성사범에 입학했다. 한성사범에서의 유학 생활은 국기열의 민족사상을 더욱 발전시키는 계기가 되었다. 그곳에서 국기열은 윤치호, 주시경, 장도빈, 나철, 남궁억, 김성희 선생 등 당대의 탁월한 민족사상가들로부터 가르침을 받았던 것이다. 이와 함께 그는 학생운동에도 뛰어들어 당시 한성사범에서 일어난 일본인 교사 배척운동에 주동적 역할을 했다고 한다.

23세에 한성사범을 졸업한 국기열은 꿈에도 그리던 광주공립보통학교(서석국교) 교사로 부임했다. 교사로 재직하던 당시 그는 학생들의 민족교육에 정진하여 이후 민족해방운동의 주요 동량이 되는 강석봉, 한길상, 최일숙, 정식호 등의 사상 형성에 중요한 역할을 했다. 또한 국기열은 단순히 가르치기만 하는 선생이 아니었다. 그는 일본인들의 부당한 횡포에

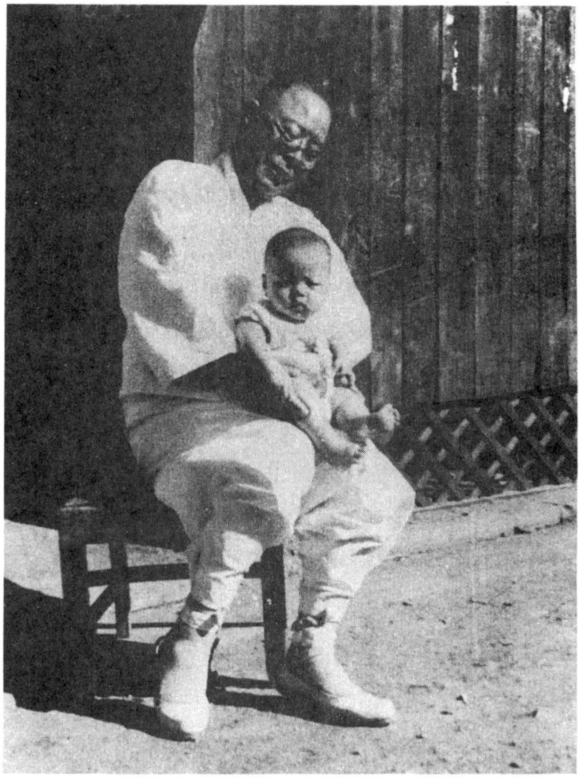

이승만 정권 때 8차례나 투옥되었던 국기열은 5·16군사쿠데타로 인해 또 다시 1년여 옥고를 치른다. 모처럼 손자와 한가한 시간을 갖고 있는 모습.

대해서는 동맹휴학을 선동하는 등, 항일을 몸소 실천해 일경의 감시를 받는 선생이기도 했다.

그러나 일경의 끊임없는 감시로 인해 식민지 조선의 교육자는 스스로 한계를 느낄 수밖에 없었다. 이에 국기열은 학교를 그만두고 해외로 나가려 했다. 그러나 그것도 뜻대로 되지 않자, 당시 형의 투옥으로 급박해진 집안을 돌보기 위하여 담양으로 돌아오고 말았다.

그러던 차에 3·1운동이 일어나자 국기열은 서울 유학의 인연을 살려 서울의 운동과 전남 각지의 활동을 연결하는 역할을 했다. 그러나 나서서 만세를 부른 것은 아니었기 때문에 검거는 모면할 수 있었다고 한다. 3·1

운동 후 민족운동 인사에 대한 일제의 탄압이 강화되자, 그는 1919년 12월 일본으로 건너가 와세다대학 정치과에 입학했다. 일본에서도 독립운동 관련자로 구속되는 등 여러 가지 어려움에 시달리다 결국 학교를 중퇴하고 1923년에 귀국하고 말았다.

일본에서 귀국한 국기열은 곧바로 동아일보에 입사하여 정치부 기자로 활동했다. 동아일보 기자 시절의 일화는 국기열의 일생을 엿볼 수 있는 단편을 제공하는 것으로 흥미롭다.

그 중 하나는 1926년 제3차 조선공산당에 대한 대량 검거가 곧 있을 것이라는 사실을 알아챈 국기열이 자신의 제자이자 당시 공산당원이었던 강석봉에게 연락하여 그를 일본으로 피신시켰다는 것이다. 다른 하나는 1925년 4월부터 수년간은 동아일보, 조선일보 기자들이 조선공산당의 주요 구성원인 시절인데, 일찍이 민족운동에 투신한 바 있던 그가 이 조직에 참가하지 않았다는 사실이다.

이와 같이 국기열은 한편으로는 진보적 인사들의 활동을 지원하면서도, 다른 한편으로는 본격적인 조직활동을 하지 않았다. 이러한 생활은 그의 일생에 걸쳐 지속되는 삶의 모습이다. 그 원인이 무엇인지는 모르겠지만 아마도 그의 모나지 않은 성격 때문일 것이라고 그를 아는 사람들은 말하고 있다.

아무튼 그는 1935년까지 동아일보에서 지방부장, 정치부장, 경제부장, 사회부장, 편집인 등을 역임하면서 맹활약했다. 특히 1925년 정치부장 재직 때에는 만주 봉천에 특파되어 일본의 중국침략 만행을 낱낱이 파헤치는 칼날 같은 기사를 많이 써 당대의 유명 기자로 명성을 떨쳤다.[2)]

10년간의 동아일보 기자 생활을 그만둔 후, 국기열은 광주로 내려와 매일신보의 지사장이 되었다. 내심으로는 총독부 기관지였던 매일신보를 운영하는 것이 탐탁치 않았지만 주위 인사들과 매일신보 사장이었던 이상협의 추천으로 맡을 수밖에 없었다고 한다. 국기열이 광주로 내려오자 그의 집은 연일 많은 지우들이 찾아와 지역사회 명망가나 활동가들의 집회 장소가 되었고, 그는 민족운동의 구심적 역할을 하게 되었다. 여기에는 두

가지 이유가 있는 것으로 보인다.

그 하나는 물론 그의 성품이다. 국기열은 매우 호방하고 활동적이며, 남에게 싫은 소리를 하지 않는 탁월한 친화력을 가진 인사였다. 여기에다 투철한 항일정신을 갖고 있었다. 1943년 무등회사건으로 광주고보 학생들이 퇴학당하고 투옥되자 이런 학교에 자신의 아들을 보낼 수 없다 하여 자퇴시킨 일화는 그의 항일정신을 보여 주는 좋은 예가 될 것이다.

다른 하나는 당시의 전시체제하에서 동아일보나 조선일보까지 폐간되는 판이라 지역활동가들이 정보에 굶주려 있었다는 점을 들 수 있다. 따라서 매일신보 광주지사장으로 자신들에게 호의적인 국기열이 왔다는 것은 매우 반가운 일이었으며, 자연스럽게 국기열의 집이 집회 장소가 되었던 것이다.

이러한 상황에서 해방이 되자 국기열은 본격적인 활동을 벌인다. 해방된 직후인 8월 16일 저녁 국기열은 자신의 사랑방에 몰려온 청장년들과 함께 건국준비위원회를 조직하기로 결정하고 위원장 선출문제를 논의했다. 위원장은 최흥종을 추대하기로 했다. 그후 17일에는 광주극장에서 건국준비위원회 결성식이 개최되었고, 국기열은 총무부장으로 선출되었다.[3] 이어 미군정이 실시되면서 건준 조직이 인민위원회로 개편되자 부위원장에 오르게 되었다. 그러나 인민공화국이 미군정으로부터 배척당하면서 국기열의 사회활동은 일제하에서와 마찬가지로 미군정의 감시와 탄압을 받을수밖에 없었다. 후손들에 따르면 "해방 직전은 말할 것도 없이 해방 이후에도 경찰과 정보원들이 자신의 집에 상주하다시피 했다"고 한다.

1946~1949년 사이 국기열의 행적은 자료에 나타나지 않는다. 혹자는 이때 국기열이 광주 지역의 동지들과 반박헌영운동을 전개했고, 그 일환으로 여운형의 사로당에 가입했다고 한다. 그리고 그것이 이후 한국전쟁 때 인민군에게 탄압받는 계기가 되었다는 것이다. 그러나 이 모든 것은 아직 자료로 뒷받침되지 못하고 있다.

한편 이승만정권은 1949년 10월 좌익전향자들을 회유하고 통제할 목적으로 국민보도연맹이라는 단체를 조직했다. 국기열은 이때 진남 지방 보도연맹의 간사장을 맡았다. 한국전쟁이 발발하면서 남한정부는 보도연맹 가입자들을 무차별 검속해 즉결처분을 단행했는데 전국 각지에서 수십 만 명이 집단 학살되었다. 이때 광주에서는 다른 지역과는 달리 그 파장이 별로 심하지 않아 국기열을 비롯한 일부는 학살을 면할 수 있었다.

전쟁 발발 초기 그는 지역 내 일부 활동가들에 의해 전남 인민위원회 위원장에 선임되었다. 그러나 이미 한국전쟁 한 달 전에 북한노동당에 의해 김백동이 전남 인민위원장으로 임명되었다. 당시 신임장을 받은 김백동은 북한에서 영광으로 상륙하여 광주에서 활동하고 있었다. 그런 상황에서 국기열은 인민위원장에서 물러났지만, 김백동에 의해 다시 부위원장으로 임명되었다.[4] 그러나 당시 광주시당 위원장이었던 김영재가 이를 반대했다. 그리고 그에 의해 국기열은 기회주의자라는 명분으로 다시 광주형무소에 수감되는 신세가 된 것이다. 해방 후 전남 지방의 사회주의인사들이 반박헌영계가 많았기 때문에 이러한 결과가 나타난 것이다.

그후 연합군에 의해 광주가 수복되자 국기열은 인민위원장이라는 전력 때문에 또 다시 피살의 위험에 직면했으나 구사일생으로 목숨을 구할 수 있었다. 뚜렷한 좌익도 아니고 그렇다고 우익도 아닌 중간적 이념 성향으로 인해 국기열은 여러 가지 고초를 겪기도 했지만 그러한 성향이 목숨을 살리기도 한 것이다.

그러나 이승만의 반공 독재정권은 좌우의 중간에 있는 인간을 그대로 두지 않았다. 국기열의 과거 전력이 끊임없는 탄압을 받게 하는 구실이 되었다. 또한 그도 반독재투쟁에 계속 뛰어들 수밖에 없었다. 그런 연유로 국기열은 이승만정권하에서도 8회나 투옥되어 2번에 걸쳐 1년과 3년의 징역을 살았다.

4·19혁명이 발발하면서 통일운동이 고양되고 혁신정당인 사회당이 발족되자 국기열은 도당 위원장으로 피선되었다. 그것은 강석봉, 한길상 등이 조직한 것인데 이들이 자신의 선배이면서 스승인 국기열을 추대한 것이다. 결국 5·16군사쿠데타로 인해 또다시 투옥되었고, 1년여의 옥고를 치렀다.[5]

이와 같이 한평생을 집권세력에게 시달리면서도 나름대로의 길을 꿋꿋하게 걷던 국기열은 1970년 3월 민족운동의 전선을 후배들에게 물려주고 80세의 생애를 마쳤다.

1) 이기홍의 미간행원고.
2) 동아일보, 1925~1934.
3) 안종철, 『광주전남 지방현대사 연구』, 한울, 1991, 74쪽.
4) 『광주시사』 2권, 1985, 555쪽.
5) 김세원의 증언.

장병준 3형제

항일과 우익의 3형제

장병준
1893년 전남 무안 출생, 일본대 법과대 졸업
1919년 무안 3·1운동 주도
1929년 신간회 목포지회장, 신간회 중앙대표
1946년 한민당 광주지부장
1972년 사망

해방 후 새로운 국가건설이 논의되던 시기에 가장 풍부한 물적 기반을 토대로 강력한 정치세력으로 부상했던 집단이 한민당이다. 한민당은 해방 후 자주국가 수립에 일정하게 기여하기도 하지만 또한 부정적인 영향을 끼치기도 했다. 한민당의 주요 근거지는 호남이었으며, 지방 조직이 맨 처음으로 만들어진 곳도 전남 지방이었고, 또 활동이 가장 활발했던 곳도 이 지역이었다. 장병준(張柄俊), 병상(柄祥), 홍재(洪載), 홍염(洪琰) 이들 형제들은 일제하에서는 각기 나름대로의 길을 걷다가, 해방 후에는 모두 한민당의 중추적인 자리를 맡아서 전남 지역의 정치 지형에 커다란 영향을 미쳤던 사람들이었다.

이들은 전남 무안 장산도에서 창진섭(張鎭燮)과 하동 정씨 사이에서 태어났다. 장진섭은 인근에서 꼽을 수 있는 대지주의 아들로 태어나 상당한 재산을 물려받았다. 이 때문에 자신의 아들들을 일본, 중국, 서울 등지로 유학시킬 수 있었다. 가장 맏이였던 장병준은 1893년, 병상은 1899년, 그리고 홍염은 1910년에 무안의 장산도와 목포에서 태어났다. 병준은 일본으로 유학해 일본대 법과를 졸업했으며, 병상은 서울 중동중과 보성전문을 졸업한 후 일본에 유학해 메이지대학 법과를 졸업했다. 홍염은 목포영안보통학교를 거쳐 휘문학교에 입학한 후 북경국민대학을 졸업했다.

병준이 일본 유학 후 고향에 돌아왔을 때 3·1운동이 일어나고 있었다. 이때 병준은 3월 18일 무안에서 만세운동을 주도했다. 광무 황제의 안장식을 거행한다는 구실로 시장 터에 사람들을 모이게 한 뒤, 독립만세를 부르고 시위까지 벌인 것이다. 이것이 빌미가 되어 일경의 체포령이 내리자, 그는 이를 피해 곧바로 상해로 망명했다. 그리고 1919년 4월에는 상해 임시정부에 가담해 임시의정원 전라도 위원으로 활동하기도 한다. 이듬해인 1920년 그는 군자금을 조달하기 위하여 국내로 잠입했다. 이때가 2월이었기 때문에 국내에는 3·1운동 1주년 기념식이 모의되고 있었는데, 그는 여기에 개입했다가 1920년 3월 20일 체포되고 말았다. 결국 경성지법에서 3년의 징역형을 받았다.[1] 이러한 큰형의 민족운동은 동생들에게 커다란 영향을 주었던 것으로 보인다. 둘째 동생이던 홍재가 광주학생사건으로 체포되어 옥사한 것이나, 막내 동생이던 홍염이 독립운동에 뛰어든 것은 모두 형에게서 감화를 받은 것이었다. 그후에도 병준은 1929년에 신간회 목포지회장을 역임하고 중앙대표로 선출되는 등 민족운동에 적극 참여했다.[2]

병상은 형 병준과 동생 홍염이 주로 해외에서 독립운동을 전개하는 동안에 국내에 있었다. 일본 유학을 마치고 귀국한 그는 철도공무원이 되어 이양역장, 능주역장 등을 지냈다. 당시로서는 한국인이 역장을 하는 경우가 드물었다. 그는 공직에 있으면서 부모와 함께 가산을 지키는 일에 전념하는 한편, 형과 아우의 뒷바라지에 최선을 다했다. 타향에서 역장을 하면서도 인근의 산을 많이 사 두는 등 이재에 밝은 행동을 보여 주었다.

홍염이 처음 민족운동에 뛰어든 것은 1929년 휘문고보 4학년 때였다. 당시 서울 지역의 학생운동은 그 동안 동맹휴학 등으로 다져진 역량과 조선

1955년 설악산 비선대 입구에서 제헌의원들과 함께 한 장홍염(뒷줄 왼쪽 세번째).

공산당의 영향으로 최고조에 달했다. 이때 그는 휘문고보에 조직되어 있던 반제동맹에 가입해 항일운동을 전개하기 시작했다. 그리고 이를 토대로 각급 전문학교와 휘문, 배재, 이화 등 32개 학교 대표들이 모여 전 조선학생스트라이크옹호연맹이라는 항일지하단체가 조직될 때, 그는 탁월한 활동을 인정받아 위원장으로 선출되었다. 이 단체는 스트라이크와 가두시위를 통해 항일독립운동을 전개한다는 행동강령까지 채택한 '불온 단체'였다.

이러한 조직활동의 연장선 위에서 그는 1929년 11월 3일 광주학생운동이 일어나자 서울 학생 대표 여러 명과 진상조사를 위해 광주에 내려왔다. 곧 상경한 그는 조직원들과 12월 5일을 기해 일제히 봉기하기로 결의하고 비밀리에 광주학생운동의 진상을 알리는 전단을 배포했다. 이러한 활동이 사전에 누설되기도 했으나 1930년 1월 15일 안국동과 종로 4거리에서 시위를 벌였고, 일경에 의해 이것이 저지되자 각 학교별로 교내봉기와 동맹휴학을 전개하기도 했다.

서울 지방의 학생 총책임자로서 만세시위를 지휘하던 홍염은 일경의 체포를 피해 1930년 중국으로 망명의 길에 나섰다. 그는 엿장수로 가장해 서울에서 신의주에 이르는 길을 한 달간이나 걸어서 국경선을 넘었다. 얼어붙은 압록강은 학교 동창들의 도움으로 스케이트를 타고 건넜다. 이때 그는 비참한 조국의 현실을 목격하고 독립운동은 그만두고 과학자가 되어 나라를 부유케 하겠다고 생각했다. 그의 나이 21세 때였다. 이리하여 북경에 도착한 직후인 1931년 청화대학(清華大學) 전신인 페킹아카데미(미 컬럼비아대 운영)에 입학해 1년 동안 화학, 물리학 등을 배우기 시작했다. 그러나 주변의 권고와 과학자의 꿈이 자신의 일이 아니라는 생각이 들어 다시 북경국민대학의 정치경제과로 전학하고, 본격적인 독립운동을 시작했다.

이때 그는 이회영, 신채호, 정화암, 김좌진 등의 독립운동가들과 함께 활동하면서 이들의 영향을 받아 아나키스트운동(무정부주의운동)에 뛰어들었다. 이때의 활동과 사상은 이후 홍염의 인생에 많은 영향을 미치게 된다.

그는 한때 페킹대학의 학생이었기 때문에 중국에서 합법적인 신분을 보장받을 수 있었다. 이를 이용하여 그는 육혈포로 무장하고 상해, 북경, 만주 등지를 오가며 일경, 밀정들을 처단하는 등 맹활약을 했다. 특히 체격이 건장하고, 사격술이 뛰어났던 그는 일경과 헌병들의 공포의 대상이었고, 이 때문에 '북경의 쌍권총'이라는 별명이 붙기도 했다.

그러나 결국 그도 일경의 끊임없는 감시망에 걸려 들어 1937년 북경에서 체포되고 말았다. 곧바로 서울로 압송된 그는 모진 고문을 당했으나 끝내 굴하지 않았고, 그로 인해 그의 동료들과 조직이 무사했을 뿐만 아니라 그 자신도 대부분의 혐의를 벗을 수 있었다. 단지 광주학생사건에 연루된 혐의만이 인정되어 3년 6개월 형을 받았다.[3] 그후 1941년 2월에 출옥한 그는 해방이 될 때까지 광주, 무안, 화순 등지에서 형 병상이 사 두었던 산에서 산판을 벌이는 등 항일전선에서 한 걸음 물러나 있었다.

해방은 각기 다른 길을 걸어왔던 이들 형제들이 한자리에 모일 수 있는 계기가 되었다. 이들 모두가 한민당에 참여한 것이다. 병준은 해방 직후 한민당에 뛰어들어 1946년 한민당 광주지부장으로 피선되었고, 병상은 광주역장으로 재직하면서 정치활동에도 관여해 한민당 전남도당 감찰위원장이 되었다. 결국 이들 형제는 좌우대립의 해방 정국에서 우익세력의 리더가 된 것이다. 이들은 반탁운동, 반좌익운동의 선봉에서 때로는 청년 단체에 재정지원을 아끼지 않는 후원자로서 활발한 활동을 과시했다. 더욱이 병상은 자식들을 동원해 광주애국학생동지회라는 청년 단체를 조직토록 하여 좌익세력에게 테러를 가하기도 하고 당하기도 하는 등 우여곡절의 풍상을 보내야만 했다. 역장 관사는 연일 이들 청년단들의 회의 장소, 연락 장소로 활용되었다. 또한 1946년 말 신탁통치문제로 정국이 용광로처럼 들끓어 오르자 그는 반탁전국학생연맹(학련)의 전남 조직을 큰아들로 하여금 조직케 해 우익진영의 헤게모니 장악에 크게 기여했다.

홍염도 해방 후 광복군 단체에서 활동을 하다가 전남 무안에서 한민당 소속으로 제헌의원에 출마해 당선되었다. 제헌의원으로 등원할 때 의사당에서 민족 대표 33명 중의 한 명이었지만 변절한 이갑성을 만나자 "일본놈의 앞잡이가 국회의원이 되었다"고 일갈했다는 일화는 그의 인물됨을 잘 보여 준다. 그는 헌법제정 과정에도 깊이 관여해 내각제를 강도 높게 주장했으나, 이승만의 고집으로 대통령중심제로 결정되자 이승만의 전횡에 반기를 들기 시작했다. 당시 그는 "상해 임정에서 한국 주권을 미국에게 바치려 한 소위 맨더터리(Mandatory)운동으로 쫓겨난 이승만이 또다시 독재로 나라를 망치려 한다"고 맹비난했다. 특히 반민특위의 감찰위원으로 활동했지만[4] 이승만세력의 반대로 뜻을 이루지 못하게 되면서, 그는 확실하게 반이승만운동의 선두에 서게 되었다. 그는 2대 국회에서도 무소속으로 당선되었으나, 한국전쟁의 발발로 별다른 활동은 없었다. 그러나 북한을 독재체제로 판단하고 고향인 목포와 광주에서 의용군을 모집해 국군에 편입시키는 등 반공산주의 활동을 맹렬히 전개했다.

한편 이들 형제의 집안에서는 당질이었던 장동식(張東植)이 주축이 되어 토지개혁 때에 장산중학교를 설립했고, 1948년 초대 교장에 장홍염이 취임했다. 당시 지주들은 농지개혁을 피하기 위해 자신의 재산을 학교법인에 기부하는 경우가 많았다. 당시 학교부지, 뽕나무밭, 염전 등은 농지개혁 대상에서 제외되었기 때문에 많은 지주들이 학교를 세우곤 했다.

이승만의 한민당 배제정책으로 인해 그리고 한국전쟁으로 인해 한민당 세력이 몰락해 가자 이들 형제의 활동도 점차 쇠락해 갈 수밖에 없었다. 병준, 병상도 1950년대에 야당인 민주당 전남도당 위원장과 간부로 활동하면서 이승만 반대 진영에 가담하게 되었다. 병준은 1960년 3·15부정선거 때 개표 참관인으로 참석했다가 자유당원 및 경찰에 납치되어 테러당하는 수모를 겪기도 했다. 한편 홍염은 5·26부산정치파동 때 헌병들에게 버스에 탄 채로 연행되어 40여 일간 투옥생활을 하는 등 반이승만노선에 앞장서서 몸으로 저항하고 있었다. 그러나 결국 그는 임기도 만료하지 못하고 의원직을 사퇴하는 상황으로 치달았다. 이후 그는 4대, 5대 국회의원 선거에 계속 출마했으나 낙선을 거듭했다. 그후 4·19 이후 혁신계 정당들이 결성되는 데 일조를 하기도 하지만, 아직은 자신의 사상을 펼 수 있는 정치 지형이 형성되지 않고 있었다.

홍염은 기회가 있을 때마다 경자유전(耕者有田), 노자유직(勞者有職), 주자유택(住者有宅), 즉 농토는 농민에게, 직장은 노동자에게 돌려주어야 하며, 모든 국민에게 최소한 집은 한 채씩 갖게 해야 한다는, 오늘날의 자본주의 이념과는 상반된 사상을 곧잘 주장하곤 했다. 이른바 중용사회주의라고 칭하는 그의 사상은 기간산업의 국유화와 동시에 중소기업의 자유화라는 측면에서 재산의 국유화라는 사회주의 원칙과는 차별성이 있었다.

병준은 1972년, 병상은 1958년, 홍염은 1990년에 각기 운명을 마쳤다. 병준과 홍염은 독립유공자로 추서되었다. 이들 형제들의 삶은 그 자체가 한국 현대사의 축소판이라고 볼 수 있을 것이다.

1) 원호처 공적조서.

2) 이균영, 『신간회 연구』, 역사비평사, 1993, 164쪽.

3) 『독립운동사 자료집』 9, 597쪽.

4) 서병조, 『정치사의 현장 증언』 1, 1981, 187쪽.

정태중

좌우대립에 희생된 민족운동가

1902년 전남 구례 출생
1926년 조선공산당 고려공산청년회 가입, 이후 조공에도 가입
1930년대 중반 일본 교토에서 조선인문제협의회 결성
1945년 말 순천노동조합 결성, 순천 지역 농민조합위원장
1945~1946년 조선공산당 구례군당(위원장 : 선동기) 부위원장 겸 농민부장, 한국전쟁의 발발과 함께 군산교도소에서 학살

일제시대부터 해방 정국에 이르는 동안 구례 지역을 대표하는 활동가로 정태중(鄭泰重)이라는 인물이 있다. 그는 일경에 잡혀간 것만 32번이라고 할 정도로 오직 조국의 독립과 민족의 해방만을 위하여 살아온 사람이었다. 그러나 오늘날 그의 이름은 『구례군지』에서조차도 찾아볼 수 없을 정도로 기억에서 사라진 인물이 되었다. 다만 촌로들의 희미한 기억 속에서만 그 잔영을 찾을 수 있을 뿐이다. 그렇지만 그가 남긴 족적은 너무나도 큰 것이고, 이제 그의 행적은 발굴되어야만 할 것이다.

정태중은 1902년 3월 5일 구례군 토지면 파도리에서 정찬석(鄭贊錫)의 외아들로 태어났다. 그는 집안에서는 성동(聖東)이라는 이름으로 불리기도 했다. 원래 그의 집은 1년에 수천 석을 수확한다는 지주였으나 정찬석이 4형제 중 막내였기 때문에 분가할 때는 논 40마지기와 종 2명을 물려받았다. 그의 아버지는 송연제(宋淵齊)에게 사사했다고 알려진 상당히 이름 있는 유학자였는데, 정태중이 10세가 넘었을 때 경남 함양으로 이사를 했다. 아마도 그곳에서 글 선생을 했던 것 같다. 이 때문에 후일 정태중의 본적이 경남 함양으로 기록되기도 했다. 비교적 유복한 집안환경과 한학자인 아버지 덕에 정태중은 어렸을 적부터 한문을 배우면서 성장했다.

정태중의 인생행로가 뒤바뀌게 된 것은 1920년 무렵이다. 이때 그는 서울로 올라가 조선 왕조의 어의를 지낸 바 있는 남원 출신의 '차(車)영감(참의)'에게 의술을 배우고 있었다. 한편 그 계기는 알려지지 않았지만 그는 국내 사회주의 진영의 중심 세력인 서울청년회에 가입해 활동하기도 했다. 그러던 1923년 9월 1일 그는 서울청년회 중심 인물 중의 한 사람인 이영 등과 함께 제9회 국제청년데이 축하서신을 등사하는 도중 체포되었다가 2주 만에 석방되기도 했다.[1]

그 사건 후 정태중은 구례로 귀향해 조선일보 구례지국을 경영하는 한편, 아직 미숙했던 구례 지역 사회운동의 고양에 주력했다. 이러한 활동 결과 그는 1925년 9월 6일 뜻을 같이 하던 청년들과 구례청년당을 조직하고 그 자신은 위원장 겸 서무부 상무위원으로 선출된다.[2] 또한 1926년 9월 11일에는 구례청년당을 기반으로 순천에서 동부청년연맹 결성을 주도하여 집행위원 9인 중 한 사람으로 선출되었지만, 결성 대회 사흘 전에 조선공산당사건으로 구속되어 당시의 기념 사진에는 그의 얼굴이 보이지 않는다.

이 밖에도 후일 '조선공산당사건' 재판 판결문에 나타난 그의 활동 경력을 보면 구례농민연합회 집행위원, 구례노동연합회 상무집행위원, 조선노농총동맹 중앙집행위원 등을 역임했다. 그야말로 초기 구례 지역 사회운동의 핵심적인 활동가였던 셈이다.

구례 지역의 대표적인 활동가인 그가 조공에 가담한 것은 어쩌면 자연스러운 현상이었다. 정태중은 1926년 5월 15일경 순천면 행동(幸洞)농민연합회관에서 노상열(일명 노일석)의 권유로 조공 고려공산청년회에 가입하고, 동시에 구례 야체이카에 임명되었다. 노상열은 러시아에서 들어온 당원으로, 당시 전남 지역의 조공과 공청을 지도하고 있었다. 이후 정태중은 공청뿐만 아니라 조공까지 가입해 활동을 전개하다 결국 1926년 9월 8일

1930년 출옥한 그는 일제의 탄압을 피해 교토로 건너가 활동을 재개, 1932년 유치원을 개원했다.

경찰에 체포당하고 만다. 그후 1년 5개월이 지난 1928년 2월 13일 경성지방법원에서 징역 1년을 선고받은 후, 1928년 10월 7일 서대문형무소에서 만기 출옥했다.

감옥에서 나온 그는 동아일보 순천지국을 경영하는 한편, 신간회를 통해 사회운동을 재개했다. 1927년 3월에 결성된 신간회 구례지회는 당시 구례의 총인구 7만 명 중 회원이 1000여 명일 정도로 활발하게 움직이던 조직이었다. 구례에서 신간회를 주도했던 인물들은 회장 조찬영을 비롯하여 강대인, 선태섭, 김종필 등이었는데, 정태중은 이들과 합류해 신간회에 참여했고, 동시에 그곳의 중심 인물이 되었다.

이 시기 그의 활동 경력을 알 수 있는 자료가 '구례신간회 발회식시 충돌사건(求禮新幹會發會式時衝突事件)' 판결문이다. 1929년 4월경에 발생한 이 사건은 신간회 파괴공작으로 추정되는데, 정태중을 테러한 사람에게 보복적인 폭력을 휘둘렀다는 죄로 임동출 등이 처벌받은 사건이었다. 당시 그들이 폭력을 사용한 이유에 대해 정태중은 "우리 단체의 대표인데 그를 때린 것은 우리 단체를 무시한 것……"이라고 말했다. 여기서 당시 신간회에서 정태중이 차지하는 위치를 잘 알 수 있다.

한편 1929년 8월 7일 정태중은 또 한 번의 옥고를 치르게 되었다. 구례공립보통학교 동창회에서 군수가 보통교육의 보급과 산업의 확충을 강조하자, 내빈으로 참석했던 동아일보 기자 정태중이 "조선인의 교육은 조선말로 하자"며 정면으로 대항한 것이다. 이 사건으로 그는 1929년 10월 16일 광주지방법원에서 징역 8개월을 선고받고 항소했으나, 1930년 3월 8일 대구복심법원에서 항소가 기각되어 대구형무소에서 징역을 살고 그해 말에 출감했다.[3]

감옥에서 나온 그에게 어김없이 찾아 든 것은 일경의 감시와 탄압, 그리고 회유였다. 이미 그때는 대부분의 활동가들이 지하로 숨었거나, 국외로 탈출했으며 그 외 상당수는 일제와 타협해 버린 상황이었다. 막다른 골목에 처한 그는 일본으로 도피를 결심하고 그것을 실행에 옮긴다. 교토에 자리를 잡은 그는 자신의 스승인 '차영감'을 모셔 와 본격적으로 의술을 배우는 한편, 그곳에 중화당한약방을 개설했다. 호구지책을 마련한 것이다. 이때 그는 그 동안의 활동으로 물려받은 전답을 모두 팔아 버린 상태였고 종들도 풀어 준 뒤였다.

일본에서 어느 정도 자리를 잡은 정태중이 사회운동을 재개한 것은 1930년대 중반이었다. 그는 교토에서 조선인들을 모아 조선인문제협의회를 결성하고, 이를 중심으로 당시 여러 개로 나뉘어 있던 조선인 단체들을 규합하려는 노력을 전개했다. 그러한 노력의 일환으로 1936년에 일본 최초로 조선인 유치원을 개설하기도 하고, 1937년 6월 6일에는 유지간담회를 개최했다. 이 모임으로 그는 또다시 일경에 구속되었고, 이후 비전향 사상범에게 취해졌던 조치인 보호관찰대상자가 되었다. 그러나 그 와중에서도 그의 활동은 계속되고 있다. 일제의 경찰자료는 1938년 11월 26일 정태중이 치안유지법 위반으로 체포되어 1939년 4월 5일 기소유예 처분을 받았다고 기록하고 있다.

이러한 여러 사건과 끊임없는 경찰의 감시에 시달리던 그는 새로운 활동무대를 찾아 고베(神戶)로 이사했다. 그곳에서도 그는 한약방을 계속하면서 동양학연구소를 개설하는 등 부산한 움직임을 보였다. 또한 여러 가지 활동으로 바쁜 가운데에도 교토에 있는 침구(鍼灸)학교를 졸업하고 자격시험에 합격해 조선인 중 최초로 침구사 자격증을 획득하기도 했다. 그러다가 해방 1년 전 곧 조선이 해방될 것을 예견하고 여수로 귀국해 과거 자신의 동지들이 많이 살고 있는 순천에 터를 잡았다.

해방 일 주일 전 그는 이미 소련군의 참전을 알았고, 자신의 신변이 위태롭다는 것도 직감했다. 그는 구례에 있는 김종필의 과수원으로 몸을 숨겼다. 사실 해방 직전 순천에서는 정태중, 김양수, 하씨(황전면) 3인에게 예비검속령이 내렸는데 정태중만 미리 피해서 체포되지 않았다고 한다. 해방 후 이틀이 지난 8월 17일 그는 구례주조합명회사에서 열린 건준 대회에서 연설을 하는 등 구례 지역 건준 결성에 주도적인 역할을 담당했다.

1945년 말 그의 이름은 순천을 무대로 자주 등장했다. 그는 정충조와 함께 노동조합을 결성했으며, 순천 지역 농민조합의 위원장을 맡기도 하고, 청년들을 이끌고 일본으로 귀환하는 일본군들을 막아 무기를 뺏기도 했다. 또한 여운형, 김명시, 허하백 등을 순천이나 구례로 초빙해 강연회를 열기도 했다. 그러나 순천은 김양수를 축으로 하는 우익진영의 힘도 만만치 않은 지역이었다. 그는 소작료문제로 지주측과 대립하여 구속되었다가 수일 만에 석방되는 등 점차 어려움을 겪게 된다. 그후 1946년 초 그는 순천을 떠나 구례면 봉동리로 이사했다.

이후 정태중은 조공 구례군당(위원장 : 선동기)에서 부위원장 겸 농민부장으로 활약했다고 한다. 정태중은 한동안 구례를 떠나 있었고, 몸이 불편했기 때문에 단지 당의 원로로만 대접받았다. 구례 지역은 1946년 3·1절 행사 후 조공이 불법화된 상태였지만, 활동을 중지한 그는 계속 구례면에 거주했다. 그러던 1947년 3월 1일 구례군 토지면에서 파도리사건이 발생했다. 박지례(국교 교사)가 주도한 3·1절 기념행사를 경찰이 수십 명의 사상자를 내면서 무력진압한 사건이었다. 이때 정태중은 치료비를 거두어 부상자를 병원에 입원시키는 등 그 뒷처리를 위해 노력했다. 또한 1948년에는 해주 인민대표자 대회에 참석키 위하여 북한에 갔지만 걸어서 간 관계로 너무 늦어 대회에는 참석하지 못했다고 한다.[4)]

1948년 10월 23일 패주한 14연대 군인들이 지리산으로 가는 도중에 구례에 들어와 정태중의 집으로 인사를 왔다. 이때 그는 군인들에게 "이것은 상부의 지시가 아니다. 경솔한 행동을 하지 마라" 하고 타일렀다. 또한 보복적인 살인이 성행하는 속에서 그에 반대해 당시 구례 지역의 대표적인 우익인사였던 이판열의 피신을 돕기도 했다.

하여튼 그 사건 후 그는 일제시대에 이어 또다시 군경의 추적을 받는 처지가 되었다. 그는 상경하여 김종필의 집에 몸을 숨겼다. 그러던 어느 날 그는 김종필과 함께 아침식사를 하다가 급습한 경찰들에게 체포되었다. 어처구니없게도 그에게는 극렬 좌익분자로 반란 주모자라는 죄명이 붙어 있었다. 이후 그는 광주에서 군사재판을 받고 무기형을 선고받아 군산교도소에 수감되었다. 당시 면회를 간 딸에게 그는 "나는 죄가 없다. 고문에 못 이겨 그들이 하란 대로 시인한 것이다. 내가 한 일이라고는 친일파들이 미군정에서 힘을 잡았기 때문에 그 반대 방향으로 나간 것뿐이다"라고 말했다. 이때 그는 딸을 통해 구례와 보성의 국회의원이던 김종선과 이정래에게 탄원을 부탁하기도 했지만 이데올로기적으로 경화되어 가던 당시의 분위기 속에서 그들은 때를 기다리자며 주춤거리고 있었다.

감옥에서 그는 몸이 아픈 수많은 죄수들을 침으로 치료하기도 하고 에스페란토어 독학도 하며, 『중용』 『침구대성(鍼灸大成)』 등을 읽으면서 지냈다. 그러던 중 한국전쟁이 일어나자 같이 수감되었던 사상범들과 함께 군산 앞바다로 실려가 수장당했다고 한다.

1) 이기하, 『한국공산주의운동사』 1권, 407쪽.

2) 위의 책, 344쪽.

3) 이상의 내용은 두 사건의 판결문에서 요약·발췌했다.

4) 이상은 그의 아들, 딸 외에도 구례 지역에서 빨치산활동을 하다가 장기간의 감옥생활을 거친 후 현재 구례에서 살고 있는 사람의 증언을 통해 밝혀진 사항이다.

선 태 섭

빈농의 아들에서 사회운동의 거목으로

1905년 전남 구례 출생
1925년 전남청년연맹 조사부장
1927년 신간회 구례지회 간사
1930년 서울계 재건당의 조직책
1932년 보성 적색농민부 결성
1945년 전남 건준 재정부장

지금은 과수원이 들어선 구례군 마산면의 청내라는 곳은 해방 직후만 해도 수십 호의 가구가 모여 마을을 형성했던 곳이다. 그러나 여수 14연대 군인봉기 이후에 불어 닥친 좌우익의 갈등은 그 마을을 송두리째 사라지게 만들었다. 그곳에 살던 사람들은 난리 속에서 죽거나 혹은 타향으로 떠나야만 했다. 그 중에 선태섭(宣太燮)이라는 사람이 있었다. 그는 일제시대에 민족주의적 색채를 지닌 공산주의자로 신망받는 항일운동가였다. 특히 그는 여느 활동가처럼 부잣집 자손도 아니었으며, 일본 유학 등 높은 학력을 소유한 것도 아니었다. 가난한 농부의 아들로 태어나 자신의 삶에 대한 끊임없는 정진과 주변 사람에 대한 실천적인 애정을 통해 전남을 대표하는 항일운동가로 성장한 사람이었다.

선태섭은 1905년 구례군 마산면 마산리에서 가난한 농부인 선필근(宣必根)의 두 아들 중 장남으로 태어났다. 그의 가정환경은 여느 사람과 다름

없이 평범했지만, 그가 구례 지역의 뛰어난 활동가로 성장하는 데는 그의 어머니의 정성스런 훈육이 지대한 영향을 미쳤다. 남원 양씨 문중에서 시집 온 여장부라고만 알려진 그의 어머니는 친가의 아버지가 갑오농민전쟁 때 농민군에 가담했다가 목숨을 잃었다고 한다. 그런 집안의 영향을 받아서인지 어머니는 선태섭에게 교육의 중요성을 강조했고, 남자가 집안 일에 얽매이지 말고 나라 일에 진력하라고 가르쳤다.

그런 어머니를 둔 덕에 선태섭은 가난한 살림에도 불구하고 어렸을 때부터 공부를 할 수 있었다. 처음에는 화엄사에 들어가 한학을 공부하던 그는 어느 정도 나이가 들자 구례공립보통학교 4학년에 편입해 신학문을 공부했다. 이러한 학습 과정에서 그는 매우 총명해 주위 사람들의 기대를 받았다고 한다. 보통학교를 졸업하고 상급학교에 진학하지는 못했지만, 와세다대학 통신문을 갖고 독학을 계속했다.

선태섭이 처음 항일운동에 참가한 것은 구례 지역의 3·1운동 때였다고 알려져 있다. 이때 그는 산에 올라가 봉화 피우는 일을 했다고 전해진다. 그러나 공식적으로 확인되는 최초 활동 시기는 1925년 무렵이었다. 1925년 6월 10일 전남청년연맹 제3회 집행위원회에서 그가 조사부장으로 선출된 것이다. 또한 1928년 5월 11일 담양에서 열린 제4회 정기 대회에서는 21명의 집행위원으로 선출되기도 했다.[1] 그 이유는 알 수 없지만 선태섭은 처음부터 활동 범위가 구례 지역에 한정되지 않았다. 그는 소안도의 송내호를 중심으로 조직된 수의위친계의 회원이기도 했다.

이러한 경력을 토대로 그는 구례 지역의 사회운동 단체에도 참여하기 시작했다. 그는 1926년 말부터 구례에서 조선일보 기자로 재직하면서, 1927년 6월 4일에는 신간회 구례지회의 간사를 역임했다. 또한 구례청년동맹을 기반으로 활동해 1927년 12월 2일에는 구례청년동맹 연락 조직부장으로 선출되었고, 그후 집행위원장까지 역임했다. 이때 그는 구례소년동맹의 창립을 지도하다가 구속되어 광주지방법원에서 징역 1년에 집행유예 4년을 선고받았다. 그후 대구복심법원에 항소하여 결국 6개월의 금고형을 선고받았다. 이것이 그의 최초의 수형생활인 셈이다.

한편 그는 조선공산당 조직에 직접 가담하지는 않았지만, 조공 재건운동에 처음부터 적극 가담했다. 『일본 현대사 자료 (29권)』에 따르면 그는 서울계 재건당의 조직책이었다. 그의 구체적인 활동 내용은 아직까지 밝혀지지 않았지만, 그가 속했던 재건운동 진영은 1930년 7월 일경에 적발되었고, 선태섭은 그해 11월에 경기도에서 경기도 지방법원 검사국에 의해 체포당했다. 이때 그는 취조 과정에서 공산주의자가 된 이유를 기자 시절 그 사상에 공감했기 때문이라고 밝히고 있다. 그로부터 1년 가까이 지난 1931년 10월 그는 예심에서 면소판결을 받고 석방되었다.

1931년 1월 출옥한 선태섭은 강갑영을 중심으로 조직된 '전남사회운동연구회'에 가담하면서 운동을 재개했다. 그후 1932년 3월에는 그의 주도하에 보성 적색농민부가 결성되었는데, 이 단체는 전남 지역의 17개 단체와 함께 전남노농협의회를 조직하기도 했다. 원래 보성은 그의 본관으로 상당히 가까운 친척들이 살고 있었기 때문에 비교적 활동이 용이한 지역이었다. 그러나 선태섭과 그의 동지들이 심혈을 기울여 결성한 노동협의회는 결성된 지 1년 만인 1933년에 일경에 의해 적발되었고, 그도 체포되어 또다시 감옥으로 끌려갔다.[2]

감옥에서 나온 그는 구례에 거주하면서 나름대로의 활동을 재개했다. 그는 구례 지역의 명망가 및 활동가들과 함께 금란회를 조직했다. 금란회는 표면상으로는 친목을 표방하는 모임이었지만, 그 구성원의 면모에서도 드러나듯이 항일운동을 목적으로 하는 조직이었다. 그곳에서 선태섭은 두드러진 활동 경력을 갖고 있는 실질적인 지도자의 한 사람이었다.[3]

한편 그는 영광 지역에서도 활동 기반을 만들고 있었다. 현재 그가 영광과 인연을 맺게 된 사연은 알 수 없다. 증언에 따르면 그는 1936~1937년경 영광에서 합법적인 단체를 이용해 독서회를 조직하고 소인극을 공연하면서 항일의식을 고취시키는 활동을 했다 한다. 결국 이러한 사실이 폭로되어 1937년 9월경 131명이라는 많은 사람이 체포되었는데, 그도 이 사건에 연루되어 또다시 수형생활을 하게 된 것이다. 이때의 수형생활로 선태섭은 큰아들이 태어나는 것도 지켜 보지 못했다.

1930년 이후 1937년에 이르는 7년이라는 짧은 기간에 벌써 세번째의 수형생활이었다. 계속되는 수형생활 속에서 그는 점점 지쳐 갔다. 그의 몸은 일경의 고문으로 가슴이 튀어나오고 어깨뼈가 휠 정도로 만신창이가 된 상태였다. 더욱이 그는 감옥에 가기 전에 결혼해 얼굴도 모르는 자식까지 있었다. 그런 상황에서 그는 일제 말기의 집요한 공작을 와신상담하는 심정으로 견뎌 냈다.

이후 그는 구례로 돌아와 광의면에 생활 터전을 마련했다. 이때가 1940년경이었다. 그는 막역한 친구이자 동지인 김종필에게 2만 원을 빌려서 광의면 소재지에 주조장을 설립했다. 또한 구례읍에 포목상을 차렸으며, 지리산에서 채취한 산 수유를 다른 지역에 내다 파는 등 여러 사업에 손을 댔다. 그러나 아들의 증언에 따르면 광의주조장에서 살던 시절에도 아버지를 거의 볼 수가 없었다고 한다. 여기서 그의 사업은 진정한 것이 아니었으며, 사업을 통해 신분의 안전을 도모하면서 활동 자금을 마련했던 것으로 추정해 볼 수 있다. 이러한 점은 광양 지역의 활동가였던 박준규가 일경의 추적을 피해 다닐 때 선태섭의 주선으로 지리산에 상당 기간 숨어 있었다는 증언에서도 짐작할 수가 있다.

해방이 되자 그는 항일 동지들과 함께 구례 지역의 건국준비위원회를 결성하고 선전부장을 담당했다. 그후 광주로 올라가 전남 건준(그 뒤 인민위원회로 개편) 재정부장을 역임하면서 귀속재산이나 부족한 생활필수품문제 등의 처리를 책임지기도 했다. 이때 일제 말에 전향했다는 그의 경력을 문제 삼아 비판이 일기도 했지만, 인민위원장인 박준규 자신이 그의 도움을 받았었기 때문에 그의 무고함을 변호해 재정부장 일을 계속할 수 있었다. 거기에다가 일제하에서의 활동 경력, 사회주의자이면서도 큰 부자들과 무리 없이 지내는 성품 등이 인정을 받아 재정부장을 맡기에 누구보다도 적합한 인물이라는 평을 들었다.

이때 보성에서 알고 지내던 서민호가 도 인민위원회와의 갈등으로 광주로 압송되자 그를 석방시켰고, 이러한 인연은 서로 좌와 우로 나누어져 활동하면서도 죽을 때까지 지속된다. 그는 인민위원회에서 주로 다른 기관이나 산업체에 대표로 파견되는 역할을 담당했다. 1946년 3·1절 기념시위 때 집회허가를 받기 위해 당시 서민호 광주시장이나 미군정 고문관을 방문한 것도 그였다. 이러한 활동의 연장선 위에서 그는 민주주의민족전선 결성 때에도 핵심적으로 활동했으며, 서울에서 열린 결성 대회에 전남대표로 참석해 중앙집행위원(총 305명)으로 선출되기도 했다.[4)]

한편 그는 조선공산당 전남도당 재건 활동에도 주요 지도자의 한 사람이었다. 1945년 8월 21일 전남 각 지역 및 직능 대표 42명이 모여 해방 후 최초로 조공 전남도당의 재건을 논의했는데, 그도 여기에 참가하고 있었다. 또한 9월 15일에는 조공 결성을 둘러싸고 재연되던 계파간 알력을 해소하고 전남도당을 결성키 위하여 계파 대표 15명이 전남도당 준비위원회를 개최했을 때도 참석했다.

이 시기 그는 조공에서 파견된 세포 자격으로 인민당을 결성하는 데 참여하기도 했다. 당시 조공에서 파견된 사람은 그와 이익우였는데 이들의 노력으로 인민당 광주지부 준비회가 1945년 12월 15일 오후 2시 조선은행 광주지점 2층에서 발족되었다. 이와 함께 1946년 2월 19일 오전 11시에는 서울 조선공산당 본부에서 열린 중앙 및 도당 대표 동지 연석회의에 전남대표 5인 중 한 사람으로 참석했다.

이와 같이 당과 통일전선 조직을 오가며 활동하던 그에게 또다시 검거의 손길이 다가오고 있었다. 그것은 미군정의 좌익탄압에 근본적인 원인이 있었지만, 보다 직접적으로는 그가 인민위원회 재정부장을 맡으면서 귀속재산을 관리했기 때문이었다. 미군정 당국이 귀속재산에 관한 모든 사무를 인계하려고 할 때, 그 동안 인민위원회의 활동 과정에서 처분되었거나 유용된 부분이 있었고, 그에 대한 책임은 실무 책임자였던 그가 질 수밖에 없었던 것이다.

그는 1946년 5월경 서울에서 광주 경찰서 소속 경찰에게 체포당했다. 그러나 감시가 소홀한 틈을 타 종로 경찰서에서 탈출했고, 그후 구례로 도망해 지리산으로 피신했다. 당시 미군정 당국은 기관총까지 설치한 트럭에 10여명의 경찰을 파견해 그의 집 주위에 주둔케 할 정도로 선태섭의 체포에 혈안이 되었으나 결국은 실패하고 만다. 그는 1946년 여름에 검거의 손길을 피해 월북했다. 구례를 떠나기 전날 밤 아들에게 "조선이 독립되면 돌아오겠다. 열심히 살아라"는 말을 남겼다고 한다.

이후 그는 1957년 다시 분단된 한반도의 남쪽 땅에 모습을 나타냈다. 분단체제에서 한 번 월북했던 인사가 다시 돌아온 것은 곧바로 감옥행을 의미했다. 그는 감옥에서 분단의 아픔을 곱씹으며 수년을 보내다가 1960년대 초에 출감했다. 그리고 1975년 그로 인해 한평생 고생만 한 가족들 곁에서 숨질 때까지 별다른 활동을 하지 않고 삶을 마감했다.

선태섭, 그는 일제하에서 청년운동과 농민운동을 통하여 성장한 항일운동가였다. 해방 후 건준과 인민위원회 재정부장으로 새로운 자주국가 수립에 심혈을 쏟은 것이 그의 삶에서 절정기였다. 그후 미군정 당국과 우익에게 패퇴한 뒤부터 그는 역사의 무대에서 서서히 퇴장하고 있었다.

1) 선우기성, 『한국청년운동사』 중 전남 편 참조.
2) 이기하의 『한국공산주의운동사』 1권에서 선태섭과 관련된 부분을 발췌・요약했다.
3) 구례군, 『구례군사』, 180~181쪽.
4) 안종철, 「해방 직후 건국준비위원회 지방 조직 및 지방 인민위원회에 관한 연구」, 전남대 정치학과 박사학위논문, 김창진, 「해방 직후 광주 지역의 정치투쟁에 관한 연구」, 역사비평 1집.

서민호

해방 정국에서 우익을 이끈 반공주의자

1903년 전남 고흥 출생
1925년 미국 유학
1943년 조선어학회사건으로 투옥
1946년 전남지사
1950년 제2대 국회의원
1960년 국회부의장, 제6대 대통령 입후보
1974년 사망

부산 피난정부 때 거창양민학살사건 진상조사단장으로 현지 조사중 인민군을 가장한 아군 공격을 받고도 끝내 진상을 파악했으며 그로 인해 1952년 제2대 국회 내무위원장 재임중 투옥, 대전교도소에서 8년간 옥고를 치름.

이상은 서울 교외의 신세계공원 묘지에 안장되어 있는 서민호(徐珉濠)의 묘비에 새겨진 글을 그대로 옮긴 것이다.

서민호는 1903년 4월 17일 전남 고흥군 동강면 노동리에서 서화일(徐和日) 씨와 경주 이씨 사이의 넷째 아들로 태어났다. 서민호는 태어날 때 어머니가 꿈에서 떨어지는 달을 치마폭으로 받았다는 말을 듣고 자신의 아호를 월파(月坡)라고 지었다고 한다.

아버지는 고흥, 벌교 등지에서 삼베장사로 상당한 재산을 모았고 간척

사업을 통해 고흥, 보성, 순천에 많은 땅을 소유한 대지주였다. 1930년에 일제가 조사한 대지주 명단에도 282정보의 땅을 소유한 것으로 나타났다. 이러한 유복한 가정이었기 때문에 6세 때부터 말 타기를 배울 정도로 어려운 줄 모르고 자랄 수 있었다. 중학교를 일본에서 잠시 다니다가 귀국하여 중앙학교에 입학했으나 도중에 학업을 포기하고 보성학교로 편입했다. 그러나 보성학교에서도 학업에 열중하기보다는 싸움패에 가담해 '보성 깜둥이'로 통할 정도로 공부와는 담을 쌓은 학생이었다.

보성고보를 졸업한 후 일본으로 유학해 와세다대학 정경학부에 입학했다. 일본에서 유학할 때도 한국 유학생 야구부에 가입해 야구를 하는 등 학업과는 거리가 먼 학생이었다. 당시 와세다대학의 분위기에 따라 사회주의사상을 접하기도 했다. 그러나 그것은 자신의 자유분방한 생활에 맞지 않아 보다 많은 자유가 주어지는 미국으로 가겠다는 생각을 갖게 되었고, 이에 따라 1925년 미국으로 유학을 떠났다.

당시 미국 교포들은 이승만의 구미위원회와 안창호의 흥사단으로 나누어져 독립운동을 지원하고 있었는데, 이들 두 단체는 서로 대립하고 갈등을 일으키면서 주도권 다툼을 하고 있었다. 이때 이승만과 맺은 교분은 후일 이승만의 두터운 신임을 얻는 계기가 되었다. 베리아대학을 거쳐 1926년 웨슬리안대학을 졸업했고 그후 컬럼비아대학원에 진학했다. 그 사이 틈틈이 권투, 사격으로 몸을 단련했는데, 이때 배운 사격술이 1952년 순천에서 서창선 대위를 단 한 발에 명중시키는 실력으로 나타난다. 또 이때 맺었던 장덕수, 김도연, 김양수, 윤치영 등과의 교분이 장차 한국에서 지배그룹으로 성장하는 배경으로 작용했다.

미국에서 공부를 끝낸 후 덴마크에서 3개월간 농업 실태를 견학한 후 소련, 중국, 만주를 거쳐 귀국할 때가 1929년이었다. 그후 자신의 고향에서 협동조합운동을 일으켜 보려 했으나 부친의 반대로 성사되지 못하자 술로 세월을 보냈다. 그러나 부친의 별세로 상당한 유산이 분배되자 1934년에는 남선무역주식회사를 인수하고 1935년에 벌교송명학교를 인수하는 등 활동을 재개했다. 이와 함께 순천의 김양수와 함께 조선어학회의 운영위원 겸 자금조달책을 맡기도 했다. 그러던 중 1943년 조선어학회사건으로 함흥형무소에 투옥되어 1년간의 옥고를 치렀다.

해방을 벌교에서 맞은 서민호는 순천의 김양수와 함께 어느 곳보다도 빨리 해방 축하 행사를 했다. 그리고 벌교에 건국준비위원회를 조직해 치안유지를 담당하는 등 활발한 활동을 벌이게 된다. 그러나 서민호의 이러한 활동에 아직 철수하지 않은 일경이 자신들을 모독한 행위라고 출동하여 그를 위협한 사건이 발생하기도 했다. 이때 그가 일촉즉발의 상태에서 대담한 행동으로 일본군을 물리쳤다는 일화는 많이 알려져 있다.[1)]

서민호는 자신과 이데올로기가 같지 않은 좌익계 인사들을 철저히 배척한 대표적인 반공주의자였다. 이러한 그의 활동은 해방 공간에서 주도권을 장악하고 있던 전남 인민위원회에서 서민호를 강제로 압송해 구금하는 결과를 가져오기도 했다. 그렇지만 미군이 진주하고 전남 지방의 정치 지형이 역전됨에 따라 서민호는 절정기를 맞이하게 되었다.

서민호는 선교사인 언더우드의 추천장을 들고 딜론 중령을 찾아가서 미국에서 배웠던 유창한 영어로 전남 행정기관에 좌익인사들이 다수 있어 이들을 배척해야 한다고 강력히 주장했다. 이를 신임한 미군의 결정에 따라 그는 101군정대의 고문이 되었고 1946년 6월에는 광주시장에 임명되었다. 이때는 시장, 군수를 임명할 때 한국인 고문회의의 추천을 받았던 때였다. 당시 고문회의에서는 서민호의 시장 임명을 거부했지만, 미군정에서 이를 무시하고 서민호를 광주시장에 임명함으로써 고문위원들이 모두 사퇴하기까지 했다.

미군정은 한국에서의 점령정책을 효율적으로 수행하기 위해 한국인 중 미국에서 교육받은 사람들이나 기독교적 배경을 갖고 있는 사람들을 고위관직에 임명하는 것이 일반적이었다. 따라서 서민호의 시장 임명이라든지 최영욱의 도지사 임명도 이러한 맥락에서 자연스러운 것이었다.

서민호의 좌익세력 배제정책과 과단성 있는 행정업무 추진은 미군정의 환심을 사기에 충분했다. 이것은 미군정이 온건한 중도적 인사였던 최영욱보다는 서민호가 더 자신들에게 필요한 존재라고 인식하는 계기가 되었으며, 이후 서민호는 1946년 10월 전남지사에 임명되었고 전남 지역 우익 진영의 실질적인 지도자가 되었다.

이때부터 서민호는 전남지사라는 직위를 이용해 전남 내의 시장, 군수를 자신의 의도대로 정리하기 시작했다. 이리하여 중도적 입장을 갖고 있던 인사들이 물러나게 되고 우익적이고 서민호에 우호적이었던 인사들이 그 자리에 들어서게 되었다. 테러, 모략 등 수단을 가리지 않고 이루어진 서민호의 좌익세력 탄압정책이 계속되자 좌익세력은 수차례 서민호를 제거하려고 시도했으나 번번히 실패하고 말았다.

미군정을 등에 업고 해방된 국가의 지배그룹으로 등장한 한민당 진영은 중앙의 핵심적인 직위뿐만 아니라 도지사 등 지방 관직의 노른자위까지도 장악하고 있었다.

그에 따라 한민당은 당시 견제세력이 없는 정국의 주도자였으며, 이것은 통일된 민족국가의 수립에 장애요인이 될 수밖에 없었다. 이러한 상황이 일반 국민의 비판을 받게 되자 안재홍 민정장관은 도지사들에 대한 일대 인사이동을 단행했다. 즉 그들의 권력 기반을 뿌리뽑음으로써 원만한 행정을 진행시키고자 한 것이다. 이에 따라 서민호는 강원도지사로 전출되었다. 이에 서민호는 상경하여 강력한 항의를 제기했다. 그러나 항의가 받아들여지지 않자 1947년 7월 사표를 내고 말았다. 도지사를 그만둔 뒤 서민호는 대동청년단 전남지부를 결성하고 각 군, 면 단위까지 지방 조직을 확충하는 데 혼신의 힘을 다했다. 대동청년단은 이승만이 권력을 장악하는 데 행동대 역할을 담당한 청년 조직이었다.

제헌의원 선거 때 고흥에서 한민당 소속으로 출마했지만 중과부적으로 낙선한 뒤 김양수의 추천과 지면 있는 인사들의 천거로 1949년 조선전업주식회사 사장에 취임했다. 이때는 이승만과 한민당 간에 권력투쟁이 첨예해지던 상황이었다. 한민당의 도움으로 대통령이 된 이승만이 독자적인 세력을 쌓기 위하여 한민당을 배척했고, 그에 따라 한민당이 야당으로 돌아서던 시기였다. 이러한 상황은 서민호에게도 마찬가지였다.

서민호는 한국전쟁 직전의 5·30선거에 고흥에서 출마해 제2대 국회의원에 당선되었다. 전쟁 기간 동안에 발생한 국민방위군사건이나 거창양민 학살사건에 그는 조사위원으로 참여해 적극적인 활동을 벌였다. 이러한 활동으로 이승만세력은 그를 제거 대상으로 생각하게 된 것이다. 그러던 중 '서창선대위 사건'이 발생한다. 지방 선거 시찰을 위해 순천에 온 서민호가 순천의 유지들과 연회를 개최하는 도중 동석한 기생을 찾아온 서창선 대위를 권총으로 사살한 사건이었다. 이승만정권은 이 사건을 기화로 서민호가 주장하는 정당방위를 무시하고 서민호를 구속하고 말았다.[2] 당시 이 사건은 이승만의 행정부와 한민당이 다수인 국회가 대립하는 상황으로 발전해 비상계엄이 선포되기도 했다. 이 사건으로 서민호는 사형 언도, 집행유예, 석방, 수감 등 8년 동안이나 생과 사라는 희비의 쌍곡선을 달릴 수밖에 없었다.

1960년 4·19로 이승만정권이 붕괴되면서 4월 29일 서민호도 석방되었다. 곧이어 1960년 7월 29일 고흥에서 제5대 민의원에 무소속으로 출마하여 당선되었고, 국회부의장을 역임했다. 그후 유엔총회 한국 대표, 6, 7대 국회의원, 제6대 대통령 입후보 등의 정치활동과 함께 『나의 옥중기』 『이래서 되겠는가』 등 저술활동을 했다. 1973년 정계를 은퇴하고 1974년 사망할 때까지 활동을 계속한다. 그의 장례는 사회장으로 치러져 그 동안의 고난과 역경을 보상받게 된다.

그러나 이상과 같은 화려한 정치활동의 이면에는 또 다른 측면이 있었고, 이로 인해 보성과 벌교의 농민들에게 지탄의 대상이 되기도 했다. 그것은 자신이 물려받은 많은 땅이 농지개혁 대상이 되면서 시작된다. 당시 서민호의 땅이었던 벌교리 883번지 등 벌교 인근의 간척지 땅이 소작인들에게 분배되었는데, 이것을 서민호가 다시 찾으려고 소유권 분쟁을 일으킨 것이다. 결국 대법원 심의까지 이루어진 소송은 서민호의 승리로 마감되었고, 농민들의 이해를 대변한 정부는 5년 이내에 재심청구를 해야 하는 데도 어떤 연유에선지 어물어물하는 사이에 재심청구시효도 넘기고 말았다. 카톨릭농민회 전남 부위원장이었던 이기환을 중심으로 농민들은 격렬하게 항의했다. 그러나 서민호의 유족들은 다른 주장을 하고 있다. 농지개혁이 대한민국 정부하에서 이루어진 것이 아니고 한국전쟁 과정에서 북한 인민군이 벌교에 진주했을 때 인민군치하에서 이루어진 것이기 때문에 그것은 불법적인 농지개혁이었고 이에 따라 소송을 제기한 것이라고 한다. 서로 상반된 주장들은 더욱 전문적인 연구자에 의해 규명되어야 할 것이다.

이러한 벌교 지방의 농지개혁을 주제로 1970년대 중반 전남일보에 「버림받은 사람들」이란 시리즈가 연재되었고, 송기숙 교수는 『재수 없는 금의환향』이라는 소설을 쓰기까지 했다.

서민호, 그의 일생은 어떤 정치적 신념보다는 자신의 기질대로 살아온 역정이 엿보인다. 그의 참모습이 가장 잘 드러난 것은 해방 정국이었다. 그의 주도하에 이루어진 온갖 탄압책으로 남한에서 가장 강력하다고 알려진 전남의 좌익은 침몰했고, 우익진영은 정국을 주도할 수 있었다. 그러나 그 자신도 스스로 충성을 다했던 이승만에게 제거당했다. 1960년대에 정치활동을 재개하지만 이미 그는 정국의 주도자는 아니었다.

1) 『광복 30년』 1권, 전남일보사, 1975, 26쪽.
2) 서병조, 『정치사의 현장』 1권, 중화출판사, 1981, 325~328쪽.

최종섭

반민특위 전남지부장

1882년 전남 광주 출생
1927년 신간회 중앙집행위원, 광주지부 총무간사
1946년 미군정 조선 과도 입법의원
1948년 반민특위 전남지부장
1950년 호남신문 사장
1969년 사망

1949년 3월 21일 10시 옛 광주법원청사(현 카톨릭센터) 2층 사무실에 많은 기자들이 모여들었다. 그러자 "여러분, 그 동안 안녕하셨습니까? 반민특위에서 어떠한 진전이 있는지 궁금해할 것 같아 오늘 여러분을 부르게 되었습니다"라고 인사말을 하면서 좌중의 기자들을 둘러보는 초로의 노인이 있었다. 그는 그 자리에서 반민특위활동에 협조를 부탁하면서 정병조와 성정수 두 사람의 반민족행위 요지를 발표하기도 했다. 그가 반민특위 전남지부장인 최종섭(崔鍾涉)으로, 일제시대에는 항일운동에 앞장섰고 해방 후에는 우익 정치인으로 활동한 인사였다.

그는 광주면 서남리(현 남동 부근)에서 농사를 짓던 탐진 최씨 최병선과 남평 문씨 사이에서 1남 2녀 중 외아들로 태어났다. 그렇게 넉넉하지 못한 가정형편이었지만 한학을 열심히 배운 그는 일제의 침탈로 나라를 빼앗기고 도처에서 의병활동이 전개되던 한말의 격동기에 청년 시절을 보냈다. 처음에 그는 나라 없는 서러움을 은둔으로 달랬으나 전국에서 일어나는 독립활동을 보고 여기에 참여하게 되었다.

이후 그는 1909년 대한독립협회 광주지부 실업부장을 시작으로 3·1운동을 비롯한 거의 모든 항일운동에 직접 참여해 조국광복에 앞장섰다. 그는 3·1운동 이후 광주사회운동의 구심점이 되는 광주청년회에 가담해 39세라는 많은 나이에도 불구하고 초대 회장을 맡아 활동했다. 물론 당시의 청년회는 청년뿐만 아니라 그 지방 유지가 대거 참여한 단체였다.[1] 광주청년회도 1920년 6월 12일 창립되자 광주 지역 유지들이 회관 건축비를 지원하는 등 그 활동을 적극 후원하는 한편, 직접 청년회 구성원이 되기도 했다. 이런 조직 구성은 초기 청년회활동을 계몽적인 수준에 머물게 하는 요인이 되었다. 이와 함께 그는 그해 광주 유지들이 발기한 광주상업조합 발기인으로도 참여했다.

한편 청년회가 계몽적인 수준을 벗어나 사회문제 전반, 특히 소작문제에 적극 개입하게 되면서 노동·농민운동도 활발해졌다. 당시 청년운동에 참여하고 있던 많은 유지들이 노동·농민운동에는 발을 빼는 데 반해 최종섭은 1922년 지주들이 주도한 소작인상조회 전남지회 부회장으로 선출되기도 하지만 곧바로 타협적인 노선을 벗어 던지고 노동자와 농민의 편에 서서 활동을 했다. 그의 활동 중심은 청년운동에서 노동과 농민운동으로 이동했다. 그는 1924년에는 광주면 소작인회를 주도적으로 조직하고 1925년에는 광주소작인연합 회장과 광주수해구제회 위원으로 활동했다. 이런 활동을 통해 그는 지주로부터 가해지는 온갖 불이익에 맞서 농민을 보호했다.

이러한 활동의 결과 그는 1925~1926년까지 광주노동공제회 농민부 위원을 역임했다. 당시 광주노동공제회는 강연대를 조직해 각 면을 순방하면서 소작인회의 취지서를 배부하는 한편 소작인회의 조직을 추진했다. 그 결과 적어도 1923년 봄까지 광주의 15개 면에 소작인회가 조직되었고, 그 조직이 완료되자 1923년 4월 29일에는 중앙 집행기관으로 소작인연합회가 조직되었다.

한편 1927년 민족협동전선인 신간회가 결성되자 그는 1927~1929년까지 신간회 광주지회 조사부장과 서무부 총무간사 등을 역임하면서 활동했다. 특히 1929년 28일과 29일, 신간회가 일제의 탄압으로 정기 대회를 개최하지 못한 상태에서 복 대표 대회를 열어 규약을 개정하고 조직체계를 회장, 간사제에서 위원제로 바꿨는데, 이때 최종섭은 중앙집행위원으로 선출되었다.[2)]

그는 교육 부문에서도 많은 활동을 했다. 1926년 광주여고보 창립 기성위원과 1927년 광주교육보급회 규칙기초위원을 역임했고, 1928년에는 사립보통학교 유지 방침연구회 위원으로 활동했다.

그후 그는 일제의 탄압이 심해지자 집을 광산군 비아면과 극락면으로 옮기고, 농사를 지으며 은둔생활을 했다. 당시 교화(敎化)를 담당하는 면직원이 그가 사는 곳, 동배실(東背室)의 명칭에서 '배(背)'를 '배(拜)'로 고치라고 하자 그는 "그것이 고유명사인데 글자를 고친다고 해서 교화될 것 같은가, 단지 역효과만 난다"고 꾸짖어 보내기도 했다. 그리고 그는 자식들에게 일제하에서 봉급생활을 하는 것은 일제의 심부름꾼 노릇을 하는 것이므로 취직하지 말고 농부가 되라고 훈계하기도 했다.[3)]

그가 사회활동을 재개한 것은 8·15해방 이후였다. 해방 정국에서 그의 활동 영역은 우익 민족주의라는 틀 내에서 이루어졌다. 해방 후 그가 참여한 최초의 활동은 지사고문회였다. 그러던 중 이승만이 환국하자 그는 서울로 올라갔다. 이승만과 특별한 관계가 있어서가 아니라 이 박사의 환국과 함께 전개될 중앙 정세의 움직임을 알아보기 위해서였다. 그는 서울에서 김성수나 송진우도 만났지만, 그들의 주장에 동의할 수 없었다. 결국 일제 때 분열된 민족운동 단체를 통일하고자 결성된 신간회에서 활동한 그는 이승만의 "전 민족이여 결속하자"라는 외침을 깊이 새기면서 이승만이 주도한 범국민운동 단체인 대한독립촉성국민회(이하 독촉)를 신간회와 같은 성격으로 파악하고서 이 단체에 가입한 후 전남지부장을 맡았다.

1946년 2월 독촉 전남지부는 사무실을 충장로 5가(구금성여객 자리)에 두고 결성되었다. 전남지부장에는 최종섭, 부지부장에는 장병준, 사무국장에는 장병상을 각각 선출했다. 독촉은 신탁통치를 반대하고 좌익을 반대하며 우선 반쪽이나마 정부부터 수립하자고 주장하는 단체로 처음부터 끝까지 이승만노선을 충실하게 추종하고 있었다. 그리고 이승만이 주도하는 정당통합을 도모하고 있었다. 이는 국내외에 자신의 영도력으로 전 민족이 결속했다는 것을 과시하기 위한 정치적 지략이었다. 그러나 독촉은 우익 내부의 통일도 이룰 수 없었을 뿐만 아니라 뭉쳐야 한다는 논리로 친일파에게 보호막만 제공했을 뿐이다.

최종섭은 독촉 전남지부장으로 있던 1946년 5월 9일 광주대성국민학교에서 연설을 마치고 나온 이승만을 독촉 임원진과 함께 만나는 등 이승만을 진정한 지도자로 생각하고 있었다. 그는 1946년 좌익의 전국노동조합평의회(전평)와 전국농민조합연맹(전농)에 대항해 독촉 산하에 만들어진 대한독립촉성노동총연맹과 대한독립촉성농민총연맹의 전남지부장으로 활동하기도 했다. 그리고 한국문제가 UN으로 이관되고 국제연합 위원단이 들어올 때, 그는 전국환영회 전남 대표로도 활동했다. 또한 그는 남한 단독으로 실시한 1948년 5·10선거에서는 총선거대책 전남위원장으로 활동하면서 국민들이 선거에 참여하도록 권유하기도 했다. 결국 그는 해방 정국의 와중에서 좌익과 싸우고 단독정부 수립에 앞장서는 우익의 거물급 인사였던 것이다.

한편 그는 당시 민족정기의 부활을 위해서도 노력했다. 그의 이런 모습은 입법의원 사임과 반민특위활동에서 나타났다. 그는 1946년 11월 간접선거를 통해 미군정이 조직한 조선 과도 입법의원[4]에 참여했다. 그러나 한민당 출신 의원들이 자기 당 출신의 선거무효에 항의해 등원을 거부하면서 개원 성원이 미달하고, 이에 미군정이 성원을 재적의원 ¾에서 ½로 한다는 수정법을 개원 1시간 전에 통과시켜 공포하는 등 편법이 난무하자 실망한 그는 입법의원을 그 자리에서 사임했다.[5]

1948년 9월 22일 과거 일제 때 친일 부역해 동포들에게 악질적인 반역행위를 자행한 반민족행위자들을 처단하기 위해 반민족행위자에 대한 처벌법이 공포되었다. 그리고 그 실행기관으로 10월 23일 반민특위가 구성되었는데 최종섭은 전남지부장을 맡았다. 그가 우익인사이면서 독립운동가이고 친일 혐의가 없다는 것이 인정된 것이다. 그는 신용근, 김동근 등 우익진영이면서도 때묻지 않은 사람을 중심으로 조사관을 임명했다. 반민특위 전남지부는 각 경찰서와 지서에 투서함을 만들어 신고를 받았다. 반민특위가 제일 먼저 체포한 사람은 일제 때 고등계 형사로 광주학생운동 독립운동자를 고문했던 문종중이었다.

당시 반민특위 전남지부는 20명을 구속 송치하고 18명을 불구속으로 취조하는 등 38명을 조사했는데, 특위는 일제의 식민정책에 의해 어쩔 수 없이 벼슬을 지낸 거물급들은 불구속으로 가볍게 처리하고 독립운동자를 탄압한 경찰 출신들을 중점적으로 처벌했다. 그러나 반민특위의 활동은 너무 늦게 시작되었다. 이미 반민족 행위자들이 정계, 경찰, 군부 등 각계각층에서 고위직을 차지하고 있었으며, 이들은 특위활동을 좌익이나 공산당 소행으로 몰아세우면서 집요한 방해공작을 하고 있었다. 결국 반민특위활동은 좌절되고 말았다.[6)]

그는 정부수립 후에도 국민회 전남본부 위원장을 역임하면서 이승만과 관계를 유지하고 있었지만 권력에 대한 욕심은 크지 않았다. 당시 이승만 대통령은 최종섭을 불러 전남도백으로 앉도록 권유했으나 끝내 반대하고 다른 사람을 추천했다가 대통령의 노여움을 크게 사기도 했다. 한편 그는 호남, 동강 두 신문사의 사장을 거치면서 지방 언론 창달에도 앞장섰으며, 광주고등법원과 광주고등검찰청을 유치하고 전남대 전신인 대성대학 기성회장을 맡는 등 지역사회의 발전에 남보다 앞장서 활동했다.

노년인데도 왕성한 활동을 보였던 그는 한국전쟁 이후 별다른 활동을 하지 않고 『사서오경』 『의학』 『예서』 등을 읽으면서 생활했다. 그러다가 1969년 2월 7일 88세를 일기로 운명했다.

그의 공적을 기리고자 2월 11일 광주공원 광장에서 열린 그의 장례식은 수많은 시민들이 참석한 가운데 사회장으로 치러졌다. 많은 인사들이 조사를 헌정했고 끝으로 시인 한 명이 서러운 감정을 짓누르며 헌시를 낭송했다.

압박과 설움 속에서도
오직 높은 나무처럼
푸른 그늘을 이루시고
조국 광복을 위하여
하루의 쉬임이 없으셨으니
선생의 소망은 바로
나라와 겨레의 소망이셨나이다.

최종섭은 일생을 자기희생과 침략자에 대한 투쟁 그리고 지역 발전과 교육, 언론, 문화 향상에 바친 광주의 지도자였던 것이다.

1) 당시 대다수 청년회는 지방 유지의 기부금으로 청년회를 유지했다. 그는 넉넉하지는 못했지만 그 당시 탐진 최씨 일가가 이 지역사회에서 커다란 영향력을 행사하고 있었기에 청년회 회장을 맡게 된 것으로 본다. 초기 광주청년회 임원을 보면 총무 최준기, 사회부장 최영옥, 경리 최선지, 체육부장 최남선 등 11명의 임원 중 5명이 최씨 일가다.
2) 『신간회』, 611쪽.
3) 그의 첫째 아들 최호연 증언.
4) 1946년 10월 12일 군정법령 118호로 창설되었다. 전남 지역에서는 최종섭 이외에 공광표, 홍성하(광주), 이남규, 천진철(목포), 황보익(순천)이 당선되었다.
5) 그는 아무리 입법의원이 군정포고령에 의해 생긴 기관이라 하지만 이는 한국 민족을 대표한 민주주의 전당이요, 우리에게는 역사상 처음으로 탄생한 민주주의기관인데도 불구하고 편의주의로 개원을 한다는 것은 너무나 경솔한 처사가 아닐 수 없다는 것이었다.
6) 김석학, 『광주・전남 광복 30년사』

박 영 발
인공과 전남도당 위원장

1913년 경북 봉화 출생
1945년 전평 산하 토건노조위원장
1947년경 박헌영의 추천으로 모스크바 고급당학교 유학
1950년 전남도당 위원장
1952년 빨치산 제5지구당 부위원장
1954년 지리산 뱀사골에서 권총 자결

한국 근현대사에서 한국전쟁은 3년이라는 짧은 기간에도 불구하고 실로 엄청난 역사적 중요성을 갖고 있는 사건이었다. 한국전쟁은 1920년대 이후 형성된 좌우익 간의 갈등이 폭력적으로 분출된 사건이었으며, 동시에 역사의 흐름을 규정한 결정적인 계기였다. 당시 한반도 전역에서 소용돌이 쳤던 역사적 물줄기에 가장 커다란 흐름을 형성했던 것은 아무래도 좌익들의 결집체였던 노동당이었다. 이러한 상황은 특히 전남 지역에서 강하게 표출되었는데, 바로 이 시기 노동당 전남도당 위원장이 박영발(朴榮發)이었다.

박영발(또는 박현석)은 1913년 경상북도 봉화군 봉화읍 화천리 107번지에서 무안 박씨 박운택(朴雲澤)과 진성 이씨의 3형제 중 장남으로 태어났다. 그의 집안은 3000석지기 대지주로 매우 부자였으며, 대대로 유학을 숭상해 온 선비 집안이었다.[1] 특히 그의 할아버지는 도산서원 초대 원장을 지냈으며, 그의 아버지 역시 풍채 좋은 참봉이었다. 이러한 가정환경 덕분에 박영발은 뛰어난 한문 실력과 훌륭한 필체를 갖추었지만, 신학문을 접할 기회는 없었다. 사진 찍기를 무척 싫어했던 그를 정확하게 그려 내기는 어렵지만, 그에 대한 잔상을 갖고 있는 대부분의 사람들은 큰 키에 마른 체구, 허약한 몸, 검은 안경테, 좀처럼 웃지 않는 과묵하고 진지한 모습, 뛰어난 기억력, 그리고 강인한 정신력의 소유자 등으로 기억한다.

그는 일찍이 풍산 유씨와 결혼했지만, 대가족의 복잡한 생활을 답답해하다가, 14세에 봉화읍으로 이주해 무허가 병원에서 보조원으로 일했다. 이때 그는 이곳을 드나들던 지식인들과 교우하면서, 새롭게 세상을 인식할 수 있었다. 그후 그는 1930년대 말까지 소일하면서 서금당 시계점을 출입했는데, 이 과정에서 봉화 지역 사회운동의 주요 인물이었던 전휘석, 김동필 등과 만나게 되었고, 이들의 모임에 간접적으로 관계했다. 해방 후 봉화는 경북에서 대구, 안동에 이어 제3의 모스크바로 불릴 만큼 사회주의운동이 왕성했는데, 이들이 그 주요 활동가였으며, 특히 박영발의 마을은 100여 호 중에서 단 2호만이 우익이었다고 전해진다.[2)]

그러나 박영발이 사회주의운동의 핵심 인자로 성장하게 된 것은 1940년대 초 상경하면서부터다. 당시 그는 일제의 참혹한 탄압 속에서도 토건노동자로 자신의 삶을 꾸리는 한편, 만주와 서울을 오가며 항일운동을 전개했다고 한다. 구체적인 경위는 알 수 없지만, 그는 이러한 과정에서 일제말에 구속되었고, 살인적인 고문 끝에 온몸이 만신창이가 되었다. 그가 해방을 맞이한 곳은 서대문형무소였다.

해방 직후 그의 집은 박헌영의 숙소가 있던 가회동이었다. 당시 그는 토건노동조합에서 활동하고 있었으며, 아문각 출판사 간부이기도 했다. 이 무렵은 전국적인 노동 조직을 건설하려는 노동자들의 활동이 본격적으로 전개되면서, 조선공산당도 노동조합평의회 결성을 적극 지원하던 시기였다. 결국 그해 9월 26일 박영발의 활동 무대였던 서울토건노동조합(이하 노조) 사무실에서 전평 준비 대표자회의가 개최되었고, 같은 해 11월 5~6일 서울 중앙극장에서 17개 산별 노조와 38개 지역 대의원 515명이 참여한 가운데 전평 결성 대회가 열렸다. 당시 박영발은 경성지구 토건노조 대의원으로 참가해, 노조 현황을 보고했으며, 전평 집행위원으로 선출되었다. 이어 그는 전평 산하 토건노조 위원장, 전평 서울시평의회 조직부장, 남로당 서울시당 노동부장, 전평 조직부장, 남로당 중앙당 노동부 지도원 등을 역임했다.[3)]

그러나 이러한 활동에 점차 먹구름이 덮쳐 오기 시작한 것은 1946년 중반이었다. 정판사 위조지폐사건과 대한노총(1946. 3. 10) 설립을 계기로 미군정과 우익진영이 조공과 전평에 대해 대대적인 탄압을 개시한 것이다. 이에 대한 대응으로 조공과 전평은 1946년 9월부터 전국적인 총파업을 단행했지만, 그 결과는 참혹한 패배였으며, 결국 그해 말부터는 점차 수세국면으로 접어들었다. 이런 상황은 1947년 3·22총파업으로 더욱 심각해졌다. 이때는 이미 전평 위원장이었던 허성택이 군정재판에 넘겨진 뒤였고, 남로당 총수 박헌영도 체포령이 내려져 있었다.

박영발은 이처럼 숨 가쁘게 전개되는 역사의 파고 속에서 박헌영의 추천으로 방준표(이후 전북도당 위원장) 등과 함께 모스크바로 유학을 떠났다. 당시 남로당은 합법시에는 서울에 정치학교를 설치하여 간부를 육성했고, 비합법시에는 모스크바 고급당학교에 중앙 간부를 파견해 교육하고 있었다.[4)] 이때 그는 가족을 동반하고 월북했는데, 그의 가족은 청진에 머물고 있었다. 교육 기간을 정확히 알 수는 없으나, 모스크바 고급당학교를 수료한 그는 탁월한 공산주의 이론가가 되었다. 그후 그는 평양에 있는 조선출판사 사장으로 근무했다.

1950년 6월 초 박영발은 아무런 연고도 없던 전남에 영광 법성포를 통해 잠입했다.[5)] 중앙당의 지시로 전남도당 위원장이 된 것이다. 그는 광주 금남로에 있던 광산치과를 아지트로 은신하다가 한국전쟁이 발발한 후, 1950년 7월 23일 인민군 6사단이 입성하자 수면 위로 떠올랐다. 박영발은 전(前) 전남도당 위원장 김선우 등과 합류한 날 오후 사동에 있던 최상현의 집에 모여 당과 행정기구를 조직했다. 도당 위원장은 당연히 박영발이었으며, 부위원장에 김선우와 김철인, 도 인민위원장은 주재백(이후 김백동) 등으로 체계를 갖추고, 24일부터 업무를 시작했다.

그러나 한 달 만에 정세는 역전되었다. 이에 박영발은 9월 28일 중앙당의 지침을 받아 모든 조직을 도내의 산악지대로 이동시킬 것을 지시하고, 극비로 후퇴를 가장해 지하당 재건을 위해 잠적했다. 한편 전남도당은 김선우가 지휘해 무등산 증심사를 거쳐 화순으로 후퇴해 북면 만수동으로 옮겨 갔다.

박영발이 대중 앞에 재등장한 것은 중공군이 참전한 직후였으며, 이후 실질적인 활동 근간을 형성했던 전면적인 체계개편이 이루어졌다. 도당과 유격사령부가 분리되었고, 광주, 불갑, 유치, 백운산지구 등이 편성되었다. 그는 물론 위원장이 되었으며, 김선우가 부위원장 겸 전남 유격대 사령관이 되었다. 당과 유격대는 명확히 분리되는데,[6] 도당 위원장은 도 인민위원회를 비롯해 도내의 모든 기관을 당적으로 규제하는 막강한 실력자이며, 당의 중심이었다. 반면 유격대는 당의 지침에 따라 움직이는 군사 조직이었다. 따라서 박영발과 김선우는 특별한 상황이 없는 한 한 달에 한 번씩 만나고 수시로 선 요원을 통해 연락을 취했다. 그리고 박영발에게는 원활한 직책 수행을 위해 의사, 경호원, 연락병, 무선통신사 등이 각 1명씩이 배속되었고, 항상 무장 부대가 보위했다.

전남도당의 주근거지는 백아산, 백운산, 화학산, 불갑산 등이었는데, 토벌대의 탄압이 극심하거나 추운 겨울에는 백운산으로, 상황이 더욱 어려우면 지리산으로 이동했다. 박영발은 장기전에 대비해 식량확보를 추진하는 한편, 해방지구를 사수하고 본격적인 지하투쟁을 전개하기 위해, 인민군 잔여 병력을 유격대로 편입시키고, 각 지역 조직을 만드는 등 심혈을 기울이고 있었다.

당시 전남 지역의 빨치산들은 1950년까지만 해도 광범한 지역을 확보하고 있었지만, 해가 바뀌자 상황도 바뀌었다. 그해 2월부터는 세균전 여부를 놓고 지금도 논란중인 재귀열이 퍼져 백아산에서만 1000여 명의 환자가 발생했다. 또한 같은 해 4월 24일과 10월 두 차례에 걸친 화학산 전투는 유치지구가 거의 전멸할 정도로 전력을 약화시킨 전투였다. 이와 함께 도당과 유격대 총사령부가 자리 잡고 있던 백아산에 네이팜탄 공격이 진행되면서 빨치산들은 엄청난 인적·물적 피해를 감수해야만 했다.

당시 박영발의 체력은 극한에 이른 상태였다. 그는 토론을 하거나 회의 때에는 꼿꼿이 앉아 이야기를 하다가도 회의가 끝나면 곧바로 쓰러지곤 했다. 그만큼 그는 모든 기력을 다해 도당사업을 추진하고 있었던 것이다.

한편 남한의 당사업과 유격활동에 획을 긋는 회의는 총 세 차례 열렸는데, 그는 언제나 그 회의의 핵심에 있었다. 그 첫번째가 1951년 9월 초순 덕유산에서 있었던 일명 송치골 비밀 회의였다. 이현상의 주재하에 박영발을 비롯한 남반부 6개 도당 위원장들이 모인 이 회의는, 각 도당을 사단편제로 바꾸고, 이현상을 조선유격대 총사령관으로 임명하여 그 지도하에 각 도당의 유격대를 재편한다는 것이다. 박영발은 "당 조직의 해체를 어찌 감히 도당 위원장들이 결정할 수 있으며, 당 조직이 부재한 상태에서 어떻게 군사 조직이 있을 수 있는가"라는 점을 제기하며 이현상과 격론을 벌였다. 결국 전남과 경북을 제외한 다른 도당은 해체되었다. 다만 전남도당에서 발행하던 신문의 제호를 「백아산 승리의 길」로 바꾸었다. 장거리 여행을 못하는 그는 결국 보위대들에게 업혀 전남도당으로 돌아왔다. 이때 그는 광주에 있을 때 부터 앓아온 위장병이 심각한 상태였다.

다음은 1952년 4월 30일 지리산 빗점골에서 개최된 '제5지구당' 결성을 위한 조직위원회 회의였다. 물론 박영발은 이현상, 방준표, 김삼홍, 김선우, 조병하, 박찬봉 등과 더불어 조직위원의 한 사람으로 참여했는데, 회의 내용은 1951년 8월 30일 중앙당 정치위원회에서 의결한 '미해방지구에서의 우리 당사업과 조직에 대하여'라는 '94호 결정서'였다. 박영발과 방준표는 이현상의 결정서 접수 제안에 대해, "중앙당의 지령이 정식 문건이 아니며, 도당을 해체하라는 것은 중앙당이 남조선 현지 실정을 잘 모르고 한 결정"이라며 반박했다. 결국 결론은 도당을 그대로 둔 채 제5지구당을 결성한다는 절충안이었다. 그에 따라 지구당 위원장 이현상, 부위원장 박영발을 중심으로 조직체계를 갖추는 한편, 전남북 전역과 경남 낙동강 이서 지역 및 논산군과 제주도 지역을 그 관할로 했다.

한편 1952년 5월 전남도당은 제5지구당 결성에 따라 전투병력을 제외한 모든 인원들은 하산해 지하당을 구축하라는 '역사투쟁'의 지침을 하달했으나, 이 전략은 성과를 거두지 못했다. 1953년 7월 28일 한국전쟁은 형식상 종료되었으나, 각 도당과 유격대는 여전히 전투를 전개하고 있었고, 토벌군의 집요한 공격으로 백운산에 남아 있던 전남도당의 잔류 세력은 그해 가을 지리산으로 이동했다.

이러한 상황에서 열린 회의가 1953년 9월 6일 조선노동당 제5지구당 결정서 제10호에 의한 지구당 해체에 관한 것이었다. 결국 이현상은 잘못된 조직 운영의 책임을 지고 평당원으로 강등되었으며, 박영발의 보고로 제5지구당은 해체되었다. 그는 송영회(일명 송시백, 전북노동신문 주필)와 함께 구국출판사를 조직해 책임을 맡았고, 제5지구당의 해체작업을 주도했다. 그리고 자신도 이러한 결과에 책임을 지기 위하여 부위원장직과 전남도당 위원장직을 사퇴하고 기요과장(문서담당)으로 내려 앉았다. 이 회의 결과 남한이 8개 지대로 개편되었지만, 책임자들의 대부분이 사망했기에 때문에 개편은 완료되지 못했다.

그는 1954년 1월 중순 제10호 결정서에 따라 지리산 뱀사골에 설치한 구국출판사 비트에 머물러 있었다. 그러다가 1954년 1월 하순 국군 5사단 35연대에게 포위되어 탈출을 시도했으나 여의치 않자, 그의 꿈을 후세에 남겨 둔 채 권총으로 자결했다.

박영발, 탁월한 공산주의 이론가이자 활동가였던 그는 수많은 민중들의 피와 눈물이 스며 있는 지리산에 그의 사상과 혼을 묻은 것이다. 그가 전남과 맺은 인연은 매우 짧았다. 그러나 그 인연은 수십 년의 역사가 집약된 것이었고, 그러기에 그는 신화 아닌 신화적인 인물로 희미하게 기억되고 있다.

1) 박영발의 출생지를 경상북도 고령군으로 파악하고 있거나, 그의 집안을 빈농으로 적고 있는 책과 자료가 많은데, 이들은 잘못된 것이다.
2) 이 부분은 경상북도 봉화군 봉화읍에 거주하는 배동준의 증언.
3) 이태의 『남부군』(1988), 김남식의 『남로당 연구』(1984), 안병욱 엮음의 『한국사회운동의 새

로운 인식』(1992) 등을 재구성했다.

4) 『소설 남로당』, 『월간조선』 1987년 3월호, 616쪽.

5) 김세원의 『비트』(1993), 「일과 놀이」 등 일부 자료에서는 박영발이 광주에 모습을 드러낸 시기를 한국전쟁이 발발한 지 한참 후인 8월 초순경으로 적고 있으나, 이 부분 역시 잘못된 것이다.

6) 당과 유격대와의 관계는 이태와 이영식의 강연과 토론 내용인 「한국현대사의 증언 : 6·25와 빨치산」, 역사비평, 1988년 가을호, 역사문제연구소, 358~359쪽 참조.

김 양 수

순천 우익의 거두

1896년 전남 순천 출생
1917년 일본 메이지대학 졸업
1942년 조선어학회 사건으로 투옥
1945년 한민당 순천지구당 위원장
1950년 제2대 국회의원 당선
1955년 동아일보 논설위원
1959년 원자력원장 역임
1971년 사망

정부와 자유당은 간첩을 방지하고 치안을 확보하기 위하여 법안 제정이 필수불가결하다고 주장하나 도리어 그 목표는 야당탄압과 언론기관의 철저한 단속으로 오는 정·부통령 선거 대비와 나아가서는 현 정권의 영속과 자유당의 일당독재를 꿈꾸는 의도임을 누구도 부인치 않는다. 그리하여 모든 사회는 감옥화하고 국민은 노예화될 것이므로 야당측은 적극 항거하고 결사반대하는 것이다. 그러므로 금번 여야대립은 결코 단순한 정당싸움이기보다 전 국민적 자유권투쟁인 것으로 관심이 크고 결과 여하에 따라서는 우리 국가와 민족의 장래에 중대한 영향을 미칠 것을 각오치 않을 수 없다.

이와 같이 이승만 정권의 보안법 제정이 국민의 자유권을 침해할 것이고, 그것이 국가의 장래에 심각한 영향을 미칠 것이라고 경고하면서 일찍이 보안법 반대 국민운동을 제창한 이가 있었다. 그가 순천 출신으로 민군정시 승주군수를 지낸 바 있는 순천 지역 우익의 거두 김양수다. 그는 보안법 반대 국민운동의 하나로 우리 국민 각자가 애국애족하는 양심과 소신 그대로 우리의 대변자인 일반 국회의원에게 절실하게 호소하는 호소문운동을 제창했다.

김양수는 보훈처의 공훈록[1]에는 서울 종로 사람으로 되어 있는데 그렇지 않다. 그는 1896년 10월 10일 순천에서 1년에 3000석 이상을 수확하는 대지주의 1남 2녀 중 장남으로 태어났다. 그는 부유한 집안에서 태어난 덕분에 일본 메이지대학, 미국 컬럼비아대, 영국 런던대학 등 세계 유수의 대학에서 수학할 수 있었으며, 이런 부와 학식을 바탕으로 순천 지방을 대표하는 명망가로 등장할 수 있었다.

일본으로 유학을 간 그는 1915년 12월 31일 와세다대학 학생인 신익희 외 7명, 메이지대학 학생인 장덕수, 최두선 등과 함께 조선학회를 조직해 1916년 1월 29일 제1회 총회를 YMCA회관에서 개최했다. 이 회의의 표면상 목적은 조국에 관한 학술 연구를 한다는 것이었지만, 사실은 애국적 비밀 결사였다. 그들은 공개적으로 사무실을 설치하고 회합이 있을 때마다 항상 피끓는 애국론을 주창해 일경의 신경을 곤두세우게 했다.[2]

1917년 메이지대학을 졸업하고 그후 순천으로 귀향한 그는 계몽운동적 성격을 가진 청년운동에 참여했다. 1920년 7월 11일에 창립된 순천청년회에서 총무로 활동한 것이다. 또한 다음 해인 1921년 4월 21에는 순천기독교면려청년회(順天基督敎勉勵靑年會)의 제44회 정기 총회에서 목사인 이기풍과 함께 의장으로 선출되어 활동하기도 했다.

그 당시 청년운동은 3·1운동을 겪고 난 일제가 강온 양면의 통치정책을 시행하는 가운데 부득이 기형적인 자유나마 인정하면서 전국적으로 각종 단체가 활발하게 조직되고 있던 때였다. 대체로 1919년 10월부터 조직되기 시작한 이들 청년사회 단체의 깊은 저변에는 독립전취의 불 같은 정신이 꿈틀거리고 있지만, 표면상으로는 문화계몽을 표방하고 있었다. 즉 당시의 청년운동은 민족해방을 궁극적인 목표로 삼되, 계몽교육, 실력(산

1945년 미군정하의 첫 시장 군수회의를 끝내고 찍은 기념사진. 앞줄 왼쪽 두번째가 김양수다.

업)양성으로 후일을 기한 것이었다. 당시의 운동이 문화계몽의 영역을 벗어나지 못한 것이라도 민족정신의 함양은 물론 문맹타파, 풍속개량, 단체생활의 훈련, 나아가서 신사조의 흡수 등 거대한 성과를 거두었다.

순천에서도 한일합방 후 4~5년이 지난 후 민족주의운동과 새로운 사조의 계몽, 그리고 지역발전, 청년지도 및 체육진흥을 목적으로 순천청년회가 조직되었다. 당시 순천청년회는 남문(南門) 연자루(燕子樓)에 사무소를 설치하고 강연회나 체육활동 등 여러 활동을 전개했는데, 200여 명의 회원이 활동해 민족운동의 도장 역할을 했다.[3)]

그후 김양수는 1923년경에 동아일보 사원으로 일을 하다가 미국으로 건너가 컬럼비아대학에 다니면서 조국의 독립을 위해 활동했다. 1925년에 그는 미국 하와이에서 개최된 범태평양회의에 서재필, 신흥우 등과 함께 참석해 일제 식민통치의 참상을 각국 대표에게 알렸다. 그리고 1926년에는 미국 뉴욕에서 삼일신보(三一新報)가 창간되자 주필에 임명되어 교민들에게 독립사상을 고취했다. 또한 1927년 2월에는 북미조선인 유학생회에서 장덕수와 함께 부의장으로 선출되어 김도연, 윤치영, 오천석, 장세운 등과 활동하기도 했다. 1927년 컬럼비아대학을 수학한 후 그는 영국으로 건너가 1930년에 영국 런던대학을 수학했다.

1931년경 긴 유학생활을 마치고 귀국하던 그는 도중에 중국에 들려 임시정부 요인들과 국내 독립운동의 방향을 협의하는 한편 김두봉(金枓奉)과 국어국문의 부흥문제를 협의하기도 했다. 이때 논의된 것인지는 알 수 없지만 귀국한 그가 최초로 벌인 활동은 한글을 보존하고 다듬는 작업이었다. 그는 조선흥업주식회사에 중역으로 몸담으면서 조선어학회 기관지인 「한글」의 편집 비용을 후원하고, 1935년에는 조선어학회 사전편찬사업을 촉진하기 위한 비밀 후원회를 조직해 거액의 재정지원을 하기도 했다.

그러나 이러한 활동은 내선일치(內鮮一致)정책을 강화해 이름마저 일본식으로 바꾸게 하고 있던 일제로서는 간과할 수 없는 불온한 것이었다. 결국 그는 1942년 10월에 일제가 조선어말살정책의 일환으로 '한글운동자'들을 탄압하기 위하여 만들어 낸 '조선어학회사건'으로 구속되고 만다. 함경남도 홍원 경찰서와 함흥 경찰서로 끌려간 그는 일제의 잔혹한 고문과 악형을 받았으며, 1945년 1월 징역 2년에 4년간 집행유예의 선고를 받고 함흥형무소에서 석방되었다. 그후 해방 직전 또다시 예비 검속되어 순천 경찰서에 수감되었다가 해방을 맞았다.

어떻게 보면 일제 말기의 이들 사건들은 그를 정치적으로 성장시키는 계기가 되었던 것으로 보인다. 일본 천황의 항복선언 직후인 8월 15일 오후 지방 인사 30여 명[4]은 즉시 순천 경찰서로 달려가 김양수를 출감시켰다. 그리고 곧바로 조흥은행 2층 회의실에 모여 만세를 부르면서 김양수의 출감과 해방을 환영했다. 당시 전국적으로 20여 개 형무소에서 2만여 명이 석방되었는데, 이들은 모두 해당 지역에서 정치적인 힘을 발휘하고 있었다.

해방 정국에서 순천은 다소 특이한 지역으로 분류된다. 그것은 당시 거의 유일한 정치 조직으로 대부분을 좌익이 장악하고 있던 건국준비위원회를 순천 지역만큼은 우익이 장악하고 있었기 때문이다. 이것은 오직 김양수의 영향력 때문이었다. 그는 8월 17일 자신의 집에 사람들을 모은 뒤 순천 건준을 결성하고, 그 준비위원으로 김양수, 임홍규, 박영진, 이영춘, 한태선을 선출하여 건준 결성의 구체적인 절차와 준비문제를 위임했다. 그리고 그 얼마 후 순천남교 교실에서 건준 순천지부를 조직했는데 여기에서 그는 위원장으로 선출되었다. 순천 건준은 김양수를 중심으로 형성되었기 때문에 보수적인 성격이 강했다. 그러자 손남삼, 정충조, 오만봉 등 노동조합 출신의 좌익세력은 순천 건준의 보수성에 반발해 건준의 개혁을 요구했다. 건준의 사무소가 있는 남교를 습격하기도 했다.[5] 그런데 김양수는 미군이 진주하고 이승만 등 해외인사들이 입국하면서 국내정세가 자신들에게 유리해지자 건준의 활동을 중지하고 관망하다가, 서울에서 1945년 9월 16일 한민당이 결성되고 미군이 순천에 9월 23일 진주하자 지방으로서는 최초로 9월 25일 한민당 순천지부를 조직했다. 여기에는 건준의 우익 인사들이 그대로 참여했다. 그는 한민당 순천지구당 위원장으로 선출되었고 한민당의 중앙위원, 중앙 상무집행위원으로 활동했다.

한편 순천 건준이 20여 일 만에 해산하자 좌익세력은 김기수를 중심으로 한 노동조합이 가세하여 좌익 일색으로 건준을 조직하고 군청에 사무소를 설치했다. 얼마 후 인민위원회로 바뀌었다. 오만봉의 노동조합이 인민위원회 산하에 예속되었다.

1946년 8월경 미군이 진주에서 순천으로 입성해 선교사 집을 접수하고 군정을 실시했다. 군정 순천 지방장관은 제스티스와 먼로였다. 군정 때 김양수는 군정 고문위원으로 승주군수로 임명되어 활동했는데 일경이었던 경찰서장 이종수와 함께 인민위원회와 산하 단체들을 탄압했다. 순천에서 좌우세력은 종종 서로 갈등을 겪긴 했지만 한민당에 자리 잡은 건준 인사들은 미군정의 도움으로 탄탄하게 기반을 닦아 순천이 우익의 본거지가 되는 계기를 마련했다.

그는 1948년 5월 10일 제헌의회 선거에 한민당으로 출마하여 황두연(독촉), 박옥신(여자)과 경쟁했다. 그런데 당선이 유력했던 그가 낙선하고 황두연이 당선되고 말았다. 보수세력으로 순천 지역의 제일가는 명망가였던 그가 5·10선거에서 낙선한 것은 본인은 물론 주변 사람들에게도 매우 의외였다. 그는 부호의 아들로서 미국, 일본, 영국 등지에 유학을 다녀와 학벌이 가장 화려했고, 일제 때는 조선어학회사건으로 옥고를 치른 독립투사였으며, 당시에는 한민당의 거물급 인사로 전국적인 유명인사였기 때문이었다. 더욱이 미군정측이 '좌익세력 진출방지'에 최대의 역점을 두고서 한민당 인사들을 지원하고 독립투사면 누구보다도 당선이 유리했던 당시의 득표 상황을 뒤엎고 그가 낙선한 것이다. 이는 그가 고흥의 서민호와 더불어 전남 동부 6개 군의 한민당 거물이었고, 당시 한민당의 강압적인 선거 분위기에 대한 반작용이 크게 일어났기 때문[6]일 것이다.

그러나 그는 2년 후인 1950년 5월 30일에 실시된 2대 국회의원 선거에서 한민당의 후신인 민주국민당 소속으로 나와 황두연과 재대결해 황두연을 누르고 국회의원으로 당선되어 활동했다. 한국전쟁 후 그는 1955년 9월 18일 민주당 순천지구당 위원장으로 선출되어 활동했는데 이때는 정치적인 활동보다는 동아일보 논설위원으로 정필을 휘두르면서 이승만의 독재에 항거했다. 이승만이 독촉을 중심으로 자유당에 개입한 것에 대하여 그는 동아일보에 1956년 10월 7~9일까지 「국민운동의 본령으로 돌아가라」라는 제하의 사설을 3회 연재하면서 이승만 대통령의 정치 스타일을 비판했다. 이 외에도 그는 「헌정 7년 회고」 「수난국회를 돌이켜」 「국민회 개편과 요망」 「외교의 수면과 주도권문제」 「국정혁신의 길」 「민주정치의 도의성」 「신국회의 임무」 「군소정파의 해소론」 등을 쓰면서 이승만정권의 국정운영을 비판했다. 그는 국정에 가장 결함이 되고 시급히 개선해야 할 핵심 문제로 이승만 대통령의 정치 지도력을 들었다.

그러면서 그는 국민운동을 주장했다. 그는 국민운동을 정치운동과 혼용해서는 안 된다고 하면서 "순수한 국민운동은 현실 정치문제에 대해서는 일종의 중립적 입장에서 정쟁의 와중에 들어가지 말 것이며 또 권력과의 야합을 극력 회피해야 한다"고 했다. 그는 국민운동의 방향을 외연적 문제보다 내면적인 문제를, 그 중에서도 우리 한국인의 도의정신의 파괴 또는 협동심 배양 등의 교학 방면과 산업재건의 증산운동을 특히 주의할 긴급 문제로 보았다.

1959년에 그는 원자력 원장을 지내기도 하지만 1960년대에 접어들면서 연로했기 때문인지 일선에서 물러났다. 그리고 1971년 1월 19일 서울 집에서 숨을 거둔다. 그는 일제시대에는 온건한 독립운동가로 활동했고, 해방 후에는 우익 정치가로 활동했지만, 그의 학력만큼 활동은 화려하지 못했다. 일찍부터 서구 자유민주주의 교육을 받은 그는 이승만의 독재를 반대했지만 합법적인 국민운동만을 강조함으로써 치열한 활동을 벌일 수 없었다.

1) 국가보훈처, 『공훈록』, 5권, 608쪽.
2) 국가보훈처, 『국가독립운동사료집』, 13집, 31쪽.
3) 순천청년회는 청년계몽운동적 성격에서 사회주의적 경향의 민족주의운동 조직체로 변했다가 1935년경 해체되었다. 이때 주요 인물로는 박영진, 이영춘, 허규, 이용현, 윤행중, 임학수 등이다. 이들은 독서회를 조직해 활동하기도 했다. 순천 지역 청년운동의 정신적인 선구자는 김기수, 박병두, 이창수, 이영민 등이 있다.
순천 · 승주문화원, 『순천·승주 향토사』, 76~77쪽.
4) 대표적인 지방 인사는 임홍규, 박영진, 한태선, 이용현 등이다.
5) 순천에서는 해방 직후부터 좌우익 간의 투쟁이 치열했다. 많은 이유가 있겠지만 우익계 김양수와 좌익계 윤행중이 쌍벽을 이루고 있었기 때문이라고도 한다. 윤행중은 경성제대를 나온 경제학자로서 보성전문 교수를 역임한 사회주의자였다.
순천 · 승주문화원, 『순천·승주 향토사』, 77쪽.
6) 김석학, 임종명, 『광복 30년사』, 전남일보사, 1971, 315~337쪽.

김선우

전남 빨치산의 총수

1918년 전남 보성 출생
1949년 전남도당 부위원장 겸 유격대 총사령관
1954년 조선공산당 전남도당 위원장
1954년 토벌군에 포위된 상황에서 자폭

한국전쟁을 전후한 시기의 빨치산, 즉 인민유격대에 관련된 내용은 소설이나 영화의 형식을 빌어 부분적으로 밝혀지고 있지만, 아직까지 본격적으로 조명되지 않고 있는 현대사 연구의 처녀봉이라 할 수 있다. 많은 사람들은 빨치산을 이야기할 때, 그 전설적인 총수였던 이현상을 떠올린다. 그러나 남한의 빨치산 중 가장 많은 부대원을 거느리고 있었고, 가장 강력한 전투력을 보유했다는 전남 지역의 빨치산 사령관 김선우(金善宇)는 쉽게 떠오르지 않는 인물이다.

과격했을 거라는 이미지와는 달리 선비 같은 풍채로 늘 손에서 책을 놓지 않았다던 책벌레, 그러나 전투중에는 아무리 급박한 상황에서도 웃음 띤 얼굴로 전남 유격대를 총지휘했다던 김선우. 그는 1918년 5월 2일 전남 보성군 웅치면 유산리에서 가난한 농부였던 김성중의 장남으로 태어났다. 어렸을 때의 이름은 김선봉(金善奉)이었다. 그는 어린 시절 서당에서 한문 수학을 하다가, 아들이 없었던 백부의 양자가 되면서 웅치보통학교를 마치게 된다. 이후 백부와 함께 목포로 이사 온 그는 자격시험을 통해 중등과정을 마치고 연희전문학교에 입학했다. 여기서 그는 그의 사상 형성에 커다란 영향을 미친 만남을 갖게 되었다. 같은 보성 출신으로 경성제대에 다니면서 이미 공산주의사상을 접하고 있던 정해진을 만난 것이다. 이후 그는 정해진의 소개로 '공산청년회'에 가입해 활동하다가 결국 학교까지 중퇴하게 되었다.[1]

학교를 중퇴한 1940년을 전후한 무렵, 그는 평양에 있는 일본 병기제조창에 입사해 처음에는 선반공으로 일했다. 여기서 능력을 인정받은 그는 판임관까지 승진해 총무나 내무 등의 일을 맡았다. 또 1942년에는 그곳에서 간호부로 일하던 김명자와 결혼까지 했다. 그러나 그가 활동을 중단한 것은 아니었던 모양이다. 당시 평양에서 함께 있었던 사람들에 따르면 발각되지는 않았지만 그는 수차에 걸쳐 방화와 폭파사건을 일으켰다고 한다.[2]

해방을 전후한 무렵 그는 처와 3세 된 아들을 남겨 두고 홀로 서울로 왔다. 그후 그는 인천시 민청 위원장, 조선공산당 경기도당 선전부장, 부위원장 등을 역임했다. 당시 경기도당이 김삼룡의 영향력하에 있었기 때문인지 현재 생존해 있는 그의 동료들은 그를 김삼룡계로 분류하기도 한다. 아무튼 당시 그가 벌였던 여러 활동이 발각되면서, 그는 1947년경에 체포되어 부천교도소에 수감되었다.

1948년에 출옥한 그는 또다시 경기도당에서 활동을 재개했다. 이때 그의 삶에 또 한 번의 전기가 찾아왔다. 그것은 1948년의 여순사건과 그 파장으로 남로당 전남도당이 와해되고, 1949년 1월경 전남도당이 긴급 비상체제로 변경되면서 일어났다. 당시 경기도당 위원장인 전인수와 부위원장인 김선우가 그 수습을 맡게 된 것이다. 이들은 1949년 7월경 전남도당으로 배치되었다. 그 무렵 도당 본부는 장흥 유치에 있었으나, 김선우는 광주 동명동에 있던 도당 연락과장 이남현의 집에 숨어서 당 조직의 재건을 위해 활동했다. 그러나 그곳에서 경찰에 있던 고향 친구를 만나자, 신분이 탄로날 것을 우려해 장흥 유치지구로 옮겨 갔다. 당시 유치지구는 유격대의 9·18기념 대공세 후 국군의 반격으로 11월경에는 유격사령관이었던 최현(충청도 출신)까지 전사해 유격대의 존립 자체가 어려운 상황이었다. 이에 그는 도당 부위원장이라는 직위를 가진 채로 호남지구 유격사령관에 임명되어 그 뒷수습까지 담당하게 되었다. 당시 유격대 부사령관은 오금일이었다.

전남 지역에 빨치산이라고 불리던 인민유격대가 처음 생겨난 것은 1946년 10월사건 이후다. 그러나 그때는 '작대기 부대'라는 별칭이 말해 주듯 경찰의 추적을 피해 극소수의 사람들이 무리를 지어 다닌 정도였다. 그러다가 여순사건으로 정규군의 무장력이 가세하고, 극심해진 좌익탄압으로 입산하는 사람들의 수가 늘어나면서 유격대는 강력한 군사력을 갖추게 되었다. 여기에는 남쪽의 무장봉기를 직간접으로 지원한 북한의 대남정책이 한몫 거든 것도 부인할 수 없는 사실이다. 남북한 양쪽에 단독정부가 수립된 이듬해인 1949년 북한에서는 이승엽을 중심으로 인민유격대의 남파가 실시되었다. 이들은 태백산(1병단 : 이호제), 지리산(2병단 : 이현상), 오대산(3병단 : 김달삼) 등에 유격기지를 건설하고 유격활동을 벌이고 있었다. 한편 남한의 각 지역에는 각 도당을 중심으로 지구별 유격사령부가 따로 꾸려져 있었다.

이러한 과정을 거치면서 정비된 전남 유격대 조직은 1949년 말경 최고지휘부로 유격대 총사령부가 있고, 그 예하에 화순 백아산지구(일명 광주지구, 사령관 : 김용길), 장성 노령지구(김병억), 영광 불갑지구(박정현), 장흥 유치지구(윤기남), 보성지구(김종채) 등 5개의 지구사령부가 있었다. 그 외에도 전남도당의 지도를 받으면서도 유격투쟁에 관한 사항은 지리산병단(이현상)의 지휘를 받는 구례, 곡성 등의 백운산특각(박종하)이 있었다. 이러한 조직 구조는 시기에 따라 급격하게 변화하지만, 그 기본 구조는 변하지 않고 한국전쟁 때까지 유지되었다.

그러나 군경의 계속된 토벌작전과 열악한 환경은 김선우의 고군분투를 무위로 만들었다. 전남 인민유격대는 1950년 4월경이 되면 거의 궤멸당하고, 흩어진 소수 인원들에 의해 겨우 유지되고 있었다. 이들을 회생시킨 것은 한국전쟁이었다. 그런데 한국전쟁이 발발한 지 10여 일이 지난 1950년 7월 8일 전남도당에는 커다란 문제가 발생했다. 그때까지 도당을 이끌어 오던 전인수가 풍기문란, 도덕성 타락 등의 이유로 숙청되는 사건이 발생한 것이다. 이때 김선우는 그의 숙청을 적극 만류하면서 인민군이 들어오면 정식으로 재판에 회부할 것을 주장했으나, 다른 당원들의 격렬한 반대로 거부되었다고 한다. 당시 전인수는 "김선우 동지의 손으로 처형당하고 싶다"는 최후의 말을 남겼으나 그가 차마 총을 쏘지 못하고 다른 동료가 총살했다고 전해지고 있다. 이후 김선우가 도당 위원장서리가 되었다.

한국전쟁 때 광주에 인민군이 들어온 것은 전쟁이 발발한 지 한 달 정도 지난 7월 23일이었다. 이와 함께 무등산까지 진출해 있던 조선노동당 전남도당은 광주로 내려와 중앙당에서 전남도당 위원장으로 파견된 박영발 일행과 합류했다.

박영발, 김선우 등 전남도당의 간부들은 그날 오후 사동에 있는 최상현의 집에 모여 당과 행정기구를 조직하고 다음날인 24일부터 업무를 시작했다. 도당 위원장에는 박영발, 부위원장은 김선우와 김철인, 도 인민위원장은 주재백이 맡았다가 곧바로 김백동(보성 출신)이 임명되었다. 그외 도당 간부진들은 조직부장에 김홍배(해남 출신), 선전부장에 선동기(구례 출신), 노동부장에 오금일(유격대 부사령관), 간부부장에 정규석, 농림부장에 이방휴, 광주시당 위원장 김영재 등이었다. 또한 인민위원회 간부진으로는 내무부장에 조형표(완도 출신), 상공부장에 김계석, 보건부장에 박춘근이 있었다. 최초 도당 사무실은 광주법원 건물이었으나 그후 전남여고 건물로 옮겼다가 다시 병무청 건물로 옮기게 되었다.

인민군 세상이 된 지 두 달이 조금 지난 9월 28일, 미군의 인천상륙작전으로 인민군이 퇴각하자 전남도당은 또다시 비합법상태에 놓였다. 이때 김선우는 당 간부들의 혼란을 진정시키고 백아산으로의 후퇴를 성공적으로 지휘했다. 입산한 후의 조직체계는 도당은 그대로 박영발이 위원장을 맡고, 유격대는 총사령관 김선우, 부사령관 오금일, 참모장 김병추, 그리고 그 밑에 1, 5, 7연대와 민청연대가 편성되었다. 이때(한국전쟁)를 기준으로 해 그 전에 입산한 구빨치와 그후에 입산한 신빨치를 구분하는데, 대부분의 간부들은 구빨치가 담당하고 있었다.

이들 유격대는 인민군이 후퇴한 지 1년이 지나도록 험준한 산악을 배경으로 이른바 '해방지구'를 형성하며 나름대로의 통치체계를 갖고 있었다. 심지어 이들 유격대는 1951년 4월 3일에는 전남의 심장부인 광주 시내까지 진출하여 토벌대를 습격하기도 했다. 즉 그때까지 토벌작전에 투입되었던 육군 11사단이 8사단으로 교체되면서 서석국민학교에서 오락회를 하고 있던 사이에 이들을 포위공격해 대단한 전과를 올렸던 것이다.

그러나 이때 한반도는 유격대의 사정과는 관계없이 분단을 향해 치닫고 있었고, 그 속에서 빨치산의 운명도 결정되었다. 결국 1951년 11월에서 1952년 2월 사이에 비행기와 네이팜탄까지 동원된 수도 군단의 대공세로 유격대는 큰 타격을 받았다. 당시 전남도당이 입은 상처는 치명적인 것이었다. 지리산으로 노약자나 부상자 등 2000명의 인원을 보내고도 1000여명이 되었던 인원이 이제 300명으로 줄어든 것이다. 이후 전남도당은 당세의 하락과 엄중한 감시라는 현실적인 조건 위에서 동부와 서부로 나누어지게 되었다. 동부는 박영발이 서부는 김선우가 책임을 맡는 체제였다. 그리고 1952년 5월 15일에는 전남도당 전투병력을 제외한 모든 성원들은 하산해 지하당을 조직하라는 명령이 내려졌다. 이 명령의 독자성 여부는 현재 논란중인데, 아무튼 전남도당에서는 이미 패배를 인정하고 있었던 것이다.

그러던 1952년 4월 3일 새벽 2시 전남 경찰은 백아산을 기습공격하는 작전을 벌여 전남 인민유격대 총사령부 김선우 등 46명을 사살했다고 발표했다. 그러나 얼마 후 그 발표가 오보임이 드러났다. 그후 휴전회담 직후인 1954년 1월 노동당 전남도당 위원장 박영발이 뱀사골 비트에서 35연대 수색대에 포위되자 권총으로 자결했다. 그후 김선우가 도당 위원장을 승계하게 된다. 그러나 그 김선우마저 최후의 순간이 다가왔다. 1954년 4월 도당 조직부부장이던 박춘석의 배신으로 그가 숨어 있던 광양 백운산

아지트가 토벌대에 포위된 것이다. 이에 그는 자신의 사상이 옳다는 신념 아래 이른바 사상의 순결을 지키기 위하여 수류탄으로 자폭하고 말았다. 이것이 남한 유격대 중 최강을 자랑하던 전남 인민유격대의 최후의 순간이었다. 물론 그후에도 1954년 가을 40여 명의 잔류 병력으로 조직되어 보성, 겸백에서 전멸당한 산성부대(대장 : 강경구)가 있었고, 최후의 빨치산인 박갑출, 장삼례, 김병극 3명이 무등산에서 활동하기도 하지만, 이것을 유격투쟁이라고 할 수는 없을 것이다.[3)]

김선우가 자폭했을 때, 그의 비트에서 많은 책이 나오자 토벌대 사령관까지도 적이지만 훌륭한 사람이라며 백운산 능선에 무덤을 만들어 주었다 한다. 1991년 겨울 그 무덤은 살아 남은 그의 동료들과 후손들에 의해 그의 고향인 보성군 웅치면에 이장되었다. 그러나 그의 넋은 아직도 그의 동지들이 산화해 간 골짜기와 능선에 머물러 있을 것이다.

1) 과거 빨치산활동을 한 바 있는 김세원과 이민화의 증언을 기록한 전남일보의 주간 연재물 「빨치산의 노래」(1989~1990)를 참조했다.
2) 김선우의 아들인 김명기의 증언.
3) 이상의 내용은 앞의 연재물과 함께 김세원의 『비트』, 조정래의 『태백산맥』, 정지아의 『빨치산의 딸』 등 빨치산활동을 기록한 소설류와 관련자의 증언을 토대로 재구성했고, 일자나 장소에 대한 정확한 내용이 자료마다 서로 다른 경우는 최대한 합리적이라고 판단되는 것을 중심으로 서술했다.

김창선

초대 전남도의회 의장

1902년 전남 구례 출생
1925년 광주고보 1회 졸업
1945년 전남도청 청년단, 화랑단 조직
1947년 호남신문 편집국장
1952년 전남도의회 의장
1961년 민자통 전남위원회 선전위원장
1979년 사망

조선이 일제의 지배로부터 해방되던 날, 그날은 한편으로는 기쁨이었지만 다른 한편으로는 새로운 국가건설의 험난한 길이 우리 앞에 놓인 날이기도 했다. 해방되던 8월 15일 직후 광주 지역의 상황을 살펴보면 매우 두드러진 한 인물을 발견할 수 있다. 광주청년단 단장, 화랑단 단장 김창선이 그 사람이다.

그는 구례군 광의면에서 김해 김씨 김국남(金國南)과 광산 김씨의 3남 2녀 중 막내로 1902년 5월 11일에 출생했다. 김국남은 광의면에서는 제일가는 지주로 1년에 약 1000석을 거두는 유복한 집안이었다. 집안의 경제적 여유와 아버지의 남다른 교육열에 힘입어 그는 광의보통학교를 졸업한 후 갓 설립된 광주고보로 진학했다. 이때 그는 이미 결혼한 상태였다. 광주고보에서 그의 학업성적은 우수한 편이었다는데, 특히 영어는 타의 추종을 불허할 정도였다고 한다. 5학년 때는 선교사의 권유에 따라 직접 학생들에게 영어로 가르칠 수 있는 유일한 학생이었다. 1925년 광주고보를 1회로 졸업한 그는 본격적인 유학 준비를 위해 서울의 경성제2고등 예비학교로 진학했다. 이 예비학교는 1년제로서 유학 준비 학교였다.

서울에서의 공부가 끝나 갈 무렵 구례로부터 급한 전보가 날아들었다. 고향에서 재산을 관리하고 있던 맏형이 여자문제로 인하여 가산을 탕진하게 되자 그의 부친이 그를 귀향하게 한 것이다. 결국 그는 고향에서 재산을 관리하는 한편 구례공립보통학교 교사로 봉직했다.

보통학교 교사생활은 3년 정도에 불과했다. 교사생활을 그만두고 그는 행정관료의 길로 접어들었다. 나주군청에서 촉탁으로 근무하기 시작한 것이다. 그가 어떤 이유로 직업을 전환했는지는 아직 알 수 없으나 이후 그의 정치적 행동과 연관을 지어 볼 수 있다. 1934년 가족들을 데리고 생활 근거지를 광주로 옮긴 그는 곧바로 전남도청으로 자리를 옮겨 도청의 지방주임 및 광공과 촉탁으로 1945년까지 근무했다. 한 직장에서 10여 년을 근무한 충실한 사람이었고, 광주고보의 1회 졸업생으로 우등생이었다는 배경이 해방 후의 그의 활동과 연결된다.

1945년 8월 15일 금일 정오 중대발표라는 방송을 듣기 위하여 전 직원은 한 사람도 빠짐없이 회의실에 집합하라는 청내 방송에 도청 직원들은 일손이 잡히지 않았다. 대부분의 일본인들은 소련에 대한 선전포고일 것으로 생각했지만 조선인들은 그것이 어떤 내용인지를 몰라 어리둥절하고 있었다. 8월 15일 정오 도청회의실은 무거운 긴장감이 감돌고 있었다. 그러다 잡음이 심한 라디오에서는 뜻하지 않게 일본 천황의 항복방송이 울려 나오기 시작한 것이다.

짐은 깊이 세계의 대세와 제국의 현상에 감하여 비상의 조치로서 시국을 수습코자 자에 충량한 신민에게 고한다. 짐은 제국 정부로 하여금 미영중소 4국에 대하여 그 공동 선언을 수락할 뜻을 통고케 했다…….

도청회의실에 한인 직원, 일본인 직원 들과 함께 부동자세로 라디오를

초대 전남도의회 의장으로 당선된 후 인사말을 하고 있다.

경청하고 있던 야기 지사의 눈에는 뜨거운 눈물이 흘러내리고 있었다. 훤칠한 키에 국방복 차림의 미남형이었던 야기 지사는 손수건을 꺼내 눈물과 땀을 닦기에 바빴다. 회의실에 집합해 있던 일본인들과 일부 한국인들은 울음을 터트리기도 하고 고개를 떨구고 있었다. 당시 도청 직원이었던 김창선(金昌宣)은 동아일보 특파원을 지낸 옥해일로부터 "포츠담선언과 미국 방송으로 보아 우리가 곧 해방될 것"이라는 말을 듣고 있었기 때문에 항복 방송인 줄을 예측은 하고 있었지만 도청 안의 분위기가 험악한 상태였기 때문에 말을 꺼내지 못했다고 한다. 일본 천황의 항복 방송이 끝나자마자 도청회의실에 모였던 한국인 청년들과 도청 밖에 운집해 있던 군중들은 대한독립만세를 외치며 금남로로 빠져 나가기 시작했다.

한편 도청에 근무하고 있던 한인 직원들은 해방된 기쁨에 젖어 있을 수만은 없었다. 오후 1시경 전남도청에 근무하던 한국인 직원 300여 명은 도청회의실에 모여 '전라남도청 조선인 청년단'을 결성했다. 단장에는 김창선, 부단장에 양보승이 선출되었다.[1] 이들은 미군이 진주하고 정부가 설립될 때까지 도청을 조선인들이 지키면서 도청의 서류, 집기 등을 일본인들이 파기하거나 빼돌리지 못하도록 철저히 감시하기 시작했다.

이처럼 도청에서 청년단이 결성된 지 몇 시간 후인 5시에 또 하나의 청년 단체가 결성되었다. 그것은 광주서중 강당에서 서중 졸업생 100여 명이 모여 조직한 '화랑단'이었다. 광주학생운동의 전통을 이어받아 신정부 수립에 협조하고 사회질서 유지에 기여하자는 결의문을 채택하기도 했다. 단장에 김창선, 부단장에 이창업, 총무부장에 김병택, 청년부장에 강봉섭이 선출되었다.[2] 결성식을 마친 화랑단은 광주서중 정문을 출발해 대한독립만세를 외치며 시가행진을 벌이고 광주공원으로 달려가 일제 식민통치의 상징물이었던 신사를 부숴 버렸다.

화랑단의 활동가운데 가장 먼저 시작한 일은 친일 경찰에 대한 민족심판이었다. 학생들은 1943년 2차 광주학생사건 때 서중 5학년이었던 기환도를 경양방죽에서 물고문으로 죽인 정모 형사 등 10여명의 친일 경찰들에 대한 재판을 갖고 태형을 가한 것이다. 이러한 김창선의 화랑단활동과 더불어 1945년 11월 25일 2차광주학생운동의 희생자들(기환도, 강한수, 윤봉현, 주만우)에 대한 위령식이 광주시민장 및 광주서중 동창회장으로 광주고보 강당에서 개최되었다. 여기서 김창선은 광주고보, 서중의 동창생 대표로 추도사를 발표했다.

한편 해방 직후 일본인 관리들이 귀국한 후 행정의 공백을 메우기 위해 미군정은 한국인 관료 경력자들을 그대로 현직에 임명하는 방식을 취했다. 이에 따라 그는 미군이 진주하자마자 미군정에 의해 관방주사로 임명되었다. 관방주사는 도내의 각 군수, 관료 들을 임명하는 데 중요한 실무를 담당하는 인사업무 부서였다. 그 뒤 직제의 개편으로 관방주사는 인사처장으로 바뀌고 그는 인사처장이 되었다. 이러한 직책에 있을 때 그의 처남이었던 순천 승평병원장 김계수가 서민호를 추천하자 서민호가 광주부윤이 되는 데 일조했다. 그러나 얼마 후 1946년 서민호가 전남지사로 취임하자 그는 1947년 7월경 인사처장직을 그만두고 말았다. 자신이 추천한 인사가 자신의 상관으로 옴에 따라 그와 같이 근무할 수 없다는 자존심 때문이었다.

이때 이은상이 신문사 편집국장을 구하고 있었다. 이은상은 김창선을 편집국장으로 임명했고 그후 주필로서 활동하게 된다. 그가 구례에 있을 때 신문사 지국을 운영했다는 경력이 인정되어 편집국장까지 오를 수 있었던 것이다. 광주·전남언론사에는 1947년 11월에 이은상이 중심이 되어 총자본 1000만 원의 주식회사체제로 호남신문사를 설립했고, 김창선은 최영욱 등과 함께 취체(이사)역에 취임했으며 1954년에도 상임감사역을 맡았다고 기록하고 있다.[3]

호남신문에서 활동하면서 그는 이은상과 함께 한독당에 참여했으며, 한독당 광주시당위원장까지 지냈다. 이러한 연고로 그는 이범석의 민족청년단에 참여했고 김구의 피살로 한독당이 와해되고 이범석이 이승만의 휘하로 들어가자 김창선도 자유당으로 입당하여 활동하게 된다.

1952년 5월 10일에 지방자치의 실시에 따라 초대 전남도의회 의원 선거가 실시되었다. 광주는 정원이 3명이었고 입후보자 9명이 등록했다. 선거에서 결국 김일도, 김창선, 이은태 3명이 당선되었다.[4] 자유당 공천을 받은 김창선은 최다득표로 당선되었다. 5월 20일 개회식에서 의장단 선출이 있었는데 여기서 김창선은 초대 전남도의회 의장으로 선출되었다.

그는 정치에 대한 꿈을 키우기 위해 1958년에 5월 12일에 실시된 제4대 국회의원 선거에 출마했다. 당시 광주갑 선거구에는 민주당 구파의 공천을 받은 정성태와 자유당 공천을 받은 노인환, 무소속의 김창선이 출마하여 각축을 벌였으나 정성태가 당선됨으로써 그는 고배를 들 수밖에 없었다. 선거에 낙선해 우울해 있을 때 서태관이 1959년 남도일보를 창간하자 그는 이 신문의 이사장 겸 상임논설위원으로 영입되었다.

곧이어 1960년 자유당정권에 항거하는 4·19혁명이 일어났다. 그는 여기에서 기존의 정치 구조를 변화시켜 보려는 진보적 성향의 정치세력에 참여하게 된다. 그는 원래 보수적 정치구도에서 활동한 인사였지만 학생혁명이 일어나자 민족통일운동에 뛰어든 것이다. 그는 박석진, 이기홍, 김세원 등의 도움으로 전남 민족자주통일협의회(민자통) 준비위원장을 지내면서 1961년 2월 19일 YMCA회관에서 결성식을 거행할 때 의장단 및 선전 위원장직을 담당하게 된다. 당시 민자통의 총무위원장은 오지호 조대 교수였고, 재정위원장은 박석진, 조직 위원장은 길문이 담당하고 있었다. 그는 선전위원장으로서 열성적인 활동을 전개했다. 목포, 영암 등지를 돌아다니면서 '남북평화통일, 남북협상, 문화교류, 민자통 조직강화 등의 중요성'을 역설하는 강연회를 할 때 그의 논리정연한 연설은 많은 사람들에게 깊은 감명을 주었다.[5)]

이 연장선상에서 국가보안법 개정법률안, 집회시위에 관한 법률안을 2대 악법으로 간주하고 이 법은 야당을 탄압하고 선량한 국민의 인권을 유린하는 것이며 이 법은 장면정권의 무능, 부패를 은폐하려는 것이라는 요지의 연설을 하는 등 통일운동, 민족운동에 연일 바쁜 나날을 보내고 있었다.

그러나 이러한 활동도 5·16군사쿠데타가 발생함으로써 물거품이 될 수밖에 없었다. 용공세력으로 간주된 그의 활동은 군부세력에 의해 체포되었고 그는 군사법정에서 5년 형을 선고받았다. 군사법정 검찰관들이 자신의 큰아들이었던 김기두 당시 서울법대 교수의 제자들이었기 때문에 많은 도움을 주려 했지만 전체적인 재판의 흐름에 도움이 될 수는 없었다.

감형으로 3년의 옥살이를 끝내고 나왔을 때 그는 별다른 활동을 할 수가 없었다. 이미 사회당, 민자통이 불법화되었고 지하화된 상태였기 때문에 활동 공간이 없어져 버린 것이다. 그렇지만 일부 활동가들은 강석봉의 집을 연락처로 삼아 정보를 교환하는 등 미미한 활동을 하고 있을 때 김창선도 강석봉의 사무실에 날마다 나오다시피 하며 살았다. 그는 1979년 3월 1일 76세의 나이로 일생을 마감했다.

1) 전남일보사, 『광복 30년』 1권, 1975, 26쪽.
2) 전남일보사, 『광복 30년』 1권, 27쪽.
3) 광주언론인 동우회, 『광주전남언론사』, 1991, 164~165쪽.
4) 편찬위원회, 『전라남도지 9권』, 1993, 166쪽.
5) 『한국혁명재판사』 3집, 789쪽.

조재천

검사에서 야당 정치인으로

1912년 전남 광양 출생
1934년 대구사범 수료
1939년 일본 중앙대학 전문부 법과 입학
1940년 고등문관시험 사법과 합격
1945년 법무국 특별검찰청 검사
1954년 제3대 국회의원
1960년 법무장관, 내무장관
1970년 사망

지난 대통령 선거에서 낙선했던 김대중 씨가 정계를 떠나면서 담담하게 자신의 심경을 그렸던 책이 베스트셀러가 된 적이 있다. 그는 지역감정을 군사정권시대에 일부 정치 군인들이 만들어 낸 산물이라고 혹평하면서 대구의 조재천, 전북의 엄민영 같은 인물의 예를 들어 군사정권 이전에는 지역감정이 없었음을 강조했다.

김대중 씨가 이처럼 지역감정의 해소를 주장하면서 실례를 들었던 인물, 그리고 권력에 굴하지 않고, 유혹에 넘어가지 않았으며, 오직 민주주의와 정의로운 사회를 위해 일생을 바쳤다고 덧붙였던 인물인 조재천은 누구인가?

그는 1912년 8월 9일 전남 광양군 진월면 구룡리에서 창녕 조씨 조명환과 정옥월의 장남으로 출생했다. 광양에서 보통학교를 졸업한 그는 광주로 올라와 광주고보에 진학했다. 1931년 제7회로 광주고보를 졸업한 그는 당시 남부 지방의 영재들이 주로 진학했던 대구사범에 진학했다. 1932년 3월부터 1934년 3월 말까지 1년간 그는 대구사범의 강습과를 수료했다.[1] 강습과는 5년제 고보를 졸업한 학생을 뽑아 1년간 사범 교육을 시킨 후 2종 훈도자격증을 주는 교육기관이었다.

강습과를 졸업한 그는 전북 남원에서 소학교 훈도를 시작으로 잠시 교직에 몸담게 된다. 그러나 훈도라는 직업에 만족하지 못한 그는 1년간의 준비 끝에 1934년 8월 보통문관시험에 수석으로 합격했고, 그 결과 1937년 4월 훈도를 그만두고 전남도의 촉탁으로 전직했다. 이어 1938년 5월에 있었던 고등문관 예비시험에도 합격해 고위관료라는 자신의 꿈을 키워 나가기 시작했다. 물론 당시는 일제치하였기 때문에 고위관료로 출세한다는 것은 그만큼 민족적 정서로는 용납할 수 없는 행위였지만, 한편으로 그것은 극소수의 공부 잘하는 조선인에게만 가능했던 일이기도 했다.

관리로 출세할 뜻을 굳힌 그는 도 촉탁직을 사임하고 일본으로 건너갔다. 1939년 4월 일본 중앙대학 전문부 법과에 입학한 그는 1940년 3월 중앙대학의 특대생이 될 정도로 공부에 열중했다. 그 결과 그는 1940년 8월에는 조선 변호사시험에 합격했으며, 두 달 뒤에는 고등문관시험 사법과에도 합격했다.[2] 이렇게 해서 그는 1942년 1월 법과 2년을 중퇴하고 사법관 시보로 임명되었다. 그후 평양지방법원에서 판사생활을 하는 등 일제 식민지하에서 그의 출세가도는 순탄하기만 했다.

1945년 8·15해방은 대부분의 조선인들에게는 감격과 환희로 다가왔지만, 조재천의 출세가도에는 먹구름이 끼는 징조였다. 당시의 사회적 분위기는 일제하에서 활동했던 법조인들을 일제의 충직한 주구 또는 부일 협력자로 멸시하고 있었고, 혐의가 뚜렷하지 않던 일부 인사들까지도 자숙하는 상황이었다. 이러한 경향은 특히 북한 지방에서 강하게 나타났다.

평양지법 판사로 재직하다가 해방을 맞은 그는 신변의 안전을 위해 곧바로 월남했고, 친일 법조인에게 쏠리는 따가운 시선을 의식해 잠시 낭인생활을 하고 있었다. 그러나 이것도 잠시였다. 미군정이 들어서면서 자신의 통치기구들을 일제하의 관리들로 충원하기 시작한 것이다. 이는 미군정으로서는 효과적인 통치를 위하여 취한 조치였지만, 당시의 민족 정서와는 완전히 배치되는 것으로 조선인들의 강한 반발을 초래한 원인이 되기도 했다. 아무튼 조재천은 미군정의 조치에 따라 1945년 11월 5일 법무국 특별검찰청 검사에 임명(군정청 사령 제40호에 근거)되었다.[3)]

그가 검사로 재직하면서 담당한 사건 중 가장 유명한 것이 정판사 위조지폐사건이었다. 그는 이 사건의 수사를 진두지휘하는 담당 검사가 되었고, 그로 인해 당시 조선공산당과 좌익세력을 일망타진하는 데 결정적인 기여를 했다. 그는 이 사건을 통해 사상 검사로서 오제도와 함께 일약 두각을 나타냈다. 물론 오늘날에 와서는 정판사사건이 당시 변혁을 요구하는 대중들의 폭발적인 사회적 분위기를 역전시키기 위해 미군정이 조작한 사건일 수도 있다는 의문이 제기되고 있지만, 이 사건으로 조재천은 자신의 사회정치적 위치를 굳히게 되었다.

정판사사건 직후인 1946년 9월 철도노동자와 체신노동자들의 총파업을 시작으로 이른바 '대구 10월항쟁'이 시작되었다. 미군정은 이에 대해 무력으로 진압하는 한편 이 문제를 효과적으로 해결할 수 있는 인사를 찾기 시작했다. 그 결과 그 동안 사상문제를 처리하면서 미군정의 신임을 얻은 그가 선택되어 그는 단번에 철도경찰청장으로 발탁되었다. 그리고 이것을 인연으로 1949년 1월에는 경북 도경국장에 임명되었으며, 1년 뒤에는 경북 도지사로 임명되었다. 그가 경북 도지사로 재직하는 도중 한국전쟁이 발발했다. 그 무렵 그는 또다시 출세의 발판이 될 인연을 만나게 된다. 그것은 피난 가던 이승만 대통령이 대구의 도지사 관사에서 지낸 것을 인연으로 그가 대통령의 두터운 신임을 얻은 한편 끝까지 '대구사수론'을 주장해 대구 사람들에게 좋은 인상을 남겨 준 것이다.

전쟁이 끝나자 조재천은 지사직을 그만두고 1952년 변호사 사무실을 개업했다. 정계에 투신하기 위한 준비 작업이었다. 이 무렵 그는 고위관료 출신으로서는 드물게 자유당을 등지고 야당에 몸담고 있었으며, 또한 출생지는 호남이었지만 대구를 그의 활동 기반으로 생각하고 있었다. 2년여의 준비 작업 끝에 그는 1954년 5월 20일에 있었던 제3대 국회의원 선거에서 경북 달성을 지역구로 출마했다.[4] 당시 그는 처음에는 대구에서 출마할 의향이었으나 주위의 권고에 따라 달성을 지역구로 선택했다. 여기서도 자유당의 부정선거는 극심했지만 그는 예상외로 쉽게 당선되었다. 이후 그는 4대에 걸쳐 국회의원을 지냈으며, 특히 탁월한 언변과 기민한 대응을 인정받아 민주당 대변인을 5차례에 걸쳐 역임하기도 했다.

한편 제4대 국회의원 선거에서 개헌선을 확보하지 못한 채 야당의 정치 공세를 받아 온 자유당은 장기집권전략의 일환으로 보안법의 입법을 진행하고 있었다. 당연히 보안법은 야당의 반대에 부딪쳤는데, 당시 조재천의 활동과 관련하여 특기할 만한 일화가 있다. 즉 민주당에서 보안법의 국회 통과를 저지하기 위한 전술의 하나로 그에게 무려 2일간이나 반대 발언을 계속하게 한 것이다.[5] 사상검사로 성공했던 그가 보안법을 반대한 것도 이채롭지만, 쉬지 않고 2일간이나 연속 발언한 것도 국회사의 한 페이지를 장식할 만할 것이다. 그러나 결국 보안법은 국회 법사위에서 통과되고 말았다.

1960년 자유당정권에 의해 자행된 정·부통령 부정선거 당시 민주당 대변인이었던 조재천은 부정선거 관련 증거를 확보하기 위해 백방으로 뛰어다녔다. 주변 인사들의 제보도 큰 도움이 되었다. 투표를 앞둔 3월 3일 조재천은 기자회견을 통해 경찰이 부정투표를 위해 각 경찰서와 행정기관에 내린 비밀 지령의 전모를 폭로하고 나섰다. 이에 자유당정부에서는 가공할 조작이라고 응수했지만, 당시 대부분의 국민들은 조재천의 폭로 내용을 인정하고 있었다. 이러한 폭로에도 아랑곳없이 선거공작은 진행되었고 3·15부정선거는 계획대로 치러졌다. 이에 따라 학생들을 중심으로 저항이 시작되었고, 정치권에서도 부정선거 규탄대회를 열었는데, 장충공원에 운집한 15만 청중 앞에서 포효하는 조재천의 모습은 참석자들에게 큰 인상을 남겨 주었다. 이러한 저항은 결국 4·19로 이어졌다.

1960년 민주당정권이 출범하자 그는 8월 23일 민주당정권의 초대 법무장관으로 입각했다.[6] 4·19라는 국민의 피와 땀을 딛고 등장한 제2공화국은 구악을 일소하고 국민들의 여망을 풀어야 한다는 숙제를 안고 있었다.

그러나 출발부터 어긋나기 시작했다. 각료들의 진용은 처음부터 민주당의 해묵은 신구파 갈등을 드러내고 있었으며, 자유당정권하의 반민주행위자나 부정선거 관계자들에 대한 처리도 국민들의 불만을 초래하고 있었다. 특히 특별법 제정을 요구하는 여론에 대해 민주당정부는 조재천 법무장관을 통해 혁명입법의 특별법을 고려하지 않는다고 밝히면서 현행법 고수를 주장했다. 그는 1961년 5월 3일 3차 개각에서는 내무부장관으로 영전했지만,[7] 민주당정권은 불과 8개월 만에 3번씩이나 개각을 단행하는 등 초반부터 불안한 조짐을 보이고 있었다.

조재천은 내무장관 취임 후 10여 일 만인 5월 15일 업무상 부산에 내려가 있었다. 그곳에서 5·16군사쿠데타 소식을 전해 들은 그는 내무부장관의 소임을 다하지 못하고 부산 서구의 미군 부대에 몸을 숨기고 말았다.[8] 해방 이후 잠시 동안을 제외하고는 좌절을 모르고 살아왔던 그의 삶이 최초로 공백기를 맞이한 것이다.

그후 그는 1963년 제6대 국회의원 선거에서 전국구로 당선되고, 민주당 간사장에 임명되면서 화려하게 재기했다. 이 무렵 기성 정치인들은 군사정권에 대응하기 위해 강력한 통합야당을 서두르고 있었다. 이리하여 민주당, 민정당은 1965년 민중당으로 통합했다. 그러나 민중당도 양당의 평면적인 통합이었기 때문에 항상 알력이 잠재하고 있었으며, 특히 윤보선과 유진산 사이에는 간극이 너무 컸다. 통합 대회에서 조재천은 10명의 지도위원 중 한 명으로 선정되었다.

1965년으로 접어들면서 정국은 급속도로 냉각되었다. 공화당정부는 근대화정책을 추진한다는 명분하에 한일회담 비준을 준비하고 있었고, 그것은 대다수 국민들과 야당의 격렬한 반대에도 불구하고 결국 여당 단독으로 통과시켰다. 이에 격분하여 윤보선, 김도연 등 8명이 의원직을 사퇴했다. 조재천의 측근 인사들은 그 역시 의원직을 사퇴했다고 하지만 아직 그러한 주장을 입증할 자료를 찾을 수는 없다. 1967년에 접어들면서 7대 국회의원 선거가 임박해 오자 그는 민주당을 재건하기 위해 동분서주했지만, 결국 윤보선과의 입장 차이로 민주당은 분열되고 말았다. 이때 그는 대표위원을 맡았지만, 7대 국회의원 선거에서 낙선의 충격을 이기지 못하고 1970년 7월 5일 59세를 일기로 타계했다.

우리 나라 근현대사에서 대립구도를 도식화하면 일제하의 부일 협력자와 사회운동가, 해방 정국의 좌우익, 한국전쟁 이후의 여야 정치인으로 정리할 수 있다. 모든 개개인의 삶을 이러한 도식에 집어넣을 수는 없겠지만, 어느 한 시기를 놓고 그 인물을 평가할 수도 없을 것이다. 조재천의 삶 역시 똑똑한 야당 정치인이었다는 것만으로 평가될 수는 없다. 그는 개인적으로는 자신의 총명한 두뇌와 능력을 바탕으로 출세한 사람이지만, 역사적으로는 또 다른 평가가 가능한 사람이었다.

1) 정영진, 『선거는 춤춘다』, 대구대일출판사, 1992, 67쪽.
2) 조재천, 『고문합격기』, 법제, 1941년. 4월호.
3) 국사편찬위원회, 『자료 대한민국사』 1, 1968, 367쪽.
4) 대구매일, 1954. 5. 13.
5) 동아일보, 1958. 8. 30.
6) 서병조, 『정치사의 현장 증언 2』, 중화출판사, 1981, 303쪽.
7) 서병조, 위의 책, 417쪽.
8) 서병조, 위의 책, 481쪽.

정남국

소안도 「옥중가」의 주인공

1897년 완도 출생
1915년 광주농업학교 중퇴
1922년 수의위친계 참여
1950년 2대 국회의원 당선
1955년 사망

해방의 섬 소안도.

완도읍에서 18.7km나 떨어진 조그마한 섬. 선착장에 첫발을 내딛으면, 멀리서 죽창을 꽂아 놓은 듯한 돌탑이 있다. 이는 1920년대 항일민족운동을 벌였던 선열들을 기리기 위해 1990년 6월 그 제자들과 자손, 면민들이 건립한 소안 항일 기념탑이다. 1920년대 조선일보와 동아일보에는 이와 관련된 기사가 각각 40여 차례나 보도되었으며, 당시 항일운동에 참여했던 이월송은 "1920년대 소안도 사람 36명이 66회에 걸쳐 투옥되었고, 기간도 17년 7개월에 이른다"고 증언한다. 하지만 정부수립 이후 최근까지 이들의 활동 내용은 이데올로기라는 동아줄에 다시 한 번 묶여야만 했다. 그러다가 1980년 후반 이균영 교수의 『해방의 땅-소안도』라는 글이 발표되면서 소안도 민족해방운동은 비로소 역사의 한자리를 차지하기 시작했다.[1] 소안도와 같은 남해의 외딴 섬에서 항일운동이 줄기차게 발생한 배경에는

이를 이끌었던 운동 조직이 있었으며, 그 중심에는 송내호와 정남국(鄭南局)이 자리하고 있다.[2)]

정남국은 1897년 7월 7일 완도군 소안면 비자리에서 경주 정씨 정익수(鄭益守)의 장남으로 태어났으며, 7세 때부터 같은 면에 있는 부상리에서 성장했다. 그는 10세부터 15세까지 서당에서 한학을 배웠다고 하는데, 당시 그는 가세가 곤란하여 상인들의 짐을 짊어다 주기도 하고 해산물장사도 하며 가계를 도왔다. 그후 1912년 완도공립보통학교에 진학해 어렵사리 졸업한 그는 1914년 광주농업학교에 입학했다. 하지만 이듬해인 1915년 가정형편으로 학교를 중퇴해야 했다.

그가 사회운동에 뛰어든 것은 1922년 수의위친계에 참여하면서부터다. 이 과정에는 중앙학교를 졸업하고 소안사립중화학원에서 교편을 잡고 있던 송내호의 영향이 컸던 것으로 알려지고 있다. 수의위친계는 전통적인 상호부조 조직이 발전하여 비밀 결사체로 전화된 것으로, 송내호, 강정태, 송기호(송내호 동생), 최병우 등이 주요 구성원이었다. 이 조직은 두 차례에 걸쳐 조직 확장이 이루어졌는데, 정남국은 완도를 중심으로 1차 조직 확장을 꾀하던 시기에 참여했다. 그후 전라남북도, 경상남북도까지 조직이 확장되었다. 수의위친계에 참여한 인물들은 이후 소안도 항일운동을 주도했으며, 신간회 완도지회 등에 참여하기도 했다. 또한 조직이 확장되면서 강석봉, 한길상, 전도, 조극환, 이항발, 정병용, 설준석, 김철진 등이 참여했는데, 이들은 서울청년회계열의 인물로 일제하 전남 지역 사회운동의 핵심 인물들이기도 했다. 이후 정남국은 수의위친계의 결정에 따라 박화국 등과 함께 간도의 용정에 파견되어 그곳의 대성중학에 적을 두고 간도 지방의 민족운동을 지원했다.[3)]

한편 수의위친계가 조직되기 전에 이미 소안도에는 배달청년회가 조직되었다. 배달청년회는 1920년 소안도의 유지와 청년들에 의해 지·덕·체를 기르는 것을 목적으로 창립된 것이었다. 그러나 1923년 무렵 여기에 참여하고 있던 면장과 연장자가 모두 탈퇴하고 진보적인 청년회로 개편되었다. 이는 당시 명망가 중심으로 구성되어 침체상태에 빠진 청년회를 진보

1926년 배달청년회와 노동청년회 합동 기념사진.

적인 청년회로 개편하던 흐름과 맥을 같이하고 있다. 이후 1924년 3월 정남국 등 청년회원들은 각 마을에 노동운동 단체를 조직하고 이를 연합해 소안노농연합대성회를 조직했다. 정남국은 여기에서 최형천, 송내호, 신광희 등과 함께 중책을 맡았다. 이것이 빌미가 되어 정남국은 그해 10월 간부 12명과 함께 완도 경찰서에 구인되고 목포로 압송되어 조사를 받았다. 이 사건으로 정남국은 징역 6개월을 선고받고 1925년 10월 1일 만기 출소했다. 출소한 후 그는 이 조직을 중심으로 소작지 이동의 조사, 악질 지주에 대한 대항책 등을 마련하면서 본격적인 활동을 재개했다. 수의위친계가 비밀 결사 조직이었다면, 배달청년회는 합법적이고 표면적인 활동을 위한 공간이었다고 볼 수 있다.

1920년대 중반 국내 사회주의운동의 양대 계열이었던 화요회계와 서울청년회계는 각 지방에 자파의 운동가들을 이념적으로 무장시키기 위해 사상 단체를 조직하고 있었다. 당시 전남 지역에서도 능주 무산청년단, 광주의 18회, 신우회, 목포 전위동맹, 영광 토우회 등이 조직되었다. 이러한 맥락에서 정남국과 송내호 등은 1926년 살자회라는 조직을 결성했다. 이들 조직들은 단순히 이념 교육뿐만 아니라 사회·민족운동의 방향을 논의하는 핵심적인 운동 단체였다. 당시 살자회는 '진실한 생활에 눈뜬 우리들은 이것을 최단기에 실현할 수단과 방법을 양지(諒知)하고 이것을 대중의 심장에 넣기 위해 살자회를 조직한다. 이에 공명한 조직원들은 굳게 단결하자'고 결의했다. 또한 살자회는 '상호부조와 신사회 건설의 도모'를 강령으로 채택했다. 하지만 살자회는 1927년 11월 배달청년회사건 때 경찰 당국에 의해 그 간부들이 대거 검거됨으로써 그 활동이 중지되고 말았다.

한편 그는 이 무렵 일본을 오가면서 활동하고 있었다. 그는 1927년 1월 재일본 조선노동총동맹 동경서부지부 위원장을 맡고 있었으며, 재일본 조선노동총동맹 집행위원장을 맡기도 했다. ,이들 조직을 무대로 정남국은 같은 해 6월 1일 일본에서 40여 사회 단체의 후원으로 조선총독부의 정치를 공격하는 연설회를 개최해 소안학교 폐교사건에 대한 진상을 보고하기도 했다.

본래 사립소안학교는 면민들이 1921년 사도세자의 5대손인 이기용(李埼鎔)과의 토지소유권 분쟁에서 이기게 되자 이를 기념해 1923년 5월 당국으로부터 인가를 받아 야학 형태였던 중화학원을 정규 교육기관으로 전환시킨 것이다. 그러나 소안학교는 민족 교육을 지향하는 자세를 보이고 있었기 때문에 일제로서는 호감을 가질 수 없었다. 결국 1924년 학교 운영문제로 내분이 일자 일제는 사립학교를 공립학교로 승격시켜 주겠다는 제안을 하면서 소안학교를 폐교하려 했다. 당시 교장이던 김경천은 이를 거부했고, 완도군은 1926년 6월 소안학교에서 얼마 떨어지지 않는 곳에 공립보통학교를 개교했다. 하지만 공립학교의 학생은 고작 30명밖에 되지 않아 당시 150명이나 되는 소안학교와는 비교가 되지 않았다. 더욱이 두 학교 사이에는 갈등이 끊이질 않았는데, 1927년 4월에는 공립학교 학생들이 사립학교 학생들에게 매를 맞는 사건까지 발생했다. 결국 이를 빌미로 일제는 1927년 5월 10일 전남 지방의 완도, 진도, 해남 등 6개 지역 경찰 50여 명과 군수 등 7명의 직원이 소안도에 직접 와서 총독부 학무국장 명의의 폐교조치 명령을 내렸다.

이에 면민들은 배달청년회를 중심으로 각종 집회를 계획했지만 일제의 방해로 무산되었고, 김경천, 최형천 등이 당시 도지사인 석진형에게 항의 방문하려 했으나 이것도 뜻대로 되지 않았다. 이후 각종 여론에 호소하게 되었고, 해외에서도 복교노력이 이루어졌다. 그 일환으로 당시 일본에서 활동하고 있었던 정남국은 1927년 8월 초 복교동맹의 대표 자격으로 신간회 동경지회 대표 강소천과 함께 일본 정부 문부대신을 방문해 항의문을 전달했다. 또한 그는 같은 해 9월 귀국하여 완도군수를 방문했으나 거절당하고 학무국장을 방문해 복교조치를 촉구했다. 하지만 11월에 발생한 배달청년회사건으로 대부분의 항일 주동 구성원들이 구속되면서 이 일도 더 이상 진행되지 못하고 말았다.

한편 1928년 3월 경성지방법원 검사국의 '제3차 조선공산당 고려청년회 사건 검거의 건'에 대한 자료에 따르면 정남국은 1927년 4월 5일 도쿄에서 조직된 조선공산당 일본부 당원으로 참여했다고 기록하고 있다.[4] 당시 조선에는 3차 조공이 재건되어 김철수의 뒤를 이어 안광천이 책임비서를 맡고 있었으며, 서울파 내부에서는 3차 조공 참여문제를 둘러싸고 논쟁이 벌어지고 있었다. 이는 1926년 정우회선언을 둘러싼 논쟁의 연장으로 이론적 배경은 일본 사회운동에 큰 영향을 주었던 후쿠모토주의(방향전화론)였다.

이 과정에서 서울계 신파들은 정우회선언에 찬성하여 3차 조공에 가담하였고, 이영을 중심으로 한 구파들은 1927년 12월 21일 서울 무교동 춘경원에서 이영과 서태석(암태도) 등이 참여해 따로 조선공산당을 조직했다. 정남국과 송내호도 여기에 참여하였다. 그후 1928년 2월 조직된 4차 조선공산당에서 정남국 완도 조직책을 맡기도 했다. 이 과정에서 그는 서태석 등과 함께 1928년 4월 서울청년회 구파의 춘경원 공산당사건으로 검거되어 신의주로 압송되었다. 1929년 12월 신의주지방법원에서 징역 2년을 선고받고 1930년 8월 평양형무소에서 출옥했다.[5]

당시 소안도에서는 「옥중가」라는 창가가 면민들에게 유행되고 있었다. 오늘날까지 이를 기억하고 있는 김부기(85세)옹은 당시 신의주에서 체포되어 감옥에 갇혀 있던 정남국을 기리며 노래를 불렀다고 증언한다. 당시 소안도의 교육운동에는 민족노래운동이 중요한 매개체의 역할을 했다. 당시 불렀던 노래들로는 옥중가를 비롯해 「학도가」 「독립군가」 「행진곡」, 「이별가」, 「애국가」, 「여권신장가」, 「망향가」, 「소년단가」, 「운동가」 등이었다. 옥중가의 내용은 아래와 같다.

평안북도 마지막 끝 신의주 감옥아
이 세상에 태어난 지 몇 해 되었나.
이제부터 너와 나와 둘 사이에
잊지 못할 관계가 생기었구나
앞 뒤를 살펴보니 철갑문이요
곳곳에 보이는 것 붉은 옷이라
슬프도다 감옥에 있는 우리 형제들
이런 고생 저런 고생 악행당할 때
두 눈에서 눈물이 비오듯 하나
장래일을 생각하니 즐거웁도다
여보시오 같이 나갈 우리 앞길에
추호라도 낙심 말고 나가세.[6)]

한편 그는 1933년 일본에서 조선실업자 대책위원회 위원장을 역임했으며, 철도노동자 해고 반대투쟁에 참여했으며, 1934년에는 친일 단체 테러사건으로 나고야 형무소에서 6개월간 복역했다. 그후 정남국은 일본에서 노동운동을 하였다고만 알려져 있을 뿐, 구체적인 활동은 아직 밝혀지지 않고 있다.

정남국이 해방을 맞이한 곳은 일본이었다. 그는 그해 10월경 완도로 돌아왔다. 귀국한 그는 서울의 정객들과 잦은 교류를 가졌으며, 이들로부터 입각 권유를 받았다고 한다. 그러나 특정 정파나 단체에 참가했다는 족적은 아직 보이지 않는다. 특이한 점은 이 무렵 그가 함께 어울렸던 인사들이 그의 경력에 걸맞지 않게 대부분 우익인사라는 점이다. 그후 정남국은 1950년 2대 국회의원에 당선되었지만 한국전쟁으로 인하여 별다른 활동을 전개하지는 못했다. 그러다가 1955년 여수 제중병원에서 향년 59세를 일기로 타계했다. 그리고 1990년 정부는 그의 항일운동 공적을 기려 건국훈장 애국장을 추서했다.

조그마한 섬에서 태어나 조선과 일본을 오가며 1920~1930년대 항일운동의 중심 인물로 성장했던 정남국. 그의 중심 무대는 국내보다는 일본이었다. 따라서 그에 대한 정확한 평가는 일제시기 일본에서의 항일운동에 대한 자료들이 밝혀지고 그에 대한 학계의 연구가 진행될 때 이루어질 수 있을 것이다.

1) 『사회와 사상』 1989년 8월호.
이외에 소안도의 민족운동에 대한 연구는 정병호, 「항일운동의 성지, 소안도를 가다」(『민족지성』 1989. 9); 『소안도항일운동사료집』(1990); 박찬승, 「일제하 소안도의 항일운동」(『도서문화연구』 11집, 1993) 등이 있으며, 특히 자료집에는 당시 활동 인물들의 재판기록과 조선일보와 동아일보의 관련 기사, 그리고 당시 독립의식을 고취시키기 위해 불렀던 노래를 채록해 싣고 있다.

2) 무등일보, 1992. 6. 13.

3) 박찬승, 「일제하 소안도의 항일민족운동」, 『도서문화연구 11집』, 도서문화연구소, 1993.

4) 김준엽·김창순, 『한국공산주의운동사』, 청계.

5) 앞의 책,

6) 『소안도항일운동사료집』, 1990.

정 경 인
담양의 청년 노동운동가

담양군 담양면 지침리에서 출생
1919년 담양 3·1운동 주도
1925년 담양노동조합연맹 창립
1927년 신간회 담양지회 간사
1930년 구속, 2년형 언도
1945년 담양 건준 위원장
1945년 담양 군수

민족운동에 노력하고자 …… 2월회 …… 담양노농회 각 조합, 여청, 소년회 등을 조직 …… 현 집행위원장 정경인 씨는 건전한 체구의 소유자로서 창립 당시부터 위원을 역임 …… 학원을 위하여 직접 무보수로 교편을 …… 열성과 건투를 칭찬하지 않는 이가 없다.

이것은 1927년 1월 청년회관 건립에 즈음해 담양 지역의 빼어난 사회운동가 정경인을 평가한 동아일보 1927년 1월 2일자 신문기사다.

그는 담양군 담양면 지침리에서 정시묵(鄭時默)과 임씨의 4남 1녀 가운데 셋째 아들로 태어났다. 그의 가정은 담양에서 일상 볼 수 있는 죽세공을 하던 집안으로, 경제적으로는 어려운 처지였다. 그는 담양공립보통학교를 18세에 1회로 졸업했다. 담양보통학교는 1907년 광명학숙으로 이규담(李圭聃)에 의해 설립되었다가 1909년 3월 공식학교로 전환된 학교다. 그후 정경인은 아버지가 군청 논을 소작한 것이 인연이 되어 담양군청에 취직해 평범한 생활을 하고 있었다.

군청에서 근무하던 그의 평범한 인생에 커다란 변화를 가져오는 사건이 있었으니 그것은 3·1운동이었다. 그는 담양의 정기환이 전국에서 일어난 3·1운동을 전해 듣고 담양 지역에서 운동을 제기하자 곧바로 행동에 들어갔다. 이들은 1919년 3월 13일 국한종, 임민호 등과 함께 운동을 결의하고 다음날 장날을 이용하여 만세운동을 벌이기로 결정했다. 이들의 노력으로 담양에서 3·1운동은 전개될 수 있었다. 이와 관련해 이들은 곧바로 일경에 체포되었으며, 정경인은 징역 1년을 선고받았다.[1]

출옥한 정경인은 담양청년회에 가입하면서 본격적으로 사회운동에 뛰어든다. 담양청년회는 1920년 5월 2일 국기열, 서기현, 강재완 등이 중심이 되어 만든 친목 단체였다.[2] 그러다가 정경인, 정병용, 강완석 등이 가입하면서부터 사회운동을 이끌어 가는 대중 단체로 전환되었으며, 이후 담양 지역 사회운동의 핵심 조직으로 성장했다.

초기 담양청년회는 주로 기층 민중들을 대상으로 하여 애국계몽운동을 전개했다. 담양청년회는 무학자에게 초등 교육을 보급하기 위하여 1924년 6월 20일 야학 강습회를 개최했다. 이때 회원은 40여 명이었는데, 정경인은 강사로 활동했다. 이곳에서 학급은 1~4학년까지와 5~6학년까지 2개 반이 있었고, 과목은 수신, 산술 등이었다.[3] 또한 청년회는 민족 의식을 고취시키는 음악회와 순회강연도 진행했다. 그는 식민지의 현실을 알리고, 민중을 깨우치는 '농촌청년에게' '청년운동에 대하여' 등의 제목으로 강연을 했다. 그후 담양청년회는 1925년 3월 11일 정경인의 제안으로 청년회 산하에 학원 설립 추진위를 만들었으나, 뜻을 이루지 못하고 청년회가 주관하는 야학만 계속 이어진다.

한편 담양청년회는 계몽운동과 병행하여 대중 단체활동을 전개하였다. 당시 담양에는 기차역이 있어서 이곳을 중심으로 손수레와 마차를 이용해 생계를 유지하는 노동자들이 많았다. 이들은 직업별 조합인 수차조합, 우마차조합, 운반조합을 만들어 활동하고 있었는데, 이들과 운송사업자 및

1946년 3월 담양고등여학교 졸업식 때 담양군수로 참여했다. 맨 아랫줄 왼쪽에서 세번째가 정경인이다.

하주와의 분쟁, 그리고 각 조합간에 일감을 서로 차지하려는 분규가 끊이질 않았다. 이러한 실정을 보고 노동운동에 대한 지원 활동의 필요성을 깨달은 정경인은 1925년 1월 1일에 노동청년회를 설립했다.[4] 이때 회원은 120여 명이었으며, 개인당 회비를 50전씩 걷어서 활동하기로 함으로써 노동운동의 기틀을 마련했다.

그후 1925년 10월 28일 담양노동청년회는 담양노동조합연맹을 창립했다. 노동청년회가 효과적인 노동운동을 모색하기 위하여 수차조합, 우마차조합, 운반조합, 정미노동자조합, 자유노동자조합 등 5개 단체를 묶어서 담양노련을 조직한 것이다. 집행위원은 이인섭, 정채환, 기노춘 등이었고, 검사위원은 정경인을 비롯해 강재완, 국경현이었다.[5] 통일적인 노동 단체가 형성되어 노동조합은 노사분규가 발생할 때, 큰 힘을 발휘하게 된다. 즉 1925년 12월 2일과 1926년 12월 12일에 정미조합에서 임금인상을 이슈로 파업을 일으켰을 때, 담양노련의 단결된 힘이 파업을 승리로 이끈 밑거름이 되었던 것이다. 그러나 이 사건으로 정경인을 비롯한 청년회 간부 10여 명이 검속을 당했다.

청년회는 농민운동에 대해서도 지원활동을 했다. 청년회는 1926년 2월 9일에 집행위원회를 열고 기존의 담양 소작인연합회를 농민조합연맹으로 개편하여 조직을 강화시켰다. 이때 정경인은 정병용과 함께 서무부를 맡으면서, 동시에 기노춘과 교양부를 맡아 활동했다.

한편 담양 지역의 사회운동을 주도했던 정경인, 정병용, 조완석, 임민호, 강재완 등은 대중 조직을 지도할 사상 단체를 설립했다. 이 단체의 명칭은 2월회였고, 1925년 2월 5일에 창립되었다. 강령은 "무산계급의 역사적 사명을 명시하여 신사회의 건설을 촉진하고, 해방에 필요한 최고 지력(智力)의 흡수에 노력한다"였다. 그후 2월회에서는 1925년 6월 21일에 임시총회를 열고 독서회 개최, 노동운동 지도방침에 관한 논의를 개진하는 동시에 이에 관여하면서 사상 단체로서 면모를 보여 주었다. 이 같은 전위 조직 결성은 1925년 전후의 전국적인 현상인데, 이들 단체들은 주로 지식인과 전문운동가들에 의해서 주도되었으며 강한 이념적 지향과 진보적 성향을 특징으로 한다.[6]

이들은 또한 담양에서 연합 운동 단체 설립을 추진했다. 당시 담양에는 사회운동 단체가 담양청년회, 여자청년회, 노동청년회, 노동연맹, 농민연맹, 2월회 등 6개가 있었다. 이들은 1926년 7월 23일에 연합위원회를 개최하고 운동의 극대화 방안을 모색했다.[7] 여기서 각 지역별 청년 단체의 조직 강화에 노력할 것을 결의하고, 사상운동은 2월회, 노동운동은 직업별로 조직되어 있는 5개 조합, 농민운동은 농민조합이 담당하기로 했다. 이때 강령, 규약제정 위원으로 정경인, 정병용, 조완석이 선정되었다. 이후 청년회는 조직개편에 들어가 1927년 11월 17일에 청년동맹으로 개칭되었다.

한편 이 시기 전국적으로 신간회 결성이 진행되었는데, 당시 담양에서는 청년동맹이 가장 활동력 있는 모습을 보여 주었기에 이들의 주관하에 신간회 지회가 꾸려졌다. 정경인은 신간회 담양지회 간사로 활동했는데, 이는 그가 조선공산당 당원으로 프랙션활동을 한 것이었다. 즉 그는 1927

년 12월 21일 4차 조공이 조직될 때 담양지부를 맡으면서 정병용과 함께 신간회에 세포로 파견된 것이다. 이러한 그의 활동을 일경이 가만히 두지 않았다. 결국 그는 검거되어 1930년 12월 2일 2년 형을 언도받았다. 이때의 그를 가리켜 공산주의에 대한 이론적 기반은 없으나 탁월한 언변과 선동 연설에 능숙했으며, 온건한 성격의 사회주의자였다고 촌로들은 평가했다.

1932년 출옥한 정경인은 다시 활동을 재개했다. 그는 참여자의 연령이 35세로 제한된 청년동맹에서는 활동을 못하고, 노동조합에서 활동했다. 그러나 1930년대 후반에 접어들면서 일제의 탄압이 가중되고, 그와 함께 조합원도 줄어드는 상황에서 그는 운동선상에서 잠시 이탈한다. 결국 정경인은 일제가 사상운동가를 통제하기 위하여 결성했던 사상보국연맹 대화숙(大和塾)에 가입할 수밖에 없었다.

해방이 되자 그는 일제 시절의 항일 경력을 배경으로 담양 지역의 중심적인 인물이 되었으며, 그에 걸맞은 직위를 맡으면서 국가건설사업에 뛰어들었다. 그가 다른 지방에 비해 보다 빨리 조직되었던 담양 건국준비위원회에서 위원장을 맡은 것이다. 담양에서는 1945년 8월 15일 이미 읍내에 거주하던 인사들의 모임이 있었고, 16일에는 건준 발족식이 거행되었다. 건준이 신속하게 조직될 수 있었던 것은 담양 지방에 일제 시절 활동가들이 그대로 남아 있었던 데 기인한다. 담양 건준의 지도부에는 위원장인 정경인을 비롯하여 부위원장 국기현, 그외 강완재, 김인두, 한대련, 국채성, 임귀석 등이 참여하고 있었다.[8]

이후 담양 건준은 같은 해 10월 20일경 조직 준비위원회를 갖고 인민위원회로 개편을 모색했다. 담양 건준이 인민위원회로 개편된 것은 11월 초였다. 원래 담양 건준에는 보수적인 지주 출신 간부들이 더러 있었으나, 1945년 9월에 농민조합에서 '소작료불납동맹'을 결성한 것을 계기로 이들 보수적인 인사들이 배제되었다. 따라서 건준은 큰 저항 없이 인민위원회로 개편되었는데, 여기에는 정경인, 조완석, 국기현, 김인두, 임종대, 박대규, 임귀석, 박석우 등이 참여했다. 인민위원회는 건준 때와 같이 담양군청을 접수하지 않고 담양금융조합을 사무실로 사용했다. 그러다가 1945년 12월 초에 담양읍사무소에서 농민조합, 청년동맹, 부녀동맹, 각 면 인민위원회 대표 60여 명이 모여 인민위원장이었던 정경인을 정식으로 담양의 초대 군수로 추대하면서 담양군청을 접수하여 본격적으로 군 행정을 실시했다.[9] 정경인은 초대 군수 취임사에서 나라 없는 슬픔은 다시는 없어야 하며, 국토 건설과 국민의 단결로 힘껏 나가자고 강조했다. 그러나 미군정이 실시되면서부터 이들에 대한 탄압이 본격적으로 진행되었고, 정경인은 결국 미군정에 의해 구속되었으며 2년여를 감옥에서 보내야 했다.

1949년에 출옥한 정경인은 그 동안의 옥살이와 고문으로 병이 들었는지 곧바로 풍을 앓아 자리에 눕고 말았다. 이후 한국전쟁 때에도 그는 건강 때문에 아무런 일도 할 수 없었다. 그러나 담양 지역이 국군에 의해 수복되었던 1950년 9월 27일 관방천에서 11사단 20연대가 좌익계 인사 48명에 대해 공개 처형을 단행했는 바, 이때 정경인도 거기에 포함되어 있었다. 여느 지역과 마찬가지로 이들 48명 중에는 억울한 사람이 많이 포함되어 있었다고 사람들은 말한다.

정경인은 담양지역에서 일제 시절에는 3·1운동을 출발로 청년운동, 노동운동을 주도했으며, 해방 후에는 건준, 인민위원회에서 두드러진 활동을 보여 주었다. 그러나 민족과 국가에 대한 그의 한없는 애정에도 불구하고 역사의 수레바퀴는 그가 의도했던 방향과는 반대로 굴러갔으며 그의 인생 여정도 이와 함께 마감한 것이다.

1) 기미년 3월 1일 담양 독립만세사건 형사재판서 원본을 참조했다.
2) 선우기성, 「한국청년운동사」.
3) 동아일보 1924. 6. 20.
4) 동아일보 1925. 1. 6.
5) 동아일보 1925. 11. 1.
6) 김경일, 『일제하 노동운동사』, 창작과 비평사, 1991.
7) 동아일보 1926. 7. 28.
8) 안종철, 「해방 직후 건국준비위원회 지방 조직과 지방 인민위원회에 관한 연구」.
9) 안종철, 앞의 글.